全民阅读知识导航

徐雁 李海燕 主编

南京大学出版社

《全民阅读知识导航》撰稿人

(按姓氏笔画为序)

马德静　马红亚　万　宇　王碧蓉　王成玥　王　萍
叶　范　吕　梅　孙　雨　朱　敏　陈路遥　陈艳伟
李海燕　张　婷　张思瑶　张麒麟　茆意宏　周益民
周燕妮　周　笑　赵俊玲　聂凌睿　唐　曦　徐冬梅
徐文静　曹　娟　阎燕子　窦英杰　蔡思明　蔡　箐

副主编

周燕妮　蔡思明　张思瑶

主　编

徐　雁　李海燕

"全民阅读"与"诗书继世"(序)

王余光

(北京大学教授,教育部图书馆学科教学指导委员会主任)

书籍载体形式的每一次变化,都极大地改变着人们的阅读习惯。文本的变迁带来阅读的转型,是我们不得不面临的事实。是否具备阅读的热情与读书的习惯,与一个民族的特性相关。但基本上,书籍载体形式的每一次变化,都会极大地改变着人们的阅读习惯,从甲骨到简策,从简策到纸本,从手抄到雕版,从雕版到机器印刷,从纸本到电子本……文本载体的变迁带来阅读方式的转型,对社会阅读发生极其重要的影响。

一、创造读书条件,享受图书馆之利

图书馆是一个地区或者一个社区、一个学校的信息中心,要努力为民众提供阅读的保障。如今,中国的公共图书馆已经走过了100多年的历史。

早在上世纪三十年代,中国图书馆学前辈学者李小缘先生在《全国图书馆计划书》中呼吁:图书馆"能使公开群众,无论男女老幼,无等第,无阶级,举凡学生、工人、农夫、行政家、商人、军人等,皆能识字读书,享受图书馆之利益,则方可谓图书馆之真正革命,之真正彻底改造,之真正彻底建设者也";图书馆"专为普及民众,故当多设分馆于居民众多之处,以广书籍之流通";图书馆"此外得依地方需要,有所专重。如商民多者则应偏重商业,农人多者,则应偏重农事。即多购各专门书籍";"使全国民众,无论男女老幼,皆有识字读书之机会"。早期图书馆学家的见识在中国得到逐步实现。今天,图书馆成为人们阅读的重要保障。

在信息时代,图书馆贵在成为一个地区或者一个社区、一个学校的信息中心,能够有力地提供阅读的保障。因为建立家庭藏书只是保障阅读的一个方面,毕竟家庭藏书是有限的，而图书馆可以为我们提供一种连续阅读的保障。如此，图书馆在大众的阅读生活里的意义就凸显出来了。随着大众传媒的兴起，人们的阅读更加呈现多元化的趋势，不同的人有各自不同的爱好，图书馆收藏的书籍涉及所有的学科，涵盖各种水平和深度，能够满足不同读者的爱好和需求。

另外，图书馆还能满足大众的新的阅读需要。目前新技术的崛起改变了年轻一代人的阅读习惯，网络出版和网络阅读成为新的发展趋势，而图书馆事业也与时俱进，发展数字图书馆工程，满足读者网络阅读的需要，成为大众阅读新的阵地。图书馆总是不断更新读物和技术来满足各种读者的新需求，这是其他地方做不到的。一个好的公共图书馆，是一个城市精神成长的见证。

图书馆内部要大力营造一种阅读的氛围。我曾参观过一个大学的老图书馆，其中就极有这种读书氛围。阅览室里有宽大的落地窗、古典式样的书柜、放置在桌面上的阅读灯……我觉得这就是我理想中的宁静博雅的读书环境。无论是公共图书馆，还是学校图书馆，都应该成为每个读书人的理想居所。

图书馆不仅要保障公民的阅读权利，而且还应该主动采取一些积极措施来推动社会阅读。图书馆以其专业性、权威性和独有的丰富资源成为读书活动的一个主要阵地，也是倡导"全民阅读""终身阅读"等阅读基本理念的中坚，是联系群体阅读和个体阅读的桥梁。2005年，我提议中国图书馆学会增设了一个"科普与阅读指导委员会"，并在2009年以后更名为"阅读推广委员会"，以期推动全国性的阅读活动。

另一方面，如果说中国家庭阅读有一种传统的话，那就是"耕读传家"与"诗书继世"。但自从我国封建科举制度被清廷废弃后，随着"西学东渐"的进程，中国传统经典书籍与人们的生活愈行愈远。在"五四"运动前后，随着新式教育制度的确立和白话文的推行，自小、中学生开始，举国上下大都不把中国传统经典作为主要读物了。甚至有个别学者曾经扬言说，要把承载中国旧学问的线装书"扔到茅厕里去"。因此，"为什么要读经典"这样一个问题，在那个时代就已被提出，梁启超、鲁迅、唐文治、朱自清、钱穆、余英时等先生都试图回答这个问题，但远未获得解决。

在美国，习读传统经典名著，同样是受人关注的话题。早在20世纪初，哥伦比亚大学就创设了"文学人文"和"当代文明"两门本科生的必修课。前者致力于提供一个欧洲文学名著的标准选目,后者旨在提供一个哲学和社会理论名著选目。这两个书目包含了大量的西方传统经典。20世纪40年代,美国许多大学开设了这类课程。直到今天,仍有一些大学继续开设,如哥伦比亚大学与芝加哥大学。一位哥大的校友在谈到该校坚持开设这类课程的原因时说:

> 学校很清楚地知道,消费主义和平庸趣味的污染,从来没有远离过这些经典著作名单。学校试图通过它组织和教授这两门课的方式驱除这种污染。首先,阅读常常是艰涩的,对当代的学生来说尤其如此。这是对西方传统的极度尊崇,而且校方坚持认为它是必要的……它们应该成为每个人的教养的一部分。①

这个哥大校友名叫大卫·丹比,美国《纽约客》杂志的电影评论家,在1991年他48岁时,突然回到母校选修"文学人文"与"当代文明"这两门课,重读西方经典。他之所以这样做,主要源于他自身的知识危机。作为媒体中的人,他深感:媒体给予信息,但信息在20世纪90年代已变成了瞬息万变、十分不稳定的东西。一个人永远不会得到充分的信息,这就是美国人现在为什么焦虑不安得像半疯了一样的诸多原因之一。20世纪末,媒体威胁着要"全面接管"。他说:"我拥有信息,但没有知识","严肃的阅读或许是一种结束媒体生活对我的同化的办法,一种找回我的世界的办法"。

中外人士都注重传统经典的阅读,或许源于一种文化传统所赋予我们的情感。然而,十余年来,随着新媒体技术的发展,电视、手机与网络的普及所造成的阅读冲击,使得人们,尤其是青少年的阅读时间大大减少。因而,读书问题引起人们的普遍焦虑。但另一方面,中国文化的"软实力"问题也被学者们不断提起,以唤起社会的关注。我个人认为,在全民阅读推广中,特别重视推广传统经典书籍的阅读,正是积蓄和弘扬中国文化"软实力"的必要内涵。今天在具备了一定经济基础的情况下,我们有能力重建家庭藏书。中国还有不少地区,图书馆建设还不够快,因而倡导家庭藏书与读书就更为重要。

"耕读传家"与"诗书继世"的传统中,"耕"是中国这个以农业文明为主体的

---

① 大卫·丹比.伟大的书[M].曹雅学,译.南京:江苏人民出版社,2003:2.

社会的物质需要,而"读"则是伦理道德确立和传递的最有效的方式。自汉以下的古代中国,"耕读传家"的理念是家庭价值观的核心。今天,我们在一些老宅子里,还常常能看到"耕读传家""诗书继世"的对联,从中可以窥见当年这些读书世家的辉煌。

"耕读传家"的传统随着传统家庭的解体,逐步在现代社会消失。现代各种媒体,如电视、网络、手机等不断普及,进一步分流人们的注意力,分割人们有限的闲暇时间,全国国民的读书率可能会进一步降低。我国家庭藏书与读书人的比例在21世纪将继续呈下滑趋势。在这样的背景下,我们推广读书,鼓励读书,希望重建家庭藏书,让书籍走入每个家庭,为儿童营造一个读书的环境,让"耕读传家"的传统在新时代能获得更丰富的内涵,并得以延续,这是重要而有意义的。

今天在具备了一定经济基础的情况下,我们有能力重建家庭藏书。据调查,家庭阅读环境的好坏直接影响儿童的学习兴趣和学习能力。因此,营造一种爱读书、经常与幼儿交谈的家庭学习气氛,便成为家庭文化环境建设中极为有意义也是非常重要的任务。

我主张将购书经费列入家庭开支,建立家庭必备的基本藏书。家庭藏书的主要目的有二。一是让家庭成员有一些必备的读物。有些人家里根本无书可看,在目前图书馆还不是十分普及的前提下,我们提倡家庭阅读,就不仅是继承传统,还具有实际的意义。家庭藏书在目前能够作为图书馆的一个重要补充,使得每一个角落的每一个人都有书看成为可能。二是为家庭成员营造一个阅读的环境和氛围。在此基础上,方可开展国际上比较流行的培养有修养的母亲、提倡亲子阅读等活动。如果一个孩子从小就养成读书习惯,他一生都将受用无穷。

二十二年前,在武汉大学图书情报学院任教的我接受了徐雁学弟的邀约,会集北京、南京、武汉、苏州等地同好撰稿,合作主编了《中国读书大辞典》。这部一百八十万字的专科工具书1993年在南京大学出版社出版后,得到了前辈们的好评和社会读者的欢迎,并获得了第八届"中国图书奖"等荣誉。如今,由徐门弟子为主体的作者队伍重新编写的《中国阅读大辞典》已经问世。而作为衍生出品的《全民阅读知识导航》也将随之杀青,这是继《全民阅读推广手册》和《全民阅读参考读本》(海天出版社2011年版)之后问世的第三本以"全民阅读"为主题的读物。记得在不久之前我与徐雁共同参加的第八届"海南书香节"之全民阅读论坛的主旨发言中，我发表了"全民阅读离不开家庭阅读支持"等观点，他则肯定了家庭阅读在全民阅读推广工作中的重要性。我们都认为，政府不应只是一味追求建造大型的城市中心图书馆，还要多多投资建设小型图书馆和社区阅读空间，尤其要重视建设社区图书馆内的儿童书刊阅读空间。

如今，虽然阅读方式已与二十多年前有了种种不同，但我衷心期待这个转型的时代，不会改变永恒的人文阅读精神。

二〇一六年五月八日，改定于北京大学畅春园寓所

"学习型家庭"是构建"书香社会"的文化细胞(前言)

徐 雁

(南京大学教授,中国阅读学研究会会长)

2016年4月23日,是联合国教育、科学及文化组织(United Nations Educational, Scientific and Cultural Organization,简称为UNESCO)设立的"世界书籍与版权日"(World Book and Copyright Day),在全球落地推广二十周年的纪念日。

中国是联合国教科文组织的创始国之一。1995年秋,在国际出版商协会(International Publishers Association,简称IPA)第二十五届全球大会上,有代表提出了设立"世界图书日"的文创议案,随后获得参会者的普遍赞同,并责成西班牙政府向联合国教科文组织正式提交申请书文本。在进一步征求意见的过程中,俄罗斯方面的代表提出须加入知识产权保护的内涵,由此扩容成了在1995年于法国巴黎召开的联合国教科文组织大会第二十八届会议上颁布的以每年4月23日为"世界书籍与版权日"的决议。

借助在世界文坛上具有象征意义的4月23日这个日子,并把它确立为"世界书籍与版权日",是因为联合国教科文组织想要号召在这一天,人们向全世界的书籍和作者表示敬意,并鼓励每个人,特别是年轻一代去发现阅读之乐,并借以向那些为促进人类的社会和文化进步做出无以替代贡献的人致敬。为此,在设立"世界书籍与版权日"的同时,还设立了"促进容忍青少年文学奖"。① 因为联合国教科文组织期待着"散居在全球各地的人们,无论你是年老还是年轻,无论你是贫穷还是富有,无论你是患病还是健康,都能享受阅读带来的乐趣,都能尊重和感谢为人类文明做出巨大贡献的文学、文化、科学思想大师们,都能保护知识产权"。

史载,在设立"世界书籍与版权日"的论证中,主要的思想考量基于如下两个

---

① 联合国"世界书籍与版权日"首页[EB/OL].[2016-01-01].http://www.un.org/zh/events/bookday/.

方面：首先，书籍是保存人类知识的最有效方式，在人类历史上曾经最有影响力地传播了知识，因此，大力促进书籍传播，对于全面扩大人们对世界文化传统的共识，鼓励人们形成理解、宽容和对话的人文态度将大有助益；第二，正如联合国教科文组织若干会员国的经验所表明的那样，最行之有效的促进书籍传播的方法之一，是设立一个图书日，并在当天相应地组织图书展销会活动，以扩大对书籍的社会传播。①

或如2014年4月23日，保加利亚驻法国及联合国教科文组织大使、联合国教科文组织总干事伊琳娜·博科娃（Irina Gueorguieva Bokova）在纪念致辞中所指出的那样："文字的历史即是人类的历史。图书在促进个人成长和社会变革方面的力量是无可比拟的。书籍既属于私密范畴又具有深刻的社会意义，为个体之间、社区内部和跨越时空的对话提供了影响深远的方式……在'世界图书和版权日'之际，教科文组织吁请所有人团结在图书和图书编写者和制造者周围。在这一天里，我们应该礼赞图书，礼赞体现着人类创造性和分享思想与知识之渴望的图书，从而弘扬理解与宽容精神。"②

那么这一议案为什么是由西班牙政府向联合国教科文组织正式提交的呢？这是因为这一构想是由西班牙国家的代表率先提出来的，来自该国加泰罗尼亚地区的一个美丽传说：从前有位公主受困于深山中的一条恶龙，当地一个勇士为解救她而与恶龙苦斗，获得成功，他后来得到了公主谢礼——一卷珍贵的书，而这一天相传是4月23日。书卷有"知识就是力量"的寓意，因此，当地民间逐渐形成了一个具有区域民俗特征的圣乔治节。每逢此日，当地居民即有赠送书卷和玫瑰花给亲朋好友的习俗。

有意义的是，4月23日不仅是文艺复兴时期的西班牙文豪、小说《堂吉诃德》作者塞万提斯·萨维德拉（Miguel de Cervantes Saavedra，1547年9月29日—1616年4月23日）和秘鲁历史学家加尔西拉索·德·拉·维加（Garcilaso de la Vega，1539年4月12日—1616年4月23日）的逝世日，而且是英国戏剧文学家威廉·莎

---

① 联合国"世界书籍与版权日"主要文件[EB/OL].[2016-01-01].http://www.un.org/zh/events/bookday/resolution.shtml.

② 联合国教科文组织总干事伊琳娜·博科娃致辞[EB/OL].[2016-03-15].http://www.un.org/zh/events/bookday/2014/dgmessages.shtml.

士比亚（William Shakespeare,1564 年 4 月 23 日—1616 年 4 月 23 日）的生死纪念日。而巧合的是，美国作家弗拉基米尔·纳博科夫（Vladimir Vladimirovich Nabokov, 1899 年 4 月 23 日—1977 年 7 月 2 日）、法国作家莫里斯·德鲁昂（Maurice Druon, 1918 年 4 月 23 日—2009 年 4 月 14 日）、冰岛诺贝尔文学奖得主哈尔多尔·基里扬·拉克斯内斯（Halldór Kiljan Laxness, 1902 年 4 月 23 日—1998 年 2 月 8 日）等多位文学家，也都是在 4 月 23 日这一天出生的。所以选定这个独特的日子，在客观上，还给人以在人类文学事业上前仆后继、继往开来的深层次心理暗示。

一、设立"国家阅读节"的民意吁请

最是书香能致远。"世界书籍与版权日"在 1995 年确立并向世界颁布后，中国方面的有识之士即在悦纳之余加以传播，在遥应其人文理念召唤的同时，将其选择性地转述成为"世界读书日"，在"阅读"＋"图书"这两个内涵上加以整合、接受和发扬，进而开启了中国特色的全民阅读推广进程。

虽然有图书馆同行专门撰文指出了这种转述的偏差："我国普遍把'世界书籍与版权日'单纯当做'读书日'进行宣传的情况已经与该纪念日设立的初衷有所偏离了，而把我国戏剧家汤显祖（1550 年 9 月 24 日—1616 年 7 月 29 日）与'世界读书日'强扯上关系，就更让人啼笑皆非了。"[①]但一个显著事实是："世界书籍与版权日"的设立，激发并促进了我国全民阅读理念的建立和全民阅读推广活动的兴起。

史实表明：仅在"世界书籍与版权日"全球落地推广的第二年，即 1997 年 1 月，一份由中央九部（委）会签发布的题为《关于在全国组织实施"知识工程"的通知》的文件，就拉开了中国"倡导全民读书，建设阅读社会"的大幕。三年后，"全民读书月"被确定在了每年的 12 月份。又四年后，即 2004 年，全国"知识工程"领导小组明确将"全民读书月"活动交由中国图书馆学会负责承办。

---

① 王喜明.关于"汤显祖与世界读书日"正讹等三则考辨及感想.中国图书馆学会年会论文集（2015 年卷）[C].北京：国家图书馆出版社,2015：439—441.

2005年,中国图书馆学会倡议各地图书馆利用"4·23"世界读书日,结合"五四"青年节、"六一"儿童节及"公共图书馆服务宣传活动周"(于1988年设立,每年5月最后一周),集中组织、开展读书活动。当年7月19日,在广西桂林召开的中国图书馆学会第七次全体代表大会,决定创设一个专门性的科普与阅读指导委员会,由北京大学信息管理系主任兼第七届中国图书馆学会副理事长王余光教授担任主任。自2009年开始,该委员会易名为"阅读推广委员会",先后由深圳图书馆馆长吴晞研究馆员、东莞图书馆馆长李东来研究馆员续任主任。从此,由各级各类公益性的公共图书馆机构主办的知识讲座、专题会展、读书演讲、书评征文、"学习型家庭"评比及"全民阅读论坛""华夏阅读论坛"活动,在全国各地陆续举办,成为向社会倡导读书风气、推广阅读情意的正能量行动。

　　而负面的社会警示同样存在。1999年,中国出版科学研究所(次年易名为中国出版科学研究院)启动了"全国国民阅读与购买倾向抽样调查",到2006年,其所发布的四次社会调查结果表明,进入二十一世纪以来,中国国民阅读率持续走低,现状令人忧虑。于是,"一方面阅读推广活动广泛开展,另一方面个人阅读的状况却不容乐观"①,交织成为困惑中国阅读学界、教育界、图书馆界及书刊出版行业的重要社会问题。

　　为此,第十届全国政协常委、时任苏州市副市长的著名教育家朱永新与全国政协委员、知名作家赵丽宏等人,在2003年3月,率先联名提交了一份呼吁设立"国家阅读节"的全国政协提案,其中阐发并强调了"一个人的精神发育史就是他的阅读史,一个民族的精神境界取决于这个民族的阅读水平,一个没有阅读的学校永远也不可能有真正的教育,一个书香充盈的城市才能成为真正的家园"的阅读观。次年三月,朱永新先生在全国政协全会上再次提交的关于设立"国家阅读节"的提案中指出,"我们特别需要有一个属于中国人自己的阅读节,以推动全民读书活动,用书籍来保存一个更坚实的民族灵魂"。而有关这个"国家阅读节"的时间点,也先后有9月25日(鲁迅诞辰日)和9月28日(孔子诞辰日)两种提议,而后者逐渐为人们所普遍认同。延至2011年3月,已担任中国民主促进会中央委员会副主席、全国人大常委的朱永新先生,再一次提出了关于将每年9月28日孔子

---

① 王余光.图书馆阅读推广研究[M].北京:朝华出版社,2015:3.

诞辰日设为"国家阅读节"的议案。那么，为什么他要如此执着地连续多年坚持呼吁设立"国家阅读节"呢？

这是因为阅读行为所隐含的价值，早就使得世界上很多国家把促进国民阅读作为其重要的国家战略，并用尽各种办法加以推动，而人为设立"阅读节（日）""阅读年（月）"以唤起公众的关注，在国际上早有先例，而且被认为是推进阅读的最好社会载体。相比之下，我国国民阅读起点不高，水准欠佳，读物水平和阅读热情堪忧，但在另一方面，有识之士呼吁促进全民阅读推广活动的呼声日高，开展全国性的国民阅读活动已具有广泛的民意基础。如果及时设立全国性的"国家阅读节"，将最大可能地使个人、家庭乃至全社会更加深入地认识到阅读的重要性和紧迫性，从而有效促进全民阅读活动的普遍开展。

可见，在我国全民阅读推广的具体实践中，"世界书籍与版权日"正开启着不断中国化的道路，而中国内地多个阅读组织的行动，也推动着全民阅读中国化的进程。

2006年4月23日"世界读书日"之际，由北京大学王余光教授担任主任的中国图书馆学会科普与阅读指导委员会成立会在东莞图书馆召开。来自图书馆界、教育界、书刊出版界及媒体等有关行业的86名人士成为科普与阅读指导委员会委员。次年4月6日，在中山大学隆重举行了以"数字时代的阅读"为主题的首届"全民阅读论坛"，随后每年一届，持续至今。同年4月23日，即第十一个"世界读书日"之际，由中国图书馆学会科普与阅读指导委员会、中国写作学会阅读学专业委员会①、福建省阅读学会共同主办的"世界读书日在厦门：多元媒体时代的阅读问题"研讨会，在福建厦门市文联礼堂召开，来自海峡两岸的60余位代表，围绕着阅读的诸多热点话题献计献策。

现任中国阅读学研究会名誉会长、阅读学专家曾祥芹教授提出，全力提高"汉文阅读"及其表达水平是中华民族自立于世界民族之林的需要，他的这一观点以及他所拟订的"汉文阅读学"学术体系，也日渐被学术界所认同。邬书林先生在《全

---

① 中国写作学会阅读学专业委员会(习称中国阅读学研究会,英文名为China Reading Association,简称CRA)成立于1991年5月,是一个专门从事中外阅读基础理论研究、教学实践,以及促进国民阅读活动的群众性学术组织,系1955年1月1日成立的国际阅读协会的团体会员,现有分布在中国20多个省、市、自治区的注册会员千余名,知名学者张志公、董味甘、曾祥芹等先后担任会长。

民阅读参考读本》（徐雁主编，海天出版社2011年版）的序言中指出："希望有更多的人能深入研究阅读学，尤其是'汉文阅读学'的学科特点和学术规律，为全民阅读提供科学依据和理论指导。"①

自2009年春起，笔者接任中国阅读学研究会会长，至今已经独立或联合有关单位，先后在江苏、浙江、河南、广东、河北、云南、深圳等地陆续举办了十余场次的"华夏阅读论坛"，受到业内外人士的好评和欢迎。由研究会专家学者陆续著述出版的《阅读学新论》（曾祥芹主编）、《汉文阅读学研究》（曾祥芹主编）、《图书馆阅读推广研究》（王余光主编）、《全民阅读推广手册》（徐雁主编）、《中国阅读大辞典》（王余光、徐雁主编），以及《阅读，与经典同行》（王余光著）、《阅读的人文与人文的阅读》（徐雁著）、《域外好书谭》（郭英剑著）、《开卷絮语》（甘其勋著）等，对阅读是什么、为什么阅读、民众须具备哪些阅读能力、读什么书、怎样阅读等一系列学术问题，提出了前瞻性观点；学会倡导的"撒播读书种子，提高阅读能力，推进全民阅读，建设书香社会"等人文理念愈来愈深入人心，学会主持的"华夏书香校园"培植、孵化活动，也受到有关院校的欢迎和支持。

迄今为止，中国图书馆界的阅读推广工作已经走过了任重道远的十年。在如何深化并进一步拓展全民阅读及校园阅读推广活动，广泛建设"学习型家庭"等问题上，逐渐形成了新的共识，并正在凝聚成为新的合力。相信一个具有中国社会文化特色的全民阅读时代，正在走进我们的生活，并将可持续地供给人们丰富的知识给养和精神"正能量"。

二、"学习型家庭"是构建"书香社会"的文化细胞

位于广东东莞塘厦镇四村一个祠堂中的对联云："丹桂有根，生于书香门第；黄金无种，出在勤俭人家。"二十个字言简意赅地道出了崇文悦学、勤劳俭省的家风、家教，对于孩子成长和家庭兴盛的重要意义。从2016年开始，一对夫妇可以生养两个孩子的社会人口格局，倍增了全民阅读推广的时代重任。它意味着，在"书香儿童—学龄少年—青年知识分子"这一社会阅读人口的可持续发展链条上，

---

① 邬书林.为中华民族伟大复兴而阅读.全民阅读参考读本[M].深圳:海天出版社,2011:4.

以亲子阅读为抓手的学习型家庭，和以校园阅读推广为重心的书香校园建设，将担负起更多、更厚重的文化责任。

众所周知，"社会的细胞是家庭"。而中国民间自古就有"三岁看大，七岁看老"之说，意谓从三岁左右孩子的个性倾向，能基本预测其在少年时期的基本表现倾向，而从七岁左右的儿童身上，也大抵能够预见其中年后的人生态度。古老的民谚，经验性地概括了以家庭为主要活动空间的儿童心理和行为的基本走向。美国当代著名心理学家、芝加哥大学教育系教授本杰明·布鲁姆（Benjamin Bloom，1913年2月21日—1999年9月13日）对近千名儿童从出生直到成年所做的追踪研究表明：五岁前为孩子智力发展最为迅速的时期，假设十七岁的智力水平设定为100%，那么一个正常发育的儿童在四岁前就已经获得了50%的智力，其余的30%是在四至七岁间获得的，剩余的20%则在七至十七岁间获得。因此，孩子从出生到七岁这一时段非同寻常，对于家长来说，是非常值得充分关注和切实把握的。

中国民间还有"爹熊熊一个，娘笨笨一窝"之说，而先贤更有"子孙虽愚，经书不可不读""读书志在圣贤，非徒科举""积财千万，无过读书""黄金未是宝，学问胜珍珠。丈夫无技艺，虚沽一世人"及"养不教，父之过。教不严，师之惰。子不学，非所宜。幼不学，老何为？"的种种古训。

现代教育学的原理昭示我们，0—3岁婴儿的"启蒙教育"、3—6岁幼儿的"文化教育"，以及自6岁开始的"儿童知识教育"，直接关系到一个孩子的成长路径和成材基础，关系到他们在未来人生道路上，社会生存水平的高低和感恩尊长、报效家国能力的大小，而且从整体上来说，还严重关系到在世界范围内整个中华民族竞争力的强弱。总之，在中国可预见的未来，"全面两孩"的家庭人口基本格局，使得婴幼儿的文字启蒙和文化素质教育任务，迫在眉睫，刻不容缓。

"推动摇篮的手，是推动未来的手""不能让孩子输在起跑线上，更不能让孩子跌倒在读书学习的阶梯上"……就一对年轻夫妇而言，在无师自通的生养儿女之外，更重要的是学习教儿育女之道，让自己的孩子在成人的过程中成长，在成长的进程中成材，让儿女们既能入群合时，志存高远，又能与众不同，甚至出类拔萃。

"好父母都是学得来的。"孩子是父母的合作产品，也是父母参与未来社会的生命化身。在培养孩子耳聪目明、身健体壮、心善脑慧的作用力方面，为人父母者义不容辞。孩子"好习惯""佳人品"和"高素质"的养成，离不开家庭尊长共建的家风户范，离不开父母双亲的身教言传，更离不开父母的知教善学。因此，构建一个"学习型家庭"，便成为全民阅读推广进程中最重要的社会基础。

放眼当今大专以上院校，在校在学的莘莘学子将在十年八年之后，先后为人父母，生儿育女，因此，假如他们不能在宝贵的专、本科学业阶段，依靠阅读资源丰富的校园环境，把自己从一个应试教育土壤中长成的"考生"，及时转型升级为有素质、有学养的"读书人"和"知识分子"，那么，在未来他们又将以何才何能来胜任教养儿女的天职呢？如何能够"大手拉小手"地让自己的孩子成为一个书香宝宝，然后再成长为一个大学生、一个知识分子呢？如果连父母具有高学历的家庭，都不能胜任培育书香宝宝的家庭使命，那未来的全民阅读岂不是前景堪忧？

然而，这个良性的人文链条的实现需要一个理性过程。为此，我提出了一个新概念："校园阅读推广"。设想一下，如果没有亿万个"学习型家庭"作支撑，没有千万个"书香校园"作中坚的话，那将来的读书人到哪里去寻找？因此，校园阅读推广是全民阅读可持续发展的枢纽环节，而打造"书香校园"，便成为全民阅读推广进程中另一个同等重要的基础。

阅读是图书馆诞生、存在和可持续发展的理由，也是其终极性的文化关怀。因此，推广阅读理念和崇文悦学的价值观、倡导各类型文献资源的利用，是各级各类图书馆的天职。"学习型图书馆"的构建，离不开众多将"终身学习"作为生活方式的"学习型馆员"。身处当下这个"渐行渐远渐无书"的时代，作为职业的图书馆人自然要有一份"人生惟有读书好，最是书香能致远"的人文情怀，而作为图书馆读者和用户，更要有一份"花香何及书香远，美味怎如诗味长"的人文自觉。

三、从全民阅读主题系列读物到"阅读推广人系列教材"

立足现实，笔者以为，在中国可预见的未来，分布在城乡居民社区附近的儿童图书馆及阅读共享空间，应是公共图书馆事业继续惠民服务的一个发展方向，而在全民阅读推广的时代，迫切需要的是不断增益以全民阅读为主题的优良读物资源。

为此，继我领衔主编《全民阅读推广手册》（江少莉、陈亮副主编）和《全民阅读参考读本》（徐雁、陈亮主编，两书均为海天出版社2011年版）之后，本书将以《全民阅读知识导航》（徐雁、李海燕主编，周燕妮、蔡思明、张思瑶副主编）为名,由南京大学出版社出版发行。

　　《全民阅读知识导航》旨在为全民阅读及其社会实践活动提供一份行之有效的指南。 全书内容依次分为《亲子阅读与儿童导读》《中小学阅读指导》《高校图书馆阅读推广》《公共图书馆阅读推广》《阅读推广的文化创意与活动创新》五篇。 内容涉及全民阅读人文理念的由来和发展、海内外阅读推广的成功案例,以及有关我国全民阅读推广工作的转型、升级及学习型家庭、书香校园和文雅社区的前瞻性建议等。

　　如前所述,全民阅读的希望在于从书香娃娃抓起,抓起全民阅读的关键,则在于从"学习型家庭"到"书香校园"这一链条的不缺失。 唯其如此,由"文雅社区"而努力走向"书香社会",才不至于成为梦幻。 在这一链条中,做一个合格、称职乃至出色的阅读推广人,则是关键中的关键。 因此,在去年 12 月,一套六种的"阅读推广人系列教材"——《图书馆儿童阅读推广》《图书馆经典阅读推广》《图书馆数字阅读推广》《图书馆时尚阅读推广》《图书馆阅读推广基础工作》和《图书馆阅读推广基础理论》在北京朝华出版社问世,它预示着由中国图书馆学会阅读推广委员会引领的阅读推广活动,将朝着图书馆阅推人才的岗位培训、业务进修和知识素养提升的方向,做出务实的努力。

　　几乎与本书同时,在今年 4 月 23 日前夕,作为向"世界读书日"全球落地推广二十周年献礼的《中国阅读大辞典》(王余光、徐雁主编,南京大学出版社 2016 年 4 月精装出版)精彩问世。 该工具书以"人生惟有读书好,最是书香能致远"立意,旨在回答为何读、读什么、怎样读、啥时读、在哪里读等一系列在学习求知过程中有着现实挑战性的问题。 编写者围绕"悦读、好学、明理、求知"及"爱读书,读好书,善读书"等阅读文化学理念,把内容分为七篇,依次是《儿童阅读与书香家庭》《藏书名家与书人事迹》《读书方法与阅读理论》《文献知识与读书珍闻》《读书门径与读物推广资源》《社会组织与阅读推广案例》《数字化读物与新媒体阅读》,附录有《读书之乐》《读书,历久弥新的话题》《北京新阅读研究所主编的中国小学生基础阅读书目》《南京大学悦读经典计划读物(2015 年版)》等若干重要书香资讯。 我们试图以鲜明的文化主题和清晰的知识板块,在知识可读性和业务参考性之间取得平衡点,使之成为一部"促进全民阅读,建设书香社会"的读物。

　　宋代诗人、文学家黄庭坚(1045—1105)云:"士大夫三日不读书,则义理不交于胸中,便觉言语无味,面目可憎。"明末清初思想家、学者王夫之(1619—1692)在《示侄孙生蕃诗》诗中也说:"医俗无别方,惟有读书是。"他们都道出了读儒家圣贤著述、行人间仁义善事,乃是疗治人生流俗、提升品格气质的最佳方式。 虽说"读书是福",但真正能得以享用者却从来为数不多,更不必说坚持读书,殊非易事。 或如清代诗人袁枚(1716—1797)模仿蠹鱼口吻在一首诗中所慨叹的那样:"富不爱看贫不暇,世间惟有读书难。"

其实,古往今来无数的事实,都印证着一条真理:"贫者因书而富,富者因书而贵。"因此,编者还是非常乐观地期待着,应全民阅读推广时代之运而诞生于世的全民阅读主题系列读物,能够在以"读好书,读书好,好读书"为主旋律的"书香校园"创建方面,在以"最是书香能致远"为价值观的"学习型家庭"建设方面,在以"技精德馨人博雅"为基本格调的"文雅型社区"构建方面,为"促进全民阅读,建设书香社会"添火加薪,发挥应有的作用。

最后让我们特别致谢于北京大学信息管理系教授兼国家教育部高校图书馆学专业教学指导委员会主任王余光先生,承他应允为本书作序,为本书增添了知识的亮色和学识的高度。

目录

1/ "全民阅读"与"诗书继世"（序） 王余光

1/ "学习型家庭"是构建"书香社会"的文化细胞（前言） 徐 雁

1/ 第一篇 亲子阅读与儿童导读

1/ 早期阅读
3/ 亲子阅读的意义
5/ 儿童分级阅读
8/ 家庭阅读环境的营造
10/ 儿童图书类型
14/ 儿童读物的出版
18/ 儿童文学奖项
22/ 亲子阅读的操作实践
24/ 大小二孩之家的亲子阅读
26/ 国际儿童读物联盟
27/ 国际儿童图书日
30/ 儿童阅读服务相关法律法规
32/ 儿童屏幕阅读
36/ 阅读治疗在儿童阅读中的应用
39/ 家长如何组织读书会
43/ 儿童阅读的社会支持
45/ 儿童阅读指导书目举隅

54/ 第二篇　中小学阅读指导

54/ 中小学学生阅读素养的培养

56/ 中小学阅读课程的设计

60/ 中小学班级读书会的策划

62/ 中小学推荐书目的编制

66/ 中小学数字阅读资源导读

70/ 中小学图书馆阅读指导课的开设

72/ 中小学与公共图书馆的合作

75/ 中小学与高校图书馆的合作

77/ 国际阅读素养进展研究与小学阅读教学改革

80/ 国际学生评价项目与中学阅读教学改革

82/ 中国阅读学研究会中小学书香校园授牌行动

86/ 新教育实验与中小学阅读推广

89/ 亲近母语项目的阅读推广行动

94/ 中小学阅读推广经典案例介绍

98/ 第三篇　高校图书馆阅读推广

98/ 借阅政策调整

101/ 阅读认证制度

103/ 经典阅读推广策略

106/ 专业阅读推广策略

108/ 数字阅读推广策略

110/ 读书节活动实施

113/ 新生季活动实施

116/ 毕业季活动实施

118/ 阅读推广报刊实践

121/ 校园读书会组建

123/ 文化讲座设计

125/ 好书书目编写与推广
127/ 阅读疗愈活动实施
129/ 新媒体阅读推广
132/ 阅读卡通形象设计
135/ 读者阅读报告制作
136/ 大阅读活动实践
139/ 阅读推广队伍建设
141/ 区域联盟阅读推广
143/ 书香校园指标体系
146/ 社会阅读推广探索

149/ 第四篇　公共图书馆阅读推广

149/ 公共图书馆的诞生及其核心价值
152/ 公共图书馆在中国的百年历程
158/ 公共图书馆的全民阅读推广之路
161/ 全民阅读立法
163/ 世界读书日
165/ 图书馆服务宣传周
167/ 公共图书馆阅读推广工作概述
171/ 公共图书馆特殊人群阅读推广
174/ 公共图书馆数字阅读服务
178/ 公共图书馆新媒体阅读推广
182/ 阅读推广委员会
184/ "阅读推广人系列教材"
188/ 阅读推广人的培育
191/ 公共图书馆馆办阅读刊物
194/ 馆员书评与阅读推广
197/ 暑期阅读项目
201/ 阅读推广效果评价

204/ 公共图书馆阅读推广品牌举隅

209/ 第五篇　阅读推广的文化创意与活动创新

209/ 绘本阅读推广的创意与创新

211/ 图书漂流活动的创意与创新

213/ 晒书活动的创意与创新

214/ 共读一本书活动的创意与创新

217/ 图书推介活动的创意与创新

218/ 阅读经典活动的创意与创新

220/ 图书馆与社会合作阅读推广活动

222/ 体现地域文化的创意阅读推广活动

223/ 读书月、读书节活动的创意与创新

225/ 阅读推广活动进社区的创意与创新

227/ 信息共享空间

230/ 延伸阅读

230/ "新中选好，好中选优"的全民阅读推广书目
　　——关于"2014—2017 阅读年度排行榜"的目录学解读（徐雁　王萍）

244/ 编后记（李海燕）

第一篇　亲子阅读与儿童导读

早期阅读

　　早期阅读是指家庭及相关机构将适合学龄前儿童阅读的材料,如绘本、童谣等提供给婴幼儿,主要以亲子共读(parent-child reading)的方式,从视觉、听觉、触觉等多种感觉导引儿童通过观察、记忆、表达、思维、游戏等开展阅读,以对儿童的生理、认知、语言、情绪等方面发展产生综合作用。　早期阅读是亲近书本和享受阅读的开始,能培养孩子的阅读兴趣,促进家庭亲子关系的融洽,也能为孩子读写能力的提高打下坚实基础。

　　玛利亚·鲁宾逊(Maria Robinson)认为,只有让儿童有恰当而适时的早期经历,儿童早期的各种技能和能力才会有许多明显的变化,并且逐渐复杂化。① 刺激丰富的家庭环境不仅有利于各个种族和阶层的儿童获得好成绩,也会促进他们的内部成就取向——一种寻求和征服挑战的意志,以满足个人对能力和控制感的需求。② 早期阅读就是非常恰当并适时的早期经历之一。

　　阅读能力起源于婴儿期多种经验和感觉。　聆听并参与他人的言语互动,熟悉环境中语言的音调和韵律,观察养育者的面部表情,以及对感兴趣事物的视觉注视为阅读的发展打下了基础。　婴儿的大脑具有高度的可塑性;新生儿喜欢看有图案

---

① 玛利亚·鲁宾逊.0～8岁儿童的脑、认知发展与教育[M].李燕芳,等,译.上海:上海教育出版社,2013:13.

② David R. Shaffer,Katherine Kipp.发展心理学[M].邹泓,等,译.北京:中国轻工业出版社,2013:443.

的刺激物,如面孔或同心圆;①儿童察觉并分辨图案的能力是天生的;在生命的早期,婴儿也表现出对声音的密切注意;5岁之前,儿童能够使用母语绝大部分的语法结构;在生命的头两年,满足、愤怒等基本情绪和尴尬、内疚等复杂情绪都会出现。这些都构成了早期阅读的可能性。

基于阅读能力始于婴儿期的认识,语言和阅读发展的研究者认为婴儿享受与父母和养育者共同哼唱儿歌,玩躲猫猫、拍手游戏,以及阅读宝宝读物的过程,并从中获益。以温柔的、包含丰富韵律的音调讲述故事或哼唱歌谣对婴儿而言是一种丰富的、享受的听觉刺激和认知体验,有利于提高他们对口语和书籍的兴趣。②

早期阅读是儿童接触和运用书面语言的机会,是儿童发展语言和元语言能力的机会,是儿童掌握词汇构成和文字表征的机会,同时也是儿童发展学习读写的倾向态度的机会。③早期阅读是儿童终身学习的基础。通过阅读,儿童的专注力、发现力、理解力和记忆力得到加强,因果、想象、联系的能力得以建立,在探索语言的节奏和韵律中,儿童学会表达和沟通。阅读数学启蒙、科学普及等书籍能够为他们带来丰富的信息,提高他们的认知能力。

阅读也是儿童对自我的认知,在阅读当中,儿童的情绪得到认同、排解;儿童对图画和声音有着天然的兴趣,在潜移默化地感受艺术所带来的舒适和愉悦中,他们会开始形成热爱书籍和阅读的动机。利用操作类的书进行游戏也是促进儿童发展和成长的有效方式,阅读的安静时光和游戏互动使得亲子之间的陪伴张弛有度,童年充满了滋养,这种安全感和依恋是不可替代的。阅读对于儿童的童年生活甚至是一生的生活都非常关键。

值得一提的是,男孩的活动水平较女孩高,自母亲受孕起,男孩对孕期和成长中的各种危险和疾病更为敏感,也更容易出现阅读障碍、多动、情绪障碍等发展问

---

① 20世纪60年代,罗伯特·范兹(Robert Fantz)利用视觉偏好法研究出生不久的婴儿能否分辨不同的视觉图案(面孔、同心圆、报纸和没有图案的盘子等),实验表明,新生儿能够轻松地分辨视觉图案(或察觉视觉图案的不同),相对于没有图案的盘子,他们更喜欢看有图案的刺激物,如面孔或同心圆。

② 唐娜·威特默,桑德拉·彼得森,玛格丽特·帕克特.儿童心理学:0~8岁儿童的成长[M].何洁,金心怡,李竺芸,译.北京:机械工业出版社,2014:174.

③ 周兢.早期阅读发展与教育研究[M].北京:教育科学出版社,2007:6.

题。虽然男孩在阅读上的优势不如女孩明显,但阅读对于男孩的重要性也是不言而喻的。这里我们倡导父亲与儿童进行亲子阅读,父母双方对亲子阅读的重视,更能够让儿童意识到阅读的重要性,认识到阅读与运动一样,都非常必要。

我们在早期阅读中,必须注意以下两点。1.将阅读和更多的活动相结合。阅读并不是一件单独的事情,不是一件独立于或者高于其他活动的事情,不用很刻意地去强调,事实上,阅读是很开放的事情,与其他的活动相融,才能为儿童带来一个健康而丰富多彩的童年。2.不要将阅读模式化,更不要完全以学习为导向,不要将识字作为目标。儿童识字的敏感期有早有晚,不要把阅读变成无趣的识字训练,当然如果到了识字敏感期,在阅读时可以进行汉字指认。另外,在阅读的过程中,家长都会和孩子交流,但是不恰当的交流迎来的只能是沉默或者是抗拒。家长应当引导儿童说出自己的想法,多表达,帮助儿童完善观点,根据故事具体地展开讨论。早期阅读的开展越早越好,但什么时候开始都不算晚,只是吸引年纪较大儿童的兴趣变得没有那么容易。每位儿童都会有自己的阅读兴趣所在,如果家长能够在早期为儿童种下阅读的小树苗,阅读的路径会更加广阔和深远。

对于儿童来说,读到一本好书,是一种特殊的体验。愉快地享受了阅读的儿童在此过程中得以成长,而他个体的身份也注入了某些新的内容。现在的他将更容易接受新的理念,这一切都将照亮他接下来的全新历程。他获得了某种持久永恒的东西,没有谁能将它夺走。①

(金陵图书馆李海燕)

亲子阅读的意义

当一个新生儿呱呱坠地,一个全新的世界将会渐次在他的生命中展开。在这个逐渐发育、不断展延的精神个体与如此复杂多元的客观世界相交接的过程中,需要经历许多不同的桥梁,诸如:自己去亲身经历的体验之桥,家庭与学校言传身教的教育之桥……其中,阅读是实现主客体沟通时很重要也很有效的一条途径。打开阅读之门,孩子将获得一个远远超出一己生活体验的感受空间,也将获得一个远

---

① 李利安·H.史密斯.欢欣岁月[M].梅思繁,译.长沙:湖南少年儿童出版社,2014:6.

比家庭和在校教育更丰富、有趣、持久、内化的自我教育的途径。

关于阅读的价值,已有很多书籍文章进行过论述。比如,阅读可以培养耐心,颐养心性;阅读是学习的重要形式,可以在不知不觉中广闻博识,完成知识的积累;阅读可以提升孩子的感受能力,丰富孩子的内心世界;阅读不仅是休闲娱乐的方式,更是自我教育的有效素材,在阅读中不断自省是增长智慧的重要途径……此外,一个人的生活理念、价值观、道德观在某种程度上也是从阅读中熏陶出来的。一个人形成良好的阅读习惯,就能通过阅读主动求知解惑,助力成才,就能够借助阅读延展生命体验,丰富精神生活,就能够让人生多一个排解孤寂、指引迷途的睿智伴侣。

除上述阅读的普遍性价值外,作为早期儿童阅读最主要形式的亲子阅读,还有其特殊价值。亲子阅读,顾名思义,就是父母与孩子一起进行的阅读活动。孩子最早的阅读行为通常都来源于家庭中的亲子阅读。亲子阅读对孩子的心智发育、阅读习惯与风格的养成、亲子感情沟通等方面具有重要意义。

在启智方面,亲子阅读不仅是图书内容本身的输入,也增加了亲子之间的交流,增加了孩子倾听、表达与思考的机会。有相关研究表明:经常进行亲子阅读的孩子,其语言和阅读能力的发展要明显优于同龄的其他孩童,具体表现为:口语方面,说话更早,语言发育更迅速,发音更清晰准确,口语表达能力更强,词汇量较同龄人丰富且用词更准确,话语更连贯,更流畅;书面语方面,对文字的识读、理解和驾驭能力较同龄人强,对书面语的反应更迅速准确,作文能力也普遍优于同龄儿童。①

在阅读习惯的养成和阅读风格的形成方面,亲子阅读的示范作用显著。家长与孩子相伴阅读是形成受用终身的阅读习惯的最佳方法。此外,在亲子阅读的过程中,父母如何阅读一本书的全过程都展现在孩子面前:他们如何安排阅读进度,如何对阅读材料进行解析,如何基于阅历来对阅读材料进行评析,从哪些角度提出问题来与孩子互动,在遇到阅读难关时借用工具书的选择习惯,等等,都会对孩子今后的阅读方式产生影响,成为孩子有意无意形成自身阅读策略时的现成榜样。更进一步,父母的阅读选择、阅读趣味和阅读阐释,也会对于孩子的阅读趣味和风

---

① 张晓怡.不同亲子阅读策略对3—6岁儿童图画书阅读能力的影响[D].陕西师范大学,2008.

格构成最初的且相当重要的引导。所以，国外学者 Heath & Loichter 在其研究结果基础上阐述道："父母传导的不仅仅是阅读的机制和策略，还有建立在他们以往生活经验基础之上的世界观、价值观的投射，这也形成了不同家庭背景下的阅读风格和亲子互动模式"①。

在亲子情感沟通和孩子心理满足感的建立方面，亲子阅读的意义更为重要。亲子阅读的过程也是建立亲密亲子关系的重要契机。试想想，父母与坐在腿上或揽在怀里的孩子共处一段时光，为同一个故事心潮跌宕，或喜或悲，体验着相近的情绪起伏，面对着共同的讨论话题，感受着彼此的体温，听得到相互的呼吸和心跳……那是多么亲近又和谐的情景啊！日本"图画书之父"松居直有一个比喻说得很好："念书给孩子们听，就好像和孩子们手牵手到故事国去旅行，共同分享同一段充满温暖语言的快乐时光"②。

父母作为孩子最亲近、最信赖、相处最多的人，是孩子人生的第一领路人。帮助孩子打开阅读之门，为他们种下读书种子，给他们展示阅读的美好，引领他们感受阅读的魅力，这是父母义不容辞的责任。

（山东工商学院朱敏）

儿童分级阅读

国内对分级阅读的发现和研究，其实只有几年的时间，但是分级阅读在国际上已经取得了很大的发展。国际上的分级阅读研究已经有几十年的历史了，拥有成熟、完善、多样的分级标准，其中既有政府资助研发设定的标准，也有社会团体或个人研发设定的标准。分级阅读的标准和分级阅读的评测在脑科学、儿童认知研究、儿童语言发展、阅读理论、阅读障碍等方面理论研究全面进展的基础上，在应用方面也取得了很大的突破。

分级阅读在国外的应用体系非常完善且丰富多样，如蓝思分级阅读，这套阅读

---

① 转引自:张晓怡.不同亲子阅读策略对3—6岁儿童图画书阅读能力的影响[D].陕西师范大学,2008.

② 松居直.幸福的种子:亲子共读图画书[M].刘涤昭,译.济南:明天出版社,2007.

水准测评的体系，包括对阅读词汇、阅读理解、熟练程度以及写作等几个方面的考核。还有配套的蓝思进阶计划，即 A—Z 的分级法，这主要是由两位阅读专家主持研制的，已经有大量的图书被分级了。再如阅读发展评价体系，主要是针对家庭阅读。还有阅读促进计划、常识媒体体系，等等。不仅仅在北美，在英国、法国、新西兰等国家也都有一些做得很好的阅读推广体系。在国际上，分级阅读的应用是非常广泛的，不仅被用在学校阅读中，也被运用在家庭阅读、图书馆的阅读以及童书出版中。

中国有两大机构一直致力于分级阅读的研究和推广，一个是南方分级阅读，一个是接力分级阅读。这两家都做了大量的研究基础工作，也组织过几次研讨，为分级阅读在中国的发展做出了很大的贡献。但总体来说，中国大陆的分级阅读，还存在着一些问题，这些问题主要体现在以下几个方面。

一、分级阅读的研究过于出版化，商业化，理论研究严重不足

分级标准的制定是一个非常科学系统的工作，它必须基于对于儿童认知、儿童语言与情感发展、儿童社会认同等各个方面的基础性研究，同时又要对一些具体而微的领域，比如识字量、词汇量、难易程度、篇幅、情感和思想深度、表达方式等有深入的研究。这样的研究既要有专家学者的参与，也要有应用者、使用者包括儿童的参与。同时分级阅读的标准和阅读评测必然是配套的，阅读评测又必然涉及对阅读理解的各个层面的研究，比如说获取信息的能力、理解力、欣赏力、批判力与迁移和运用能力，等等。

二、课外化，边缘化，整体性建构不足

除了课外阅读，还应该高度关注语文教科书的分级阅读问题。希望在研究和对话的基础上，语文教科书可以编得更好些。在语文教材，以及各种各样的儿童文学读本和语文读本的阅读当中，儿童阅读的阶梯应该是怎样的？不同年龄段的孩子，应该读什么样的文本？对这些问题的研究是非常重要的。

原创图画书的开拓者和创作者，原创儿童文学的作家们都是非常值得敬佩的。搞创作的朋友们，可以用分级阅读的理念和想法读一读，看一看，思考一下自己的图画书在跟多大的孩子说话，语言有没有对象感。这样的训练对儿童阅读研究是非常有益的。

整体建构还应该包括对完整的年龄段，即 0—15 岁的研究，因为这是阅读当中最关键的时期，当然其中更重要的是0—10岁。这种整体建构不仅涉及学校，而且涉及家庭图书馆等阅读场所。

三、我国的分级阅读研究从汉语本身出发的构建非常不足

大家学英语的时候都知道，英语分级是非常严密的，词汇分一级、二级……六级，然后八级，每个级别的词汇都有一个词汇本，而老师们拿过汉语的词汇本吗？孩子应逐步掌握这100个字、300个字还是1 000个字？词汇有分级吗？当然是有的。有些词汇有可能不应该出现在儿童的阅读当中，比如说"彷徨""惶恐"。又比如说用"自己"的"自"来组词，可以组成一串词，"自己""自我""自觉""自立"，以及"自洽""逻辑自洽"，这样的词汇有阶梯吗？可以分级吗？当然是有的，但是中国这样的研究很不够。汉语本身的构建不仅仅包括词汇，我们不能单纯用词汇这一点来概括中国语言的特点。在图画书中，在儿童文学中，尤其是在我们原创图画书最初的构建和创作当中，大家都发现，更多的是用一些中国文化符号来表达，并没有找到儿童的本位。在做分级阅读的时候，图画书与儿童文学创作应如何从汉语本身的语境出发，这是要面对的问题。

同时，分级阅读也不应该陷入科学化、技术化的窠臼。现在中国的分级阅读，完全套用了西方的一些研究方式，需要找到适合汉语的、适合当代儿童的分级阅读研究的方式。要用最大的慈悲，要用最大的爱心去给孩子们营造阅读氛围，不要轻易诊断一个孩子有阅读发展性的障碍。进行测试的时候拿出的材料是某小学语文课本的文本，测试材料是"小狗跟随主人进来，汽车沿着公路行驶"，后面有一个无关的高频词，让孩子们来测试，看看正常的儿童和有障碍的儿童有多大的区别，这是不尊重儿童的母语测试。

2001年在丁筱青老师主持下，亲近母语拟定、发布了中国第一个小学生分级阅读书目。之后，亲近母语不断研发了系统性的儿童诵读、主题阅读、整本书阅读、图画书阅读等分级阅读课程体系。2013年，亲近母语成立了分级阅读的研发小组，每年更新分级阅读推荐书目，定期发布季度书目，希望建立科学的分级体系。

（亲近母语徐冬梅）

家庭阅读环境的营造

著名教育家陈鹤琴在《为幼儿创设良好的环境》一文中说:"要孩子学会阅读,我们的家庭、我们的社会,必定要先有阅读的环境"。阅读环境客观存在于儿童生活的每一个空间,并以潜移默化、耳濡目染的方式从心理和生理的角度影响着儿童的成长。因此,在家庭中营造良好的阅读环境对儿童阅读兴趣的激发和阅读习惯的培养有着举足轻重的作用,家长应当在日常家庭生活中努力为儿童创设优渥的阅读条件,提供充分的阅读机会。

家庭阅读环境的营造主要分为两个部分,即物质环境营造与人文环境营造。物质环境营造主要包括阅读环境的创设和阅读材料的选择,人文环境营造则需要家庭成员共同创造温馨的家庭气氛与浓厚的学习氛围。配备良好的阅读空间和丰富多彩的阅读材料可以最大限度地激发儿童的阅读兴趣,为构建良好的人文环境打下坚实的基础;而幸福和谐的人文环境也能让精心营造的物质环境发挥最大的效益。

梁实秋先生说过:"一个正常的良好的人家,每个孩子应该拥有一个书桌,主人应该拥有一间书房。"而台湾经济学家高希均先生在《构建一个干净社会》一书中也提倡:"家庭中应以书柜代替酒柜、书桌代替牌桌,转移上咖啡馆与电影院的金钱与时间来买书、读书。"因此,从阅读环境的角度出发,我们倡导每个家庭都应当有至少一个书架和书桌,有条件的家庭应当开辟书房或专门的阅读区域,并准备适合儿童身材的专用书架或书桌,让儿童在生活空间里尽可能多地去接触阅读。

选择家中一处固定、通风良好且光线充足的地方作为阅读区域,在该区域环境中通过摆放柔软的地垫、靠垫、儿童小沙发,布置植物、玩偶、装饰物,陈列小书架放置适龄读物等形式,营造出温馨、惬意的阅览环境,达到吸引儿童前来阅读的目的。

读书当然不能无书,家庭藏书的重要性不言而喻。西洋文学家、诗人吴宓先生在日记中明确写道:"欲救子弟之病,惟家中藏书一法。藏书不必多,而选择必精。虽十卷百卷,苟为佳籍,儿童知识初开之时,见之必玩诵不置。而浸茹涵育之功,于是乎在。此法当自行之,并劝亲友行之。"①在唐代以前,私家藏书以官宦和学者为主。随着纸张的普及和雕版印刷术的兴盛,宋代以后读书阶层突破士大夫群体,波及乡绅、富贾,乃至一般的布衣学子,私家藏书作为一种普遍的文化风气获得了飞速的发展。②近现代以来,出版印刷业飞速发展,人们获取书籍的途径更加便捷广泛。那么一个普通家庭,应当收藏哪些书籍呢?北京大学信息管理系教授王余光的意见是:首先收藏中外经典著作,其次是儿童读物,同时还要收藏一些生活实用、适用类书,如教育类、生活类、地图、旅行读物及必备工具书。经典中蕴藏着许多极具价值的文学作品和有益身心的格言,家长阅读经典可以陶冶性情,提高教育水平;儿童阅读经典可以启迪智慧,健全人格。儿童读物除了经典之外,绘本、浅显的诗歌、小说、散文、童话和自然科学作品同样适合儿童阅读,家长可以依据现有的各类权威儿童阅读推荐书目、儿童文学与绘本获奖作品或是读书论坛、文化名人的推荐进行理性选择。

家庭阅读材料的范围很宽泛,除了图书外,还可以包括与儿童日常生活息息相关的报纸、杂志、广告纸、书信、多媒体音像资料等。只要是有助于儿童阅读习惯养成、激发儿童阅读兴趣、不超出儿童理解范围且不影响儿童身心健康的媒介,都可以作为阅读材料来使用。在给儿童选择阅读材料时,应根据儿童成长阶段选择适合年龄特点的读物,各种体裁和内容的读物应当广泛涵盖,当孩子拥有阅读兴趣后还可以将孩子自主选择与家长推荐相结合。

家庭人文环境是指家庭中是否有良好的阅读氛围,父母的阅读态度和阅读行为对儿童早期阅读认知能力与阅读技能学习会产生很大的影响。美国图书馆学家和教育家皮尔斯·巴特勒曾说:"人们的阅读习惯很重要,如果一个人已经养成了阅读的习惯,他就比那些没有阅读习惯的人更容易去阅读。"幼儿最初的阅读兴趣是在与大人一起读书的过程中产生的,如果儿童从小就成长于阅读氛围浓厚的家庭,养成读书习惯,那么他一生都将受用无穷。家长本身是否有阅读的习惯,是否真实地进行阅读活动,会直接影响与幼儿展开亲子阅读的热情与耐心。书香氛围最

---

① 转引自徐雁.耕读传家久 诗书继世长——全民阅读推广背景上的家庭书香氛围的重建[J].图书情报研究,2012(04):1—15,31.

② 黄显功,张伟.现代家庭藏书文化[M].上海:上海科技文献出版社,2002.

直接的体现是家庭成员之间在读书方面的互动关系，例如长辈对孩子的阅读指导和教育，兄弟姐妹之间在读书方面的交流切磋，全家对阅读活动的期待，等等。在一个热爱阅读的家庭环境中，家长爱惜书籍，热爱阅读，经常谈论阅读心得，孩子也会逐渐成为一个爱书的人。家长的阅读体验丰富，就会获得渊博的知识和宽广的眼界，在日常相处中可以指导和陪伴儿童阅读，与儿童展开交流，产生智慧的碰撞，解答儿童的种种疑惑，由此使儿童一步步地喜爱图书，喜爱阅读。今后，无论是与儿童在家阅读，还是带儿童去图书馆借书，或是去书店选购图书，都可以使儿童从中体会到阅读带给他们的快乐。

值得注意的是，当儿童在阅读中遇到困难的时候，父母要耐心地鼓励与引导，多多与儿童沟通，及时对他们的进步进行表扬，这样更能激发儿童的阅读热情。同时，家长也可以把大自然、大社会作为一个阅读的大天地，在自然的风光中，在社会的天地里加深对书本内容的理解和感知，做到既读"有字书"，也读"无字书"，即古人所说的"读万卷书，行万里路"。

正如南京大学教授、中国阅读学研究会会长徐雁先生所说："就现代小康之家而言，不仅要家有'机（指电脑）房'，还应同时要有'书房'。当今'动感时代'，书房是主人于忙碌谋生之余，可以在书林学海中宁静致远的地方，也是一个家庭陶冶自己的孩子养成安静、积极与良好阅读习性的所在。儿童培养起这样的阅读习性，将来上了学肯定是个好学的孩子，到图书馆肯定是个好的读者，走向社会是'学习型人才'。这一切都离不开家庭的培育。"①

（南京大学信息管理学院 王成玥）

儿童图书类型

一、图画书（绘本）

"绘本"一词源于日本，英文表述为"Picture Book"。现代意义上的绘本诞生于十九世纪后半叶的欧美，凯迪克、格林纳威、波特都是早期的杰出代表。二十

---

① 李凡. 最是书香能致远——南京大学教授、中国阅读学研究会会长徐雁访谈[N]. 都市文化报·书脉周刊，2012-12-20.

世纪五六十年代,绘本开始在韩国、日本兴起,七十年代,中国台湾也开始了绘本阅读。近年来,随着对儿童阅读推广的重视和实践,中国大陆地区也逐渐掀起绘本阅读热潮。

绘本最值得强调的就是它的文学性和艺术性。绘本中的图画一般是手绘作品,讲究绘画的技法和风格,讲究图的精美和细节,是一种具有独创性的艺术。可以说,好的绘本中每一页图画都堪称艺术精品。图画在整个作品中承担着叙事抒情、表情达意的作用。

绘本不等于一般的图文书,它是一种独立的图书形式,特别强调文与图的内在关系。文字与图画共同担当讲故事的重要角色,图画不再仅仅起辅助和诠释文字的作用。一些相当著名的绘本甚至只有图,而完全没有文字。不过也有许多绘本是在图、文之间取得一种平衡的关系,相互衬托,营造出整个故事氛围。因此,绘本中要读的绝不仅仅是文字,而是要从图画中读出故事,进而欣赏绘画。

绘本是最适合孩子阅读的图书形式。儿童心理学的研究认为,孩子认知图形的能力从很小就开始慢慢养成。那时的孩子虽然不识字,但已经具备了一定的读图能力,如果这时候家长能有意识地和孩子们一起阅读绘本,给他们读文字,和他们一起看图讲故事,那孩子们从刚开始接触到的就是高水准的图与文,他们将在听故事中品味绘画艺术,将在欣赏图画中认识文字,理解文学。

二、玩具书

儿童玩具书,从字面上可以看出是一种既可以看又可以玩的书,它既有书的形态或功能,又有玩具的属性,也可以看作一类特殊的益智玩具。就其发展历程来说,欧美业界将玩具书统称为 Pop-up Book(立体书),也有称之为 Movable Book(可动书)的,但我们如要总结近代以来所有类型的立体书,统称之为玩具书(Playbook 或 Toybook)应属合适。因其可以培养儿童良好的阅读习惯,提高儿童的自主阅读能力,使儿童热爱读书活动,热爱书籍,玩具书越来越多地受到家长和儿童的喜爱。

玩具书在形态上不同于普通图画书,其造型奇特,可翻转掀拉,挖洞拼贴;有轮子可转动,按键可发声,触摸可发光;还可以加上声、光、电装置,能立体再现故事场景。因能和儿童互动,充分满足儿童的好奇心理,探索精神,玩具书是最佳的智力开发玩具。

三、儿歌

儿歌是专属于幼儿的歌谣，是儿童早期就接触到的文学作品种类。儿歌最主要的特质在于它具有音乐性，而这种音乐性除了必须考虑押韵、节奏外，还必须具有文学的美感。欣赏儿歌需要掌握儿歌的诗眼，也就是儿歌动人之处。儿歌依照它所具有的功能，可以分为催眠歌、游戏歌、认知歌、逗趣歌、绕口令、抒情歌、叙述歌、生活歌等多种类型。游戏儿歌是一种以娱乐为主的儿歌，简单易懂，朗朗上口，贴近生活。相比较而言，教诲儿歌更偏重教育引导，因此又称作启发益智儿歌。此外，训练语言能力的绕口令可以看作游戏类儿歌的雏形。

儿歌优美的旋律、和谐的节奏、真挚的情感可以给儿童以美的享受和情感熏陶，并起到启迪心智的作用，对儿童的语言与思维能力的提高也大有裨益。幼儿思维能力的发展更与语言能力的发展密切相关，无论是语言正误、词汇积累，还是用语句表情达意，都反映和制约着思维的发展变化。儿歌在这些方面就能发挥重要作用。幼儿感知事物从表象入手的特点，决定了他们乐于听取具体形象的话语，而儿歌恰是以它生动活泼的独特语言方式，迎合了孩子们的口味，切入幼儿的心灵，发挥着多方面的作用。

四、桥梁书

"桥梁书"是对西方国家书目上的"Bridging Books"概念的引用，指的是介于图画书和纯文字书之间的一种图书类型，主要针对小学中低年级学生，是为阅读过渡期的儿童专门设计的读物。

桥梁书的特点主要有三：一是主题接近儿童生活，以故事的方式呈现出来；二是故事的篇幅适中，文字量不多，插图为辅，开本也从大开本过渡到与成人书相近的开本，便于翻阅；三是遣词造句都有细致的考虑，适于儿童阅读。桥梁书的目的是采取幽默有趣的童话故事形式，帮助孩子从喜欢阅读开始，渐渐适应字数增多、篇幅加长的文字书，最后由亲子共读转入独立阅读。

在欧美和日本，儿童阅读发展较早，桥梁书的概念、出版、制作已经非常明确，但在国内还未形成系统，尚处于探索阶段。对于指导、辅助孩子阅读而言，"桥梁书"这个概念的意义在于提醒辅助孩子阅读的大人，在适当的时机引入这种类型或者近似于这种类型的图书来给孩子阅读，以帮助孩子开展独立阅读。

五、儿童诗

广义而言，只要是适合儿童阅读的诗，不管什么形式的诗作，都可以称作儿童诗；狭义的童诗指的是由儿童自己创作或成人专为儿童创作的诗。儿童诗是指以儿童为主体接受对象，适合于儿童听赏、吟诵、阅读的诗歌。儿童诗是诗的一个分支，由于它受到特定读者对象心理特征的制约，因此所反映的生活内容、所进行的艺术构思、所展开的联想和想象、所运用的文学语言等，都必须符合儿童的年龄特征。在培养儿童健康的审美意识和艺术鉴赏力上，儿童诗可发挥自己独特的作用。

六、寓言

寓言常带有讽刺或劝诫的性质，用假托的故事或拟人手法说明某个道理或教训，是一种体型微小、具有启发性的故事。它通常都会把所要表达的意义，隐藏在一个小小的故事里，使用对比、讽刺、嘲弄等修辞方法，呈现教训，达到教化的目的。

寓言篇幅大多简短，主人公可为人，也可为拟人化的生物或非生物，旨在使深奥的道理从简单的故事中体现出来，具有鲜明的哲理性和讽刺性，并常运用夸张和拟人等修辞手法。依照产生的理由，寓言大抵可以分为政治寓言、哲理寓言、宗教寓言、生活寓言等四大类。寓言主要的特质，在于它具有严肃的主题，而这严肃的主题，往往通过意义隐藏、嘲讽手法、人物扁平、故事简短等四种方法来完成。

七、童话

"童话"一词在《现代汉语词典》中的解释是："儿童文学的一种体裁，通过丰富的想象、幻想和夸张来编写适合于儿童欣赏的故事"。"童话"一词在《辞海》中的基本解释是："儿童文学的一种，经过想象、幻想和夸张来塑造艺术形象，反映生活，增进儿童性格的成长"。童话是儿童文学体裁之一，通过丰富的幻想和夸张、象征、拟人的手法塑造形象，以适宜于儿童阅读。"童话"一词是中国儿童文学体系在建构之初借自日文的译词，与西方表示仙子故事的"fairy tale"指称同一类型的作品。童话源自民间故事的口述传统，与民间故事关系匪浅，但不等于民间故事。

童话的分类是多样的和相对的，并没有绝对的标准。童话是文学体裁中的一种，主要面向儿童，是具有浓厚幻想色彩的虚构故事作品，其语言通俗生动，故事情节往往生动可爱，引人入胜。

八、民间故事

民间故事是民间文学中的重要门类之一。从广义上讲，民间故事就是劳动人民创作并传播的、具有虚构内容的以散文形式呈现的口头文学作品，是所有民间散文作品的通称，有的地方叫"瞎话""古话""古经"，等等。民间故事是从远古时代起就在人们口头流传的一种以奇异的语言和象征的形式讲述人与人之间的种种关系，题材广泛而又充满幻想的叙事体故事。

九、儿童小说

儿童小说的概念有广义和狭义之分。严格意义上的儿童小说指的是以塑造儿童形象为中心、以广大儿童为主要读者对象的散文体的叙事性儿童文学样式。因此，它要求有以儿童形象为中心的人物形象或以儿童视角所表现的成人形象，以儿童行为为中心而串联的故事情节，以儿童生活的背景和场所为主的环境描写。

但一般意义的儿童小说的概念比较宽泛，常指从儿童观点出发，充满儿童情趣，能充分满足儿童审美需求，符合儿童好奇、好动的心理行为特征，以社会生活为内容，幻想性、故事性很强的散行的叙事文学样式。小说与故事、童话最大的区别在于，小说是用散文书写的虚构故事，强调散文书写、虚构与故事3个要素。

按照虚构程度的递进，以从幻想到写实成分的比例区分，儿童小说可分为幻想与科幻、推理与冒险、历史、动物、生活5类，是儿童文学的重要组成部分。

（南京师范大学万宇）

儿童读物的出版

1994年，经过改革开放洗礼的中国少儿出版界，涌动着寻求变革、寻求突破的强大力量。当时，少儿出版出现了多个"由2进3"的现象，亦即由改革开放前1978年的2家专业少儿社，发展成1994年的30多家专业少儿社；由200多名专业少儿出版从业人员，发展成3 000多名；由200来位儿童文学作家，发展成为3 000

多位;由年出版几百种童书发展成年出版 3 000 多种。①

进入 21 世纪以来,我国的童书出版出现了一个前所未有的繁荣发展的"黄金十年"。 童书出版黄金十年,一般认定为是从 21 世纪初童书零售细分市场儿童文学图书的爆发性销售开始的。 黄金十年表现在儿童文学创作上,涌现出了一批优秀作家、优秀作品,涌现出了一批品牌作家、品牌作品,涌现出了一批畅销书作家、畅销书。 表现在出版上,童书出版从原来的专业出版演化为大众出版;全国 581 家出版社,有 520 多家出版童书;年出版童书 4 万多种,总量世界第一;拥有 3.67 亿未成年人的巨大的童书市场,年总印数达 6 亿多册,在销品种 20 多万种,销售总额 100 多亿人民币;年产值连续 10 年以两位数增长,是整个出版界最具活力、最具潜力、发展最快、竞争最激烈的出版板块,并几度超越社科图书跃居第二大板块,成为一支拉动并提升中国出版业发展的"领涨力量"。 毫无疑问,黄金十年,是我国童书出版大国崛起的十年,是我国儿童文学大国崛起的十年。② 儿童读物业态有以下几个主要特点值得关注。

一、儿童读物在出版行业中所占比重大

"十二五"期间,少儿出版物年出版品种数从"十二五"初期的 2 万余种,增长到 2014 年的 4 万余种。③ 开卷数据显示,虽然少儿图书在 2015 年增长速度有所放缓,但依然是市场增长的重要动力。 通过不同市场增长曲线图可以看出,少儿图书、文学图书、教辅图书三大板块一直是市场保持增长的重要的火车头,是重要的支撑。 少儿市场动销品种和码洋比重连年走高,码洋比重达到了 17.65%,在少儿细分市场中,少儿文学、科普、卡通绘本是最重要的板块。 除了这三个最重要的板块之外,卡通挂图和少儿英语等少儿的各个细分市场都保持比较好的增长速度。④

2014 年年底,全国 583 家出版社,有 528 家出版社出版童书,上报的选题超过

---

① 海飞.出版大国崛起的廿年[N].中国新闻出版报,2014-09-15(06).
② 海飞.关于我国童书出版的三个预判[N].中华读书报,2015-11-11(06).
③ 刘婷.少儿图书迎来最美春天[N].北京晨报,2016-01-15(B17).
④ 韩阳,刘蓓蓓.30 年专业打造 少儿出版转型再出发[EB/OL].(2015-07-20)[2016-01-18].http://www.chinaxwcb.com/2015-07/20/content_321762.htm.

5.6万种。2015年,出版童书的出版社有509家,上报的图书选题有4.8万种。① 童书所占比重大,竞争也异常激烈。

二、引进书依旧热门,原创书不可小觑

商报·东方数据发布的《2015中国少儿出版阅读现状与未来趋势报告》和相关第三方数据显示,科普读物已成为儿童文学和低幼读物之后,最受家长与小读者青睐的童书品种。但与儿童文学中原创作品比例占绝对优势的状况不同,畅销科普读物几乎一边倒地由引进书唱主角。②

2014年我国引进图画书2 000种,原创2 000种,在出版的4万种童书中,图画书占十分之一,原创图画书的品种增长飞速。③ 原创图画书在国际上斩获奖项,也是可喜的成就。朱成梁《团圆》获得《纽约时报》的奖项,郁蓉《云朵一样的八哥》、黑眯《辫子》先后获得布拉迪斯发插图画双年展的金苹果奖。

2016年1月,由新阅读研究所组织评选的2015中国童书榜发布,20种入选精品图书中有原创作品10种,包括张炜《寻找鱼王》,叶兆言等《南京那一年》,麦克小奎《跑跑镇》,朱自强撰文、朱成梁绘图《会说话的手》,丘承宗《我们去钓鱼》,汤汤《一只小鸡去天国》,廖小琴《棉婆婆睡不着》,杨杨撰文、赵闯绘画《我有一只霸王龙》,吴祥敏《酷虫学校科普漫画》,韩毓海《伟大也要有人懂——少年读马克思》。

2013年,上海设立并举办首届中国上海国际童书展(CCBF);2014年,上海国际童书展把陈伯吹奖升格为陈伯吹国际儿童文学奖;2015年,青铜葵花儿童小说奖创立。这些举措都是童书界鼓励原创、走向世界的努力。

三、原版书受欢迎,出版界开展多元合作

英文原版少儿书在亚马逊中国的销量从2013年开始呈现快速增长趋势,较2012年销量增长逾45倍,并在2014年继续保持较高增速。数据还显示,比较受消费者欢迎的英文原版少儿书以故事合集和精装版图书为主。④ 英文原版少儿书

---

① 海飞.中国童书出版新变化[J].编辑之友,2015(9):5—8.
② 刘婷.少儿图书迎来最美春天[N].北京晨报,2016-01-15(B17).
③ 刘梦琦,樊国安.上海国际童书展释放信号 原创图画书进入历史最好时期[N].2015-11-18(03).
④ 任晓宁.原版少儿书市场增速明显[N].中国新闻出版报,2015-01-16(03).

因地道的英文表达方式、丰富的表现形式以及十足的趣味性,有助于培养儿童的创造能力,受到越来越多父母的关注。

二十一世纪出版社与波兰画家麦克·格雷涅茨合作出版《好困好困的蛇》等一批图画书,与日本著名铅笔画家木下晋合作出版《熊猫的故事》;中国少年儿童新闻出版总社与巴西的安徒生奖插图奖获得者罗杰·米罗合作,出版了曹文轩的作品《羽毛》图画书。出版界开展多元合作,使得图书更具魅力。

四、儿童出版的数字化动作

中国少年儿童新闻出版总社则始终将业态转型和产业升级作为数字出版的方向,建设了数字出版平台,包括中少数字资产管理平台、中少数字出版系统、中少数字图书馆、中国少年儿童数字出版网、中少全媒体出版平台等。安徽少年儿童出版社正在尝试让单纯的电子图书出版回归电子结合纸质图书,在纸质、电子两种媒介融合、结合上下功夫。例如,将传统的童话故事配以语音朗读,在封面印上二维码,而不再采用过去的随书附赠光盘的形式,节约成本的同时方便读者下载。立足编辑创意优势,融合新媒体技术推进产品创新和内容开发,浙江少年儿童出版社也完成了约5万分钟的有声电子书、3 000分钟的动画图书、1 500分钟的游戏图书、30余个移动端的互动数字图书、2个AR(增强现实)图书系列。①

美国图书市场上的五大大众出版社(企鹅兰登、哈珀·柯林斯、西蒙&舒斯特、麦克米伦、阿歇特)目前的纸质图书与数字图书的销售比例稳定在7∶3,五大出版社转换成数字图书的资源,全部来源于自身的纸质出版资源。五大大众出版社的这个数据是在纸质图书比前一年略有增长的情况下得出的,这说明,数字出版并没有压低、挤占纸质图书的空间,而是给出版社带来了30%的销售增长。② 据此看来,儿童出版的数字资源发掘潜力还待挖掘。

童年是一段宝贵的时光,令人记忆深刻,带来无穷回味。童年时代的读物有助于为以后的阅读拉开序幕,打好基础,建立起判断力和良好的品位。作家刘绪源从儿童文学创作的角度这样说:"优秀的儿童文学不是落在地上的果子,让儿童俯身捡起来,而是儿童站在树下,仰起头跳一跳摘下来。作家的作品能够让儿童

---

① 孙海悦.少儿图书出征数字蓝海[N].中国新闻出版报,2015-06-04(07).
② 张昀韬.国际视野下的童书数字出版[J].出版参考,2015(9):20—22.

欢喜,同时儿童去摘取它们的时候,要跳一跳,于是就把他们带上了山坡。"①那么,我们在选择儿童读物的时候,也需要适当甄选,既符合儿童的兴趣,也要有助于儿童的发展。

儿童阅读的开始,兴趣是首要,从好玩的、感兴趣的读起,无论什么年龄段什么样的孩子,都要努力找到与其兴趣对应的书,做家长的要主动发现相匹配的书,多试读,多比较,多多带着孩子感受,给孩子拓展更多的阅读空间,在孩子的兴趣之上和孩子一起发现更多更好的书,想办法吸引孩子。其二是看图画和内文,文字造作、图画劣质的不要买,如果经验还不够,看出版社、作者以及这本书是否获奖,可以基本判断一本书的优劣,多多地观察体验,则可慢慢形成自己的眼力。其三是参考一本书的年龄分级,参考推荐书目,比如《中国儿童分级阅读参考书目》、好孩子网"亲子阅读"版精华、新阅读研究会《中国幼儿基础阅读书目》、《儿童情绪疗愈绘本解题书目》、各种童书榜单等。家长要好好地利用图书馆,如果买书在经济上力有未逮,哪怕经常出入图书馆,也不要去买成本低劣的炮制书,如果在买书上较为宽裕,那么在图书馆试读,带孩子体验,感受阅读氛围,根据孩子的兴趣,再来决定要买哪些书。

(金陵图书馆李海燕)

儿童文学奖项

儿童文学是陶冶和提高少年儿童文学修养和道德情操的一种很好的文学载体,作品的质量高低对于广大儿童的健康成长有着举足轻重的作用。儿童文学作家秦文君曾说:"儿童文学是对人类童年、人类心灵情感的整体关注,它以最简单的话语向所有人揭示生活的真相,呼唤人类共通的道义,感动全人类。"儿童文学奖项的问世,彰显和铭记创作者们为儿童所做出的努力,为读者选书提供权威依据。

一、全国优秀儿童文学奖

全国优秀儿童文学奖由中国作家协会主办,每三年评选一次,分小说、幼儿文

---

① 颜维琦,曹继军.童书出版迎来黄金时代——来自上海国际童书展的观察[N].光明日报,2014-11-27(09).

学、诗歌、散文、纪实文学五类，旨在鼓励优秀儿童文学创作，推动儿童文学的繁荣发展，是中国具有最高荣誉的文学奖项之一。历届评委会都由儿童文学界有影响的作家、理论家、评论家、编辑家组成，读者们耳熟能详的冰心、叶君健、严文井、陈伯吹、柯岩、任大霖、袁鹰等都曾担任过该奖项的顾问或评委。奖项自启动以来，不断地向社会和广大的少年儿童推介精品力作，几乎涵盖了二十世纪八十年代以来中国老中青三代作家创作的所有优秀之作。

二、陈伯吹国际儿童文学奖

陈伯吹先生是我国著名儿童文学家、教育家，1981年陈伯吹先生将自己积蓄的稿费五万五千元捐献出来，设立了儿童文学园丁奖。1988年，此奖改名为陈伯吹儿童文学奖，由少年儿童出版社主办，设有大奖、优秀作品奖和杰出贡献奖。陈伯吹儿童文学奖是新中国文坛第一个以著名作家名字命名的文学奖项，是我国目前连续运作时间最长的文学奖项之一，也是我国迄今为止获奖作家最多的文学奖项之一，对鼓励和促进儿童文学的创作、培养儿童文学作家起到了极大作用。

为了进一步扩大影响，使奖项为推动中国乃至世界儿童文学的发展做出贡献，经陈伯吹儿童文学基金专业委员会、上海市新闻出版局、上海市宝山区人民政府三方协商决定共同举办此奖，并将其列为上海国际童书展的奖项。2014年起奖项正式更名为陈伯吹国际儿童文学奖，同时加大奖金额度，除评选图书和单篇作品外，增加对促进中外儿童文学、儿童出版交流有突出贡献人士的奖励。

三、冰心奖

为祝贺冰心老人九十大寿，纪念冰心老人一生为孩子们创作众多受欢迎的作品，1990年，在雷洁琼、韩素音、葛翠琳等社会各界名流的倡导支持下，创立了蜚声中外的冰心奖。一年一届的冰心奖以严格、公正和权威的评选标准著称，是我国唯一的国际华人儿童文学艺术大奖，下分冰心儿童图书奖、冰心儿童文学新作奖、冰心艺术奖、冰心作文奖、冰心摄影文学奖5个奖项。该综合性大奖旨在鼓励儿童文学作品的创作出版，发现、培养新作者，支持和鼓励儿童艺术普及教育的发展。

创办初期，冰心老人身体尚佳时，每届都要亲自审读获奖作品；吴作人、萧淑芳、杨沫、叶君健、吴全衡等诸位前辈亦都欣然加入了冰心奖评委会的队伍。全世界华文作品都可参与评比，历届获奖者除了大陆及港、澳、台地区作家，也不乏美国、瑞士、新西兰、新加坡等地的华人作家。

四、张天翼儿童文学奖

张天翼儿童文学奖是为了纪念湘籍文学家张天翼先生,奖励优秀儿童文学作品,促进儿童文学发展与繁荣而创立的。2006年8月经中共湖南省委宣传部批准设立并组织首次评奖,由湖南省作家协会主办,湖南省作协儿童文学委员会、湖南省寓言童话文学研究会承办的该奖项,前身为张天翼童话寓言奖,评奖范围为童话、小说、散文、诗歌、理论等各类儿童文学作品,每三年举办一次评奖。

五、大白鲸世界杯原创幻想儿童文学奖

大白鲸世界杯原创幻想儿童文学奖由中国儿童文学研究会、北京师范大学中国儿童文学研究中心、大连出版社于2013年共同创设,旨在推动本土原创幻想儿童文学的发展。奖项实现了儿童文学界与科幻文学界两界的联手,力求为少年儿童共同打造优质的幻想文学,并实现了儿童参加儿童文学评奖的模式。

六、儿童文学金近奖

儿童文学金近奖,是由中国作家协会、《儿童文学》杂志社和上虞市政府合作设立的全国性儿童文学奖项。该奖共设优秀作品奖、优秀插图奖、中国小作家奖等两大类四个奖项,每两年评选一次。金近先生是我国儿童文学的奠基人之一,该奖以他的名字命名,旨在繁荣儿童文学事业,鼓励作家为少年儿童多创精品力作。

七、儿童文学牧笛奖

儿童文学牧笛奖由台湾《国语日报》于1995年创办,每两年举办一次评比活动,目的在于发掘儿童文学创作人才,鼓励台湾的本土儿童文学创作。牧笛奖设童话及图画故事两个奖项,童话作品适合八至十二岁儿童阅读,图画故事作品适合学龄前至小学三年级小朋友阅读,得奖作品主要由《国语日报》社出版。

八、九歌现代少儿文学奖

九歌现代少儿文学奖于1992年由蔡文甫创立之九歌文教基金会创办,为台湾文学创作类奖项,目的是鼓励台湾少年及儿童文学作品创作,提升作品的水平及对象读者群之鉴赏能力,希望借阅读启发台湾儿童的创意。

九、国际安徒生奖(Hans Christian Andersen Award)

国际安徒生奖由国际少年儿童读物联盟(IBBY)于1956年设立,以童话大师

安徒生的名字命名，由丹麦女王玛格丽特二世赞助。该奖每两年评选一次，授予世界范围内优秀的儿童图书作家和插图画家，以此奖励并感谢他们写出好书。

该奖项提倡文体的多样性，是"作家奖"而非"作品奖"，获奖者限于长期从事青少年读物的创作并做出卓越贡献者。评奖标准更重视人文关怀，重视给孩子讲述生命，帮助孩子"发现用别的办法发现不了的东西"（林格伦语）。

十、纽伯瑞儿童文学奖（The Newbery Medal for Best Children's Book）

纽伯瑞儿童文学奖又称纽伯瑞奖（Newbery Medal），1922年由美国图书馆学会（American Library Association, ALA）的分支机构——美国图书馆儿童服务学会（Association for Library Service to Children, ALSC）创设。

该奖为表彰和纪念欧美儿童文学之父纽伯瑞而设，每年颁发一次，奖励上一年度出版的英语儿童文学优秀作品，在世界儿童文学界的地位仅次于国际安徒生奖。

十一、纪念林格伦文学奖（The Astrid Lindgren Memorial Award）

2002年在林格伦辞世后，瑞典政府为了纪念林格伦精神和他为儿童文学做出的巨大贡献，决定设立纪念阿斯特丽德·林格伦文学奖。此奖奖金为55万欧元，折合人民币450万元，是世界上奖金最高的儿童文学和少年文学奖，也是金额仅次于诺贝尔文学奖的世界文学奖。

奖项颁发给那些和孩子站在一起的人，以吸引新的、有才华的编讲故事家、作家和插图绘画家来共同创造优秀的文学作品，它向全世界的各种组织和机构发出一个讯息：优秀的少年及儿童文学价值高昂，孩子是无价之宝。

十二、凯特·格林威奖（The CILIP Kate Greenaway Medal）

英国凯特·格林威奖是为了纪念十九世纪伟大的童书插画家凯特·格林威女士（Kate Greenaway），由图书馆协会（The Library Association）于1955年为儿童绘本创立的奖项。获奖者除了可以得到奖牌与奖金，还有资格为图书馆挑选总价500英镑的绘本。奖项遴选标准严苛，讲求艺术质量，除鼓励英国本土的创作人才之外，亦兼顾国际性。

十三、凯迪克大奖（The Caldecott Medal）

美国凯迪克大奖始于1938年，是为纪念十九世纪英国的绘本画家伦道夫·凯迪克（Randolph J. Caldecott）而设立的。凯迪克大奖是美国最具权威的绘本奖，而该奖之所以能够脱颖而出，获得一致推崇，主要在于其评选标准的周严与创新，该奖着重作品的艺术价值、特殊创意,尤其每一本得奖作品都必须有寓教于乐的功能,让孩子在阅读的过程中,开发另一个思考空间。

世界各地的儿童文学奖项都拥有着一些共同的价值评判标准,即站在儿童的角度,用儿童的眼睛来观察世界,用儿童的心灵来感受生活。通过这些奖项评选与颁布,一方面可以启发广大儿童文学作者从新的视角来进行文学创作,促进全世界范围内儿童文学作品的译介与交流活动,丰富儿童文学作品宝库,为读者带去更多优秀的作品;另一方面,也让儿童文学作者和读者们可以站在更高的角度思考人性最本质的共通,探索人类未知的艺术世界。

(南京大学信息管理学院王成玥)

亲子阅读的操作实践

亲子阅读,又称亲子共读,就是以书为媒,以阅读为纽带,让孩子和家长共同分享多种形式的阅读过程,强调亲子互动。它是在轻松、愉快和亲密的气氛中,父母和孩子之间不以学习为主要目的的共同阅读。这是一种类似游戏的活动,在这个过程中,孩子享受到阅读所带来的乐趣。

良好的阅读习惯对于培养孩子言语、技能、习惯等大有裨益。而孩子与书并不是天生相互吸引的,须由他人将书带进孩子的世界,父母在这里便充当了引路人的角色。因此,亲子阅读被越来越多的年轻父母所认可。

亲子阅读的第一步是要选择合适的读物。不同年龄段的孩子,所能理解和接受的读物各有特点。例如识物卡是许多幼儿的启蒙读物,从卡片上他们认识人物、蔬菜、水果、交通工具等。咿呀学语的时候,便可选择文字内容短小精悍、图画色彩丰富的绘本故事、歌谣童谣等读物。孩子虽然还不会表达,但专注的眼神便是最好的反馈。随着年龄的增长,他们有了自主选择的意识,对读物也有了个人的喜好和判断,渐渐可以凭兴趣选择自己喜欢的内容,而父母要做的则是引导孩子不断探索新的阅读领域。

阅读内容不仅限于正式公开出版的读物,路边的广告牌、商场的宣传册、地下通道的大海报、各种禁止标志等,都可以作为阅读对象。在识字的初级阶段,孩子会特别留意自己认识的字出现的场合,比如商品包装、公交车车身广告等。

而阅读时间地点的选择则具有极大的随意性。进入幼儿园之前的年龄段是亲子阅读最不受限的时段。阅读可以在早饭后，也可以在午间户外，或者午睡之后，抑或晚上睡前。地点不限于家里，可以是散步途中，也可以是外出旅行的路上，或是其他任意场合。随手在婴儿车里放一些卡片、小书，外出散步或者路边小憩都可以随时翻看。长途旅行的路上准备几本小读物，不仅可以消磨时间，有时更能起到安抚作用。孩子进入幼儿园之后，睡前的一段时间便成为大部分家庭进行亲子阅读的选择。养成习惯的孩子每天会主动要求和父母一起看书听故事，这似乎成为睡前必须经过的一道程序。

亲子阅读的方式也是多种多样，可以是父母读给孩子，或者父母与孩子一起读，也可以分别读自己的书。阅读方法因人而异，其目的都是引起孩子对阅读的兴趣，养成良好的阅读习惯。以下三种方法可供参考。

1. "扮演式"阅读，由父母通过角色扮演的方式来进行阅读。低幼儿童的理解和认识能力有限，孩子无法真正走进故事感受其中魅力。此时父母不妨用"演"的方式，让语言无法表达的情绪和内容通过动作和表情来传递。这种做法的优点在于可以让孩子直观地通过肢体语言来感受故事内容，不受文字理解能力限制，也能让亲子阅读更加有趣。有时候，孩子会仅仅因为父母模仿的一种声音或者一个叹词，而对一个故事产生极大的好感，进而增进阅读兴趣。

2. "探讨式"阅读，父母和孩子一起对故事主题、绘本画面、文字解读等进行探讨交流，从不同的视角去解析，从而完成共读。这样可充分调动孩子的想象力和语言表达能力，引导孩子从不同的层面自主解读故事主题。

3. "提问式"阅读，在进行亲子阅读时，父母可对部分词句进行留白，让孩子自行填补，或者适当根据书本内容进行提问，使其在阅读时学会思考，培养自主学习和阅读的能力。

有的家长认为，孩子认字以后，亲子阅读便可停止。这种观念是不对的。美国国家阅读委员会认为，在孩子小学毕业前，父母都应该保持给孩子阅读的良好习惯。毕竟课本提供的阅读材料非常有限，孩子无法领略广泛阅读的快乐，会慢慢对阅读失去兴趣。所以，小学阶段的亲子阅读活动依然重要。而不同于学前儿童的亲子阅读，在小学阶段的阅读中，孩子是主角，而家长是配角，只是起一个引领扶助的作用。家长每天坐在孩子身边陪伴他阅读，只须随时帮助孩子读出他不认识的字，解释他不懂的词语，让他能够比较顺利地读懂意思，慢慢地书中的精彩自然会吸引他走进文本的世界。当孩子读到精彩之处，作为家长能及时与他分享，并适时地与孩子展开讨论，加以点拨指导，将更有利于孩子获得成功的体验，增强阅读兴趣。

（南京大学商学院阎燕子）

大小二孩之家的亲子阅读

2015年12月27日，全国人大常委会表决通过了《人口与计划生育法修正案》，全面二孩于2016年1月1日起正式实施。尽管专家们对于该项政策将带来的影响持有不同的意见，但越来越多的大小二孩之家的出现是毋庸置疑的。

大小二孩的成长，需要父母付出更多，亲子之间的互动与兄弟姐妹之间的互动也较独生子女之家复杂。兄弟姐妹之间的影响因素包括年龄、出生的顺序、年龄之间的差距及各自的性别等，通常来说，姐妹、兄弟之间的互动相对姐弟、兄妹之间又更有微妙之处。孩子气质上较易相处的特点和父母相对平等的对待会使得家庭更为融洽。

对于大小二孩之家的亲子阅读来说，父母要更为耐心，付出更多的时间和精力，更好地营造家庭阅读氛围，同时，要积极发现辅助资源，利用好图书馆等公益场馆，更好地巩固孩子的阅读习惯。以下提出三点建议。

一是分别为大小二孩选择读物，发现各自的兴趣所在。如果大小二孩都在集中读绘本的年龄，可以一起读绘本，但孩子的兴趣差别很大，大多数的时间，家长需要分别为大小二孩读书。特别是如果大孩子可以读儿童文学了，而小孩子还在认知绘本的阶段，更需要区分，这需要家长付出成倍的精力。寻找优质资源是必要的，比如优秀的听故事App可以辅助父母，带孩子多去图书馆，也能够寻求到更可靠的资源和有效的支持。家长创造和孩子单独在一起的时间，能够有效地避免孩子感觉被忽视，独处也有利于彼此之间的专注。如果大小二孩之间年龄间距较大，那么可以鼓励哥哥姐姐给弟弟妹妹读书。因为年龄的关系，弟弟妹妹有时会集中关注哥哥姐姐，哥哥姐姐更关注的则是父母，但弟弟妹妹最终关注的也还是父母，所以更多的时候，还是需要父母来为小孩读书。

二是在二孩刚出生时,更要注重和老大的独处阅读时间。二孩的出生不可避免地使得父母对其的约束加大,而与其共处的时间却减少,大孩的情绪或多或少都会有一些波动。这个阶段,二孩出生的喜悦和忙碌占据了父母,尤其是母亲,需要为二孩哺乳,也需要更多的休息,父亲要更多地与大孩进行亲子阅读,拉近亲子之间的距离,在安静的阅读活动和欢乐的游戏中抚平大孩的情绪。

三是选择恰当的读物,与大小二孩共读。尽管不同的家庭与家庭之间兄弟姐妹关系各不相同,儿童都从与兄弟姐妹的互动中学习。从兄弟姐妹那里,儿童学会了家庭规则和价值观,以及如何与其他不同年龄的人玩耍。他们学会了分享家庭时间、空间和资源,学会了性别和性别角色行为,学会了表达自己的需求以及回应他人的需求,学会了争论和解决争议,学会了了解个体差异和个人权利、忠诚和互相友爱。[1] 无论是从现实考虑,还是从引导同胞关系考虑,大小二孩之家的亲子共读都是有必要的,而且,在语言发展不成熟的兄弟姐妹之间发生的互动,能够促进孩子调整各自的沟通策略,达成较好的沟通。要确保根据各自的兴趣选择恰当的读物,让两个孩子都参与选择,充分地表达想法,在亲子阅读过程中达成彼此的相互了解和沟通。

儿童书籍中,涉及大小二孩和多子女家庭生活的书很多,可以作为大小二孩之家共读的共性选择,比如《小凯的家不一样了》《彼得的椅子》《跟屁虫》《我想有个弟弟》《阿惠和妹妹》《海盗从不换尿布》《阿内宫大战塔罗拉》《隧道》等。有很多书即使不以此为主题,这些内容也都在书中得到了体现,比如《亚历山大和倒霉、烦人、一点都不好、糟糕透顶的一天》《动物园》《乌鸦面包店》等。

再比如安东尼·布朗的《动物园》,豆瓣上有一则短评如是写道:"阴沉,冷峻,黑色幽默,这些连很多成人都无法接受的东西,就这样赤裸裸地给孩子看,社会体系中残酷的一面是否要早早让孩子预知感受? 布朗用一个杰出的绘本给了这个问题一个强烈的肯定。"这样的绘本如果拿出来给大小二孩共读和讨论,是很有益的。

孩子多了,父母更为辛苦,需要投入更多精力,这些主题的书也直接明确地传

---

[1] 唐娜·威特默,桑德拉·彼得森,玛格丽特·帕克特.儿童心理学:0~8岁儿童的成长[M].何洁,金心怡,李竺芸,译.北京:机械工业出版社,2014:300.

递给孩子,像《让我安静五分钟》所描绘的,父母也有疲惫、情绪起伏,此时,也许孩子会懂得问你:你想安静几分钟? 大小二孩之家在孩子们进入青春期之后会逐步达到稳定,每个孩子都更为独立,并确定自己的方向,如果家庭发展和谐,那么孩子之间的互相影响与互动也会更为深远,大小二孩之家的亲子阅读经历至为宝贵。

(金陵图书馆李海燕)

国际儿童读物联盟

国际儿童读物联盟(International Board On Books For Young People,IBBY)是1953年在瑞士苏黎世创立的一个非营利性组织,致力于把图书和儿童联系在一起,在国际儿童读物出版和研究领域拥有权威地位。 作为一个在联合国教科文组织和联合国儿童基金会有正式地位的非政府组织,IBBY在儿童图书的倡导方面有着决策者的作用。 IBBY恪守联合国1990年批准的《儿童权利公约》的各项原则。 该公约的一项重要宣言就是儿童接受普通教育和获得资料信息的权利。 由于IBBY的不懈努力,《公约》中写入了要求所有缔约国鼓励儿童读物的著作和普及的条款。

作为一个国际性的联盟组织,它的基本单元就是设立在各个国家和地区的分会。 目前,全世界有75个国家和地区成立了IBBY分会,各分会是通过不同的方式组织的,它们在国家、地区和国际层面开展工作。 国家分会的会员包括作家、插图作家、出版商、编辑、翻译家、新闻工作者、评论家、教师、大学教授、大学生、图书管理员、书商、社会工作者以及家长等。 在没有分会的国家和地区,可以以个人身份加入IBBY,取得会员资格。

IBBY的各项政策及纲领都由其执行委员会决定,执行委员会由来自不同国家的十名委员及一个大会主席组成,每两年一次在联合国大会上由国家分区选举产生。 联盟日常事务的管理工作由其在瑞士巴塞尔的秘书处处理。 各国家分会缴纳的会费是IBBY固定收入的唯一来源。 独立融资、公共及私人捐款对于IBBY活动的支持也是必不可少的。

IBBY不仅代表了那些在图书出版方面已经颇为发达并具有扫盲计划的国家,同时也代表那些只有少数专家献身于儿童图书出版促进和倡导工作的国家。 其宗旨是：通过儿童图书促进国家间相互了解；使全世界各地儿童都有机会接触到具有高文学水准和高艺术水准的图书；鼓励并支持各国尤其是发展中国家的高品质儿童图书的出版和发行；为那些致力于儿童和儿童文学事业的人提供援助和培训；激励儿童文学领域的研究和学术事业；根据联合国《儿童权利公约》保护和维护儿童权利。

IBBY 世界大会每两年召开一次，与会者包括来自世界各地的作家、插图画家、出版商、翻译家、新闻记者以及儿童、家长等，成为世界儿童文学工作者的交流平台。大会颁发国际儿童文学最高奖，即国际安徒生奖，授予在世的一名儿童文学作家（1956 年开始授奖）和一名儿童插图画家（1966 年开始授奖），以此奖励并感谢他们以全部作品为儿童文学事业做出的持久贡献。

自 1953 年成立以来，IBBY 与许多政府组织、非政府组织和个人合作，募集物资，进行了各种形式的阅读推广。如通过设立朝日阅读推广奖，奖励那些为阅读推广做出贡献的团体；开展海啸恢复计划推广阅读，帮助受灾地区恢复教育；进行 YAMADA 项目，建立儿童接触世界各地文化的桥梁；发起国际儿童图书日，唤起人们对于读书的热爱和对儿童图书的关注；设立了 IBBY 残疾青少年图书文献中心，为残疾儿童提供阅读场所；主持了许多关于童书写作、插图绘画、出版、推广及发行工作的专题讨论会；出版了儿童文学季刊《书鸟》，促进了儿童文学的发展。IBBY 通过各种阅读推广活动引导世界各地儿童阅读书籍，培养良好的阅读习惯，为全世界儿童阅读启蒙做出了许多贡献。

1986 年中国正式参加 IBBY 活动。1990 年在北京成立了 IBBY 中国分会——CBBY。目前，中国分会会员包括 30 余家专业的儿童读物出版商、200 余家儿童报纸杂志以及许多著名的童书作家。其主要活动包括：阅读推广，贫困地区的图书捐赠，儿童文学、书籍、阅读方面研讨会的组织。

（南京大学商学院阎燕子）

国际儿童图书日

1805 年 4 月 2 日是丹麦童话大师安徒生的诞辰日。1967 年国际儿童读物联盟把 4 月 2 日定为国际儿童图书日（International Children's Book Day），以唤起人们对读书的热爱和对儿童图书的关注。

国际儿童读物联盟目前有75个国家和地区分会，每年选定一个国家分会主办国际儿童图书日，由其确定活动主题，并邀请本国一名杰出作家和一名著名插图画家分别为全世界儿童写一篇短文和设计一份海报，用以推销图书，促进阅读。许多国家分会还通过媒体、学校、公共图书馆等组织活动来宣传国际儿童图书日。通常国际儿童图书日还与各种儿童图书庆祝活动、作家和插图画家见面会、作文竞赛或图书奖公布等活动联系在一起。

国际儿童图书日促进了不同国家、不同民族、不同肤色的儿童阅读，影响了一代代儿童成长。

2007年3月23日在北京首都图书馆举行的"共同架起儿童与图书的桥梁"——纪念国际儿童图书节四十周年暨中国儿童阅读日系列活动启动仪式上，国际儿童读物联盟中国分会会长、中国儿童读物促进会主席海飞先生宣布设立中国儿童阅读日。由此，国际儿童读物联盟中国分会中国儿童读物促进会将国际儿童图书日引进中国，设定每年4月2日为中国儿童阅读日，并为此开展一系列活动，旨在共同架起儿童与图书的桥梁，让中国的儿童与世界儿童同处一个阅读起跑线上，以此促进中国儿童阅读。

国际儿童图书日的主题及举办国家（1967—2016）：

1967年　儿童书籍之常青树（瑞士）

1968年　传递给全世界儿童的爱的信息（南斯拉夫）

1969年　裹着黑色西班牙斗篷的男人（瑞典）

1970年　孩子——书籍对你意味着什么?（南斯拉夫）

1971年　马丁和书籍（奥地利）

1972年　与书籍交朋友（美国）

1973年　面向全世界儿童的书籍（捷克斯洛伐克）

1974年　无论你去何方，都要携带一本书（英国）

1975年　精灵山（丹麦）

1976年　神秘的金鱼（伊朗）

1977年　阅读的乐趣（法国）

1978 年　生活在充满书籍的世界中（澳大利亚）

1979 年　书籍是友谊之源（保加利亚）

1980 年　书籍是通往世界的窗户（波兰）

1981 年　阅读是愉快的（西德）

1982 年　书籍是和平的太阳（塞浦路斯）

1983 年　每个人都需要吃饭和看书（委内瑞拉）

1984 年　阅读书籍与分享快乐（巴西）

1985 年　读书与生活分不开（奥地利）

1986 年　谁都偷不走太阳（捷克斯洛伐克）

1987 年　儿童、书籍与世界（苏联）

1988 年　有魔力的地毯（奥地利）

1989 年　分享阅读的美妙体验（加纳）

1990 年　在林间的空地上（加拿大）

1991 年　书籍是黑暗中的萤火虫（希腊）

1992 年　梅瑞安，一个喜爱故事书的女孩子（哥伦比亚）

1993 年　书籍是秘密（伊朗）

1994 年　属于读者的世界（美国）

1995 年　书籍——共同分享体验（日本）

1996 年　书籍是通往内心世界的彩虹桥（丹麦）

1997 年　童年是生命的诗歌/诗歌是世界的童年（斯洛文尼亚）

1998 年　打开书籍，绽放魔法（比利时）

1999 年　我的书籍，我的挚爱（西班牙）

2000 年　秘诀在书中，书籍就是秘诀（芬兰）

2001 年　书籍拥有一切（匈牙利）

2002 年　攀登书山（奥地利）

2003 年　醉人的网络世界（巴西）

2004 年　书籍之光（希腊）

2005 年　书籍是我的魔眼（印度）

2006 年　书籍的命运写在星星上（斯洛伐克）

2007年　故事环绕世界（新西兰）

2008年　书籍使人明智，知识让人愉快（泰国）

2009年　我的世界（埃及）

2010年　一本书正等着你，找到它！（西班牙）

2011年　春光无限，绽放指尖（爱沙尼亚）

2012年　很久很久以前，有一个全世界都在诉说的故事（墨西哥）

2013年　书籍愉悦全世界（美国）

2014年　读故事，想象那些国家（爱尔兰）

2015年　不同的文化，共同的故事（阿联酋）

2016年　从前（巴西）

（南京大学商学院 阎燕子）

儿童阅读服务相关法律法规

儿童阅读服务涉及的法律法规主要包括未成年人保护类法律法规和图书馆服务类法律法规，具体如下。

一、《儿童权利公约》

1989年，《儿童权利公约》作为第一部全面保障儿童权利的国际性约定经联合国大会决议通过，1990年正式生效。该公约第三十一条规定："缔约国确认儿童有权享有休息和闲暇，从事与儿童年龄相宜的游戏和娱乐活动，以及自由参加文化生活和艺术活动。缔约国应尊重并促进儿童充分参加文化和艺术生活的权利，并应鼓励提供从事文化、艺术、娱乐和休闲活动的适当和均等的机会。"①公共图书馆作为文化事业机构，有义务保障未成年人平等获取各种资源，有责任促进未成年人身心健康发展，并不能因为年龄问题将未成年人服务排除在外，否则就违背了《公约》的规定。

二、《公共图书馆宣言》

1994年联合国教科文组织及国际图联发布的《公共图书馆宣言》十二条使命

---

① 联合国.儿童权利公约[EB/OL].[2014-06-10].http://www.un.org/chinese/children/issue/crc.shtml.

当中，第一条就是"从小培养和加强儿童的阅读习惯"，此外还有"支持个人和自学教育及各级正规教育；提供个人创造力发展的机会；激发儿童与青年的想象力创造力；支持并参与各年龄群体的扫盲活动和计划"等，①从法理上规定了公共图书馆为未成年人服务的必要性和服务范围②。

三、专业指南

国际图联发布的《婴幼儿图书馆服务指南》《儿童图书馆服务指南》《青少年图书馆服务指南》《公共图书馆服务指南》对公共图书馆开展未成年人阅读服务有着更具体、明确的指导意见。指南明确了图书馆服务对象、使命和目的，分别从资源、馆员、经费、服务、空间、设备、活动、合作等影响图书馆服务开展的几个重要因素展开③。指南强调基于幼儿时期是儿童认知、语言发展的关键时期，图书馆面向低幼儿童服务的重要性；强调图书馆肩负着培养未成年人阅读习惯、提高未成年人阅读能力、支持未成年人阅读行为、保护未成年人阅读热情、开展未成年人阅读服务的责任，还应培养未成年人及其监护人利用图书馆的能力，使未成年人成为一名潜在的图书馆的忠实读者。

为保障未成人阅读权益，世界各国均出台了面向公共图书馆未成年人的服务标准/指南。如美国颁布了《内布拉斯加州未成年人服务指南》《堪萨斯州公共图书馆少年儿童服务指南》《马萨诸塞州面向儿童的公共图书馆服务标准》《马萨诸塞州面向青少年的公共图书馆服务标准》；英国图书馆协会于1991年制定出台《儿童和青少年服务图书馆协会指南》；日本则在战后颁布了日本"图书馆三法"——《国立国会图书馆法》《图书馆法》和《学校图书馆法》。

四、我国的相关规定

我国到目前为止没有专门针对公共图书馆儿童服务的法律法规，对公共图书馆儿童服务进行规范的是一些政策性文件：1980年5月通过的《图书馆工作汇报提纲》，以及1981年国务院办公厅国办发［1982］62号文件转发的文化部、教育部、

---

① 联合国教科文组织/国际图联.公共图书馆宣言[EB/OL].[2014-06-10]. http://baike.baidu.com/view/1085353.htm.

② 范并思,吕梅,胡海荣.公共图书馆未成年人服务[M].北京:北京师范大学出版社,2012:40.

③ 潘兵,张丽,李燕博.公共图书馆的未成年人服务研究[M].北京:国家图书馆出版社,2011:88.

共青团中央《关于全国少年儿童图书馆工作座谈会的情况报告》明确对少儿图书馆的建设提出要求①；2006年中华人民共和国主席令第60号公布的《中华人民共和国未成年人保护法》，明确图书馆应当对未成年人免费开放；2011年出台的《中国儿童发展纲要（2011—2020年）》中提到"培养儿童阅读习惯，增加阅读时间和阅读量，90%以上的儿童每年至少阅读一本图书；增加县、乡两级儿童教育、科技、文化等课外活动设施和场所；坚持公益性，提高利用率和服务质量"②，确立了儿童优先原则；2010年文化部下发了《关于进一步加强少年儿童图书馆建设工作的意见》，要求公共图书馆据此在加大自身建设的同时，从便利性出发，积极构建公共图书馆未成年人阅读服务体系，深入开展未成年人阅读推广服务，优化馆员队伍的复合性和专业化结构；2015年1月1日起施行的《江苏省人民代表大会常务委员会关于促进全民阅读的决定》③和2015年3月1日起施行的《湖北省全民阅读促进办法》④都对未成年人阅读进行了专条规定，明确提出了全民阅读公共服务场所应满足未成年人的阅读需要。

（中山市图书馆吕梅）

儿童屏幕阅读

屏幕阅读，无处不在。电视、电脑、移动设备、视频游戏、电子书……都在吸引儿童的注意力。而这些，不光是对于儿童，对成人而言也是对注意力的挑战。

波士顿医疗中心（Boston Medical Center）在对55对在快餐店就餐的家长和儿童进行观察后，发表了一份研究报告。大部分的成年人对移动设备的专注度高于

---

① 潘兵,张丽,李燕博.公共图书馆的未成年人服务研究[M].北京:国家图书馆出版社,2011:96.

② 国务院.中国儿童发展纲要(2011—2020年)[EB/OL].[2014-06-10].http://baike.baidu.com/view/6256859.htm?fr=aladdin.

③ 江苏省人大常委会公告[EB/OL].[2015-03-11].http://vip.chinalawinfo.com/newlaw2002/slc/slc.asp?gid=17712368.

④ 湖北省全民阅读促进办法[EB/OL].[2015-03-11].http://gkml.hubei.gov.cn/auto5472/auto5473/201412/t20141224_603523.html.

自己的孩子,如果孩子要求获得关注,部分家长甚至表现得较为生气。① 而这种现象在我们的日常生活中也屡见不鲜。 研究发现,父母与儿童看电视的时间之间存在关联,尤其在周末,父母看电视的时间超过两小时的状况对儿童的影响更大,父亲在周末看电视和电脑时间更强烈地与女儿相关联。②

儿童的电视时间常常和被动观看、肥胖、不规律睡眠、缺乏互动、暴力等身体和情绪问题联系在一起。 研究者们通常抵制电视,因为电视时间一旦开始就无休止,把儿童放手留给电视的父母常常也不会给儿童安排其他的活动,电视成为儿童的保姆,久坐导致了很多问题。 同样糟糕的是,有些家长习惯于打开电视作为生活背景,这样儿童就面临着时刻分心、暴露于电视各种镜头、过度刺激等情形。

《朗读手册》中引用了保罗·卡伯门(Paul Copperman)对儿童看电视的看法,他认为,看电视的时间没有用来和父亲一同在车库里工作,和母亲一起整理花园,或用来做功课、阅读、集邮、打棒球、钓鱼或画画,也没有用来整理自己的房间、洗晚餐的碗盘或帮忙除草,更没有用来听父母和他们的朋友们讨论有关社区的政治活动等有价值。 这些活动能够帮助一个自私的孩子转变成具有判断和思考能力的人,到底电视能够提供什么有价值的东西,取代以上这些活动呢?③

研究者提出了很多建议,比如电视不能放在房间,睡前或者吃饭时不看电视,不要把屏幕时间作为奖励或者惩罚等。 美国儿科学会(American Academy of Pediatrics)的建议是孩子每天观看电视的时间不能超过两个小时,而且要以教育和非暴力内容为主。 看电视对于两岁儿童的大脑发展没有任何优势,两岁之前的儿童受环境影响很大,互动对于建立安全依恋与情绪发展非常关键,屏幕时间还有可能会造成潜在的问题。 两岁以上儿童的电视时间应控制在两小时以内④,其他的时

---

① 手机不离手? 别让它成为生活的主宰[EB/OL].(2015-02-16)[2016-03-10].http://tech.163.com/api/15/0216/08/AIIHR65U000915BF.html.

② Russel Jago, et al. Cross-sectional Associations Between the Screen-time of Parents and Young Children: Differences by Parent and Child Gender and Day of the Week[J]. International Journal of Behavioral Nutrition and Physical Activity 2014(11):54.

③ 吉姆·崔利斯.朗读手册[M].沙永玲,麦奇美,麦倩怡,译.海口:南海出版公司,2009(7):245.

④ Screen Time: A Guide for Parents[J].Brown University Child & Adolescent Behavior Letter.

间用于户外游戏、阅读、发展个人兴趣、自由玩耍等。

不过，也有专家认为，即使是一岁以内的儿童，也能从媒体中学习。① 只要把握好度，电视既不会损害儿童智力，也不会影响儿童的社会性发展。电视对儿童有利还是有害，主要取决于儿童看的内容，以及理解和解释所看内容的能力。②

在人们还未完全获知电视给儿童造成的潜在影响时，新兴的媒体已经不容分说地来到了儿童的身边，他们很快被丰富的媒体生态吸引。平板电脑、智能手机的便捷和互动的优越性无可比拟，观看和收听、游戏和体验、教育和学习、互动和交流等功能集于一身，它们成为儿童的屏幕新宠。有完善的研究指出长期看电视确实会降低孩子语言和社交能力的发育，而移动媒体则与之相似，也占据了人际互动所需要的大量时间。研究人员质疑大量使用交互式媒体是否会影响同情心、社交能力和问题解决能力的提高，而这些能力原本来自探索、无拘无束地玩乐和与同龄人玩耍。③ 但也有研究者甚至认为，如果父母能够陪同儿童一起使用App，产生的效果和亲子阅读是类似的。④

苹果的应用商店中专门设置了"儿童"的标签，方便儿童使用，并且将之划分为5岁及以下、6—8岁、9—11岁。⑤ 儿童可以有自己的苹果应用商店账号，可以下载到 Create & Play、Shapes & Colors、Explore the World、First Words & Numbers、Musical Apps、Learning Made Fun、Interactive Kids Stories 等类别的应用。而 iPad 诞生于2010年，研究者们还没有足够的数据支撑有关儿童的 iPad 阅读所产生影响的研究，实践已经早早地走在理论之前。对于移动媒体，我们提出

---

① Carole Napier. How Use of Screen Media Affects the Emotional Development of Infants[J]. Primary Health Care,2014(24):18—25.

② David R. Shaffer, Katherine Kipp.发展心理学[M].邹泓,等,译.北京:中国轻工业出版社：2013:557.

③ Rick Nauert PhD.学龄前儿童是否该玩 iPad？[EB/OL].ticky,译.(2015-02-03)[2016-02-10]. http://article.yeeyan.org/view/502456/442706.

④ Parenting in the Age of Apps:Is that iPad Help or Harm？[EB/OL].(2014-03-16)[2016-02-10].http://www.npr.org/sections/health-shots/2014/03/16/290110766/parenting-in-the-age-of-apps-is-that-ipad-help-or-harm.

⑤ Sarah Perez. Introducing Apple's New "Kids" App Store[EB/OL].(2013-09-22)[2016-02-10]. http://techcrunch.com/2013/09/22/introducing-apples-new-kids-app-store/.

的问题远比得到的答案多。

很多出版商涉足儿童数字出版领域。Scholastic 是全球最大的儿童图书出版商，创建于 1920 年，旗下有众多儿童文学作家，出版作品包括著名的《哈利波特》《造梦的雨果》《大红狗》等。Scholastic 所开发的 Storia 软件可以免费下载，书籍分为不同阶段、不同系列和不同阅读难度等。我们似乎更加没有理由去否定数字阅读对于儿童的好处，但摆在我们面前的问题是，智能设备功能多样，我们如何能将孩子吸引到阅读、互动的页面？如果我们的孩子离开了管控，我们所做的是否已经足够抵挡他们对于阅读的离心力？在离心力与向心力之间，最终是否能够和他们一起走上特别的轨道？

博客 What's Next：Top Trends 发文指出人们对于技术的恐惧由来已久，对于报纸、电话等的恐惧不乏可笑之言论，但对于儿童屏幕时间的争议不会停止。该博客文章中在家长如何对待孩子的屏幕时间上提出了如下建议①。

1. 看你的孩子在看什么或玩什么。他们在玩游戏或使用 App 时是进行互动，还是仅仅被动地盯着看动画片？

2. 相信你的直觉，而不是设什么固定时间。让直觉告诉你孩子是否已经花了太多时间看电视、玩游戏或 App。如果他们变得情绪不稳，那么很可能已经过头了，需要休息一下。

3. 参与进来。用屏幕做保姆很诱人但不好，应该尝试涉足你孩子的屏幕活动。如和他们一起观看他们喜爱的电视节目，问他们为什么如此喜欢它。试着去了解他们喜欢的视频游戏规则，并尝试和你的孩子一起玩（如果游戏有多人的选择）。

4. 睡前的无屏幕时间。虽然屏幕时间的优劣仍在争论不休，但有确凿的证据表明屏幕光可以对睡眠质量产生干扰。应该将屏幕时间限制在白天。

5. 找到一个平衡点。无论是屏幕时间还是阅读、下棋时间，都不能太多，孩子们需要将他们的时间留给其他重要活动，如做家庭作业、与朋友交往（尽管许多视频游戏是社交性的）以及户外活动等。

（金陵图书馆李海燕）

---

① 老槐.儿童屏幕时间的争议与应对建议[EB/OL].(2014-05-31)[2016-02-10].http://www.mhlib.sh.cn/blog/xiangxi.asp？fid=24603.

阅读治疗在儿童阅读中的应用

阅读是帮助家长与孩子沟通、互动的良好工具。我们的社会和教育体制长久以来却始终未将阅读课程的相关教学置于合理的位置，而是重在考核知识点，忽视阅读的内容对于儿童心灵及行为的影响，或是以教学中的零碎时间来安排阅读，这种处理方法实在令人遗憾。我们应相信，阅读与未来的发展，与下一代的健康成长关系密切，同时也关乎整个社会与文化的发展与进步。儿童阅读除了在知识掌握、社会认知等层面上发挥作用之外，还有相当广阔的应用领域亟待开发。本文着重讨论如何利用阅读来解决儿童常见的一些心理障碍，以及如何使用阅读治疗来解决亲子关系中出现的问题与障碍，并尝试给出一些可行的方案，以期引起相关研究人员的重视。

一、常见的儿童心理问题与亲子关系问题

亲子关系也就是父母与子女之间的关系，这种关系十分复杂与微妙，对孩子来讲，这可能关系到他们一生的发展。在这个社会中，有很多人出现社会适应障碍、人格障碍、神经症、违法犯罪等一系列问题，有资料表明这些问题中有相当一部分与亲子关系有关。例如，一项对正常人与神经症父母教养方式的对照研究发现，神经症患者在父亲惩罚严厉、父亲拒绝否认、父亲过度保护、母亲拒绝否认等方面的比例均高于正常人，而且存在显著差异。

在亲子关系中存在一些长期被忽视而又不得不解决的问题，例如权威型父母带来的种种弊端。父母一味地把自己的想法、观点、愿望强加给孩子，总是认为孩子就是孩子，他们不懂事，必须由父母告诉他们该做什么，该怎样做。父母一直认为，父母为孩子决定的一切都是对的，孩子就应该遵守，他们忽视了孩子有独立与成功的愿望。当孩子违背父母时，父母就会强调"我们这是为你好"。长此以往，在孩子心中便会出现"我总是错的"的想法，孩子没有了主见，不能独立去应付困难；孩子会依赖，会自卑。如果孩子的个性比较强，他们便会逆反，会为了实现自己的价值去做一些出格之事。

还有就是对儿童心理问题的忽视。首先，很多家长漠视问题的存在。现在的儿童更早地开始认识自我，认识荣辱，同时他们的承受能力却不足，而社会或父母

给孩子的压力又过大,加上有些父母或老师对孩子缺乏了解,不够尊重,这带来了很多问题。 其次,由于观念上的局限以及相关学科知识的不普及,有的家长或老师将某些客观上的生理障碍当成孩子主观上的不努力,施加过多的压力,这是不公平也是不科学的做法。 例如孩子上课不注意听讲,经常有一些小动作,做任何事情都无法持久,作为父母不能只认为孩子是不够用功,不够努力,更应考虑孩子是不是有注意障碍(儿童多动症);孩子经常反复洗手,同时表现出痛苦与对压力的难以承受,不能只认为是孩子的怪癖,而应考虑孩子是否有强迫症的症状;孩子总是骂人,且无法矫正,不能只认为孩子是没有教养,应考虑是否有品行障碍(如污言秽语综合征);孩子学习成绩不好,大量漏读或不能充分理解阅读的内容,不能只认为孩子不够认真,而应该考虑是否有阅读障碍。 还有口吃、异食、抽动、神经性贪食(厌食),等等,这些疾病的危害都不是单纯原因形成的,可能会长期存在,不经治疗极少能够自愈,而且时间拖得越长治疗越困难。

在这些常见的儿童心理问题的治疗过程当中,阅读治疗具有广阔的应用领域。而且相对其他治疗方法而言,阅读治疗具有副作用少(有些专家认为阅读治疗是无需针石的无副作用治疗)、儿童主观上易于接受、开展相对简便、易于推广等种种优点。

二、阅读治疗概念的引入

"阅读治疗",又被称作"读书治疗""读书疗法""图书治疗""阅读疗法"等,我国台湾地区称为"读书治疗"。 在英语中则有"bibliotherapy""reading healing""reading treatment""reading therapy""reading cure"等不同提法。 现在受到人们普遍认可的"阅读治疗"(bibliotherapy)概念,其含义可见于《韦氏新国际英语词典》第三版中的两条释义:1. 用有选择的读物辅助医学和精神病学的治疗;2. 通过有指导的阅读,帮助解决个人问题。[1] 前一释义是针对因精神和情绪因素而引发的疾病,如抑郁、精神性焦虑、紧张、恐惧、偏执症等,也包括对部分躯体疾病的辅助治疗。 后一释义则宽泛得多,根据路易·A. 龙杰尼的《阅读治疗的性质及应用》所述,阅读治疗可用于生理残疾、慢性疾患、情绪问题、人格障碍和社

---

[1] 沈固朝.图书治疗——拓展我国图书馆服务和图书馆学研究新领域[J].图书情报工作,1998(4):12—15,54.

会经济问题（酗酒、嗜毒、青少年男女关系、家庭问题、代沟、种族和伦理问题）五个领域。简单地说，阅读治疗即用书来帮助人们解决问题；阅读治疗的更精确的定义则是，通过与文献中的精神的分享与相互作用来进行治疗的一系列技术。①

阅读治疗侧重于用"阅读"这种行为来进行辅助治疗，使用的材料可能是图书（包括儿童使用的图文书）或视听材料，甚至可以通过聆听讲述来进行。阅读治疗是一个开放的概念，预留了广阔的发展空间。学者、图书馆员、心理咨询师、教师、家长、社会工作者与医生等都可以在各自的研究、实践领域里利用这一疗法，阅读治疗也因此延伸出不同的领域、设置与应用。

阅读治疗的场所可以是学校的图书馆、教室，或是封闭的心理治疗诊室；治疗方式上，可以采取个人独立进行的自助式疗愈，也可以采取以某些特征结合在一起的群体为单位而进行的团体治疗；在治疗对象上，任何年龄的人都可以参与。

阅读治疗与心理治疗、艺术治疗方法之间有着密切的关系。它是心理治疗的方法之一，尤其是在沟通引导技巧上，相当多地借鉴了心理咨询的方法与技巧。它与艺术治疗则有互相交叉的关系，艺术治疗中的音乐治疗、书写治疗与阅读治疗在方法上有很多相通的地方，很难进行刚性的划分，应该明确的是，这些都是帮助治疗者摆脱症状、治疗疾病的辅助治疗手段，它们往往是相辅相成，共同发生作用的。

与其他的治疗方法不同，阅读治疗的应用并不局限于患者，健康的人只要愿意从文字中获得个人的进步与发展，都可以进行广义上的阅读治疗。这在一定意义上与各种导读书目颇为相似，也引起了相关的争论，如怎样界定推荐导读书目与阅读治疗，阅读治疗是否就是针对特殊需求的导读书目，等等。

三、阅读治疗在儿童阅读中的应用

阅读治疗在儿童阅读中的作用体现在：阅读儿童文学作品可为孩子提供各种经验及解决问题的方法与策略，有助于孩子了解人类的各种行为并进行思考，有助于培养他们面对与适应不同情境的能力。儿童图书不仅提供图画、文字，而且往往具有丰富的想象力和天真烂漫的主题。很多儿童读物中隐含着人生哲理，优秀的

---

① Jean M. Clarke, Eileen Bostle. Reading Therapy[M]. London: Library Association Publishing Ltd, 1988:10.

儿童文学作品不只提供事实，也反映了人类的各种情绪与生活经验，可让孩子认识及诠释人类的种种行为与思考模式，并获得解决问题的策略与方法。从孩子的分享与经验陈述当中，我们可以看到孩子一面在观察与认识书中小主角的行为反应，一面也将小主角所处的情境和自身经验做联结，转而开始了解自己的行为与反应模式。对大一点的孩子来说，图画故事书中所提供的人类行为经验与解决问题策略可能已嫌不足，这时就需要过渡到阅读儿童文学小说，以获得更多的人生体验与详尽实用的问题解决方法。

（南京师范大学 万宇）

家长如何组织读书会

图书馆界对于读书会的理解有以下两种：（1）把读书会理解成一个阅读小团体；（2）把读书会理解成一项活动。比如我们常说的"组织一场读书会"就是把它理解为一项活动。我认为，家长组织孩子的读书会更多的应该是从阅读团体或者阅读组织的角度去界定并开展起来，即把读书会视为一个团体，并通过拟定一些管理规范让读书会很好地持续下去。

读书会的三要素即"读""书""会"。

从"读"的角度来说，幼儿园阶段不会要求小孩子事先自己阅读，都是家长在读书会上给孩子读。而针对小学生的读书会则不同，一般都会要求小朋友用一周或两周时间读一本书，并且一般是事先读完之后再在读书会上进行讨论。

从"书"的角度来说，幼儿园阶段的书籍以绘本为主，到了小学阶段，纯文字阅读开始占较大的比重，其中各类小说、科普读物占的比重相对较大。因此，小学阶段的读书会上不仅有文学作品，还包括一些科普读物、传记等。

从"会"的角度来说，"会"即大家一起进行讨论交流。尽管都是讨论交流，但幼儿园阶段和小学阶段的重点是不一样的。在幼儿园阶段，讨论交流实际上还是以孩子们阅读兴趣的养成为核心。到了小学阶段，要在保持阅读兴趣的基础上对孩子进行更多的阅读能力方面的训练，这些阅读能力包括理解能力、阐释能力以及批判性的分析能力等。

一、如何张罗、成立一个读书会

想要开展一个读书会实际上并不难,孩子们在不断地成长,不管是幼儿园时期还是小学时期,孩子都建立了自己的社交圈子。家长如果有组织一个读书会的愿望,可以邀请孩子身边的小玩伴,每个玩伴邀请三到四个,凑齐十几个人应该是比较容易的事情。其中较难的事情在于要寻找几个志同道合的家长。读书会一般来说肯定有一个牵头人,牵头人应该找两到三个非常热心、非常有能力又喜欢做事情的家长,在这些"助手"的帮助之下,读书会组织起来就会相对轻松。

二、读书会的类型、名称、宗旨

1. 读书会的类型。幼儿园是没有必要区分读书会的类型的。但是到了小学高年级,孩子们的阅读兴趣可能已经呈现出不同的特点,比如说男生和女生的阅读倾向开始有所不同。小学高年级会开展有主题的读书会,比如有关动物小说的读书会。这是要根据自己孩子的情况来做的,根据孩子的情况来看是否需要限定一个类型。

2. 读书会的名称。幼儿园阶段由于孩子还比较小,读书会的名称一般都是家长为主来起。到了小学阶段则应该以孩子为主,充分发挥孩子的想象力和创造力。比如说本人组织的芝麻开门读书会,名字就是孩子们自己起的。

3. 读书会的宗旨。因为家长们对于阅读这个事情的理解可能不太一致,所以应该通过文本的形式将一致意见写下来。例如芝麻开门读书会在讨论宗旨的时候,有一个家长提出在开展活动的时候应该讨论一些好词好句,但是这和一开始预定的宗旨就不一样,读书会不能做成语文课。

三、读书会的场地选择

关于读书会的场地,可以有下面的几个选择。

首先是图书馆,因为图书馆内基本上都会有小团体的活动空间,这也利于活动的举办。第二个选择就是社区,社区有活动场所,并且社区很欢迎阅读活动的开展。但是有时候社区的设计可能达不到要求,读书会的场所要有别于孩子平时上课的教室,环境相对来讲轻松一些,也更利于孩子阅读。还有一个选择就是早教机构。另外,场地的选择是非常灵活的,例如南方的环境条件相对优越一些,家长们可以不局限在室内而到室外去开展活动。芝麻开门读书会的场所环境非常好,是一个大学科技园的创客空间,但也不会一直在同一个地方,因为考虑到小朋友们的天性,有时候给他们一点变化会带来读书会的新鲜感。

四、读书会的时间和活动周期

幼儿园阶段孩子们的时间比较宽裕，家长可以选择周六或周日，至于活动周期，幼儿园阶段最好是一周一次，因为只有当读书会比较有规律地进行的时候，孩子们才会比较容易养成阅读习惯。

小学阶段孩子们的时间相对不好协调，一方面孩子们作业多，另外一方面孩子们上各种补习班，所以在时间选择上是需要花一点心思的。小学生的活动周期是可以灵活掌握的，家长要根据所选定的书以及学生的水平来做决定，一周举行一次或是两周举行一次都是可以的。也有的是四周一次，但时间太久了，读的书孩子都忘掉了，不利于阅读讨论的进行。

五、读书会的人员数量及退出机制

幼儿园阶段小朋友的数量是可以多一些的，20个左右也可以，比较好把控。到小学阶段，人员数量上最好不要超过15个。

人员流动是避免不了的，家长们需要对这种状况保持一个很平和的心态。随着时间发展，不管是小朋友们还是家长兴趣和认可程度等都难免会有所变化，会有人退出，不过还是可以吸收一些新鲜的血液作为补充。在退出机制上，重要的是保证核心成员不变，有出有进不是坏事。

六、读书会读物的选择

读物的选择也要视读书会的情况而定，可由家长拟定读物的初选名单，也可以由家长和孩子一起推荐，然后再进行投票。不管是用哪种方式来产生读物名单，最重要的一点是对读物有一个系统的安排。

主题的选择可以有很多，如关于儿童安全的主题、友情的主题等，当然也可以结合节假日来选择，比如到春节的时候可以选择一个关于春节的主题，冬天下雪的时候可以选择一个下雪的主题。家长也可以结合孩子面临的一些问题，比如说开学或者是即将上幼儿园之前的焦虑情绪等，来安排半年或是一年的计划。

小学阶段特别是到了中高年级阶段的读物，首先应该质量比较好，除此之外还有一点需要考虑，就是该读物应该是可供讨论的。也就是说在经过阅读后，从该读物中能找到一些可以引发孩子思考的点，这个也是比较重要的。

七、读书会上具体活动的组织

（一）幼儿园阶段的活动组织

家长有时候过于担心自己不够专业，担心自己做不好。其实真的不难，作为爸爸妈妈，家长对孩子非常了解，去做就可以了。家长在给孩子讲故事，比较重要的一点是要持续，一定要有一个持续、系统的主题安排。对于单个（次）活动，首先要非常享受讲故事这个过程。现在有很多比较成熟的讲故事的方案，可依据设计各种各样的延伸活动，包括说、唱、读、写、玩，可以开展各种涂色、手工、角色扮演等，让活动多维而立体。

（二）小学阶段的活动组织

小学阶段的读书活动以提高孩子的批判性分析能力为主，这实际上对读书会的带领人也提出了一些要求。首先读书会带领人必须先去读这本书，应该差不多读两遍，然后再根据读书会孩子们的情况提出一些可以激发孩子分析力的问题。对于小学生群体，一般除了提问之外，还要对作者和其他作品做些介绍，特别是对于那些特别有名的作者。

关于读书讨论的带领人，要注意的是带领人主要的作用就在于激发孩子们去表达，去思考，所以读书会的带领人其实不一定要说那么多，而要让孩子去想，去说。也可以尝试让孩子自己来做带领人，这可以全方位地锻炼孩子，除了可以提升孩子的阅读能力、阅读素养之外，还可以锻炼孩子的组织能力与表达能力。

除此之外还有一些细节的问题需要关注，读书会每次活动开展前都应该有一个比较具体的方案，并且应该提前准备好相应的道具。例如第一次读书会活动时小朋友们彼此还不太熟悉，就可以准备好姓名贴帮助大家互相认识。还可以根据活动的延伸项目提前准备好涂色纸，或者是手偶玩具等。讲故事的时候要有留白，要留给孩子们理解与感悟的时间。另外就是表情和语调适当夸张一点，总是能很快地吸引小朋友的注意力。这些细节虽然不会在很大程度上影响活动效果，但也是锦上添花的事情，如果能做到这些效果会更好，如果做不到关系也不大。

活动过程中可能会遇到一些问题，比如有的小朋友一开始并不是特别愿意讲出自己的感受，这需要主持人更加关注那些不说话的孩子，看到他稍微露出要说话的眼神、表情，就要赶紧让他来回答，这也是对他积极性的引领。这一点上，主持人的观察也是十分重要的。家长也一样，别推得太急，不要给孩子太多的压力，即便他不说，只要他愿意来，愿意听，对他来说这也是一件很好的事情。孩子终将迈出第一步。

（河北大学图书馆系赵俊玲）

儿童阅读的社会支持

儿童阅读的社会支持是指社会各界、各领域对儿童阅读的帮助和支持。

相关统计数据显示，我国儿童人均拥有图书1.3册，拥有量在世界排名第68位，是以色列的1/50、日本的1/40、美国的1/30，且存在分布严重不均的现象，30%的城市儿童拥有80%的儿童读物，而70%的农村儿童只拥有20%的儿童读物。图书拥有量上的巨大差距和图书资源分布的不均衡状态使得我国儿童阅读的总体水平远远落后于发达国家，而数字的背后是整个社会对阅读重要性认识的不足。

从学校方面来讲，学校教育最早可延伸至幼儿园的学前教育。根据阅读兴趣培养的规律，幼儿园图书室的设立对幼儿阅读兴趣的培养至关重要。但在目前的形势下，我国设立图书室的幼儿园少之又少。可以说，幼儿园在阅读兴趣培养方面存在一定角色作用的缺失。而中小学的情况也不容乐观。现有的应试教育体制决定了我国大多数中小学视升学率为重中之重，忽视少年儿童的课外阅读，判断儿童阅读成效往往狭隘地从认识多少字、记住多少知识点来衡量，儿童在课程和考试的双重压力下，对阅读失去了兴趣。有些课堂推荐的课外阅读书目，也多少带有功利的色彩。而大多学校图书馆重建轻用，成为学校评估达标的形象工程，丧失儿童阅读的实际功能。所以说，目前在我国，学校在阅读推广方面所起的作用还值得商榷。

在西方国家，社区一直是儿童阅读推广活动一个重要场所。在我国，社区儿童阅读活动开展相对较少，社区的儿童阅读推广工作基本处于空白状态。

而家长对儿童阅读的重视却催生出一批民间力量。三叶草故事家族便其中的典型代表。这是一个致力于推进亲子阅读进入家庭的民间组织，它由深圳本土发展，并逐渐向外扩展影响，通过线上及线下活动，举办故事妈妈培训、专家阅读讲座、社区故事会、主题文化沙龙、新书试读会、年度讲述大赛、故事剧团等多种阅读活动。但也有一些自发的民间组织因缺乏必要的支持，最后不了了之。

市场的嗅觉总是更加敏锐。阅读在孩子一生中所起的重要作用越来越被众多家长认可和重视。目前社会上已经有一些为阅读而催生的早教中心、绘本馆、阅读中心等。这些机构有专业的指导教师、丰富的阅读资料、相关系统的课程设计，例如树洞亲子绘本屋、宝贝爱阅读绘本馆、老约翰绘本馆等，为众多重视阅读的家庭所青睐。但这些商业机构往往以盈利为目的，不菲的价格让很多家庭望而却步。

专业的儿童书店的出现是儿童阅读推广普及下的另一产物。蒲蒲兰绘本馆、虫虫亲子娱乐绘本馆、墨盒子绘本书馆等书店让家长和孩子们眼前一亮，孩子们来到这里就像走进童书的王国，乐此不疲。蒲蒲兰绘本馆曾被评为全球最美20家书店之一，在北京、上海设有分店。这是全国首家绘本书店，全面专业的童书资源、童真童趣的店铺风格以及不时举办的各种阅读活动使其在家长群中广受好评。但这种专业化的优秀儿童书店并不是随处可见，目前仅散布在少数一二线城市。

在这样的情况下，政府应当主动承担起儿童阅读推广的责任，推动我国儿童阅读推广事业健康发展。而作为积累文化、传播文化、推广阅读先行者的图书馆，更应该在这一过程中发挥自己的积极作用。公共图书馆作为最重要、最普遍的社会教育机构，在儿童阅读推广中承担着阅读资源提供者与阅读教育实施者的双重任务。其中，阅读资源包括阅读素材、阅读空间以及专业的阅读指导人员等。而现实情况却是，儿童图书馆目前在我国还不普及，不少儿童没有很好的读书条件与环境。大多公共图书馆支持6岁以上儿童的借阅活动，6岁之前成为一大空缺。所以，为了完善其阅读功能，图书馆应该引进更加丰富的适合幼儿阅读的读物并通过这些优秀的读物开发多元的课程。作为公益部门，图书馆更应引进更多的专业人士加入公益的行业，提供更丰富和更有年龄针对性的家长指导、交流与阅读活动。此外，作为阅读教育的实施者，公共图书馆须通过主动策划、实施各类阅读推广活动，连接家庭、学校与社区，使不同年龄阶段的人群，特别是儿童参与到社会的、终身的阅读教育之中。

出版社作为阅读文本的出版发行者方，也是非常重要的社会载体，是所有儿童阅读支持资源的源头。没有优质优量的阅读文本，便无法进行各类阅读支持活动。中国有世界最大的儿童阅读市场，童书出版市场也是国内各大出版社和出版商近年竞相进入的市场。"相对于其他类型的作家,儿童文学作家的书要出版基本没什么困难,市场需求量非常大。"中国作家协会副主席、中国作家协会儿童文学委员会主任、著名儿童文学作家高洪波在接受媒体采访时说。但另一方面,目前全国大部分出版社都在从事少儿图书出版,同质化非常严重。在低幼儿童阅读的图画书领域,国内的原创图书比较少,引进版占多数。所以,出版社应重视儿童读物的质量与专业化,在出版各类儿童读物的同时,创新性地发行和出版阅读指导用书,让出版物在指导儿童阅读的过程中发挥应有的作用。

从以上的情况来看,儿童阅读习惯的培养和阅读活动的开展并非一家之力所能完成,必须整合政府、学校、出版社、图书馆以及家庭等多方面的力量,从小抓起,从源头抓起,持之以恒,坚持将阅读活动贯穿于人生的每一个阶段,才能使重视阅读成为一种美好的家庭氛围、一种良好的社会风气。

(南京大学商学院阎燕子)

儿童阅读指导书目举隅

目前,国内外对儿童读物研究较多的是儿童文学领域和图画书领域,也出版了许多理论著作或是实用指导手册。站在专家的肩膀上,利用经典儿童阅读指导书,可以帮助我们了解国内外优秀儿童作家和作品,学会鉴别优秀儿童读物,提高欣赏水平,更好地开展亲子阅读活动。本书列举部分儿童阅读指导书目,供家长和教育者参考。

一、《朗读手册:大声为孩子读书吧》

作者:[美]吉姆·崔利斯

出版社:南海出版公司

译者:沙永玲、麦奇美、麦倩宜

出版时间:2009年7月

ISBN:9787544244718

吉姆·崔利斯,美国著名的阅读研究专家。他毕业于马萨诸塞州大学,曾在《春田日报》(*The Springfield Daily News*)任职20年,担任撰稿作家及画家。从1983年起,崔利斯在北美各地致力于教育研究活动,常就儿童、文学及电视传媒等主题，面向家长、老师及专业团体演讲，30年内演讲次数超过2 500次，备受社会各界赞誉。1989年，吉姆·崔利斯被国际阅读组织评为20世纪80年代对阅读推广最有贡献的8人之一。

朗读是一件关乎孩子们一生的事情，《朗读手册》是吉姆·崔利斯对数十年儿童阅读指导研究与实践的总结。这本书是为初为人父人母者、祖父祖母、老师、校长、图书馆管理员甚至托儿所保育员，即所有承担着儿童教育责任，承担着哺育孩子的心灵与成长，所有也可能将影响着孩子一生的选择与去向的责任者而写的。吉姆·崔利斯在书中所谈到的儿童阅读能力和阅读量不足、家庭阅读和朗读气氛不浓等问题，在中国更为普遍和严重，因此也更需要扭转和有所改变。

二、《幸福的种子：亲子共读图画书》

作者：［日］松居直

出版社：明天出版社

译者：刘涤昭

出版时间：2007年11月

ISBN：9787533255237

《幸福的种子：亲子共读图画书》是被誉为"日本图画书之父"的松居直先生的一部代表作。在这本书中，作者从图画书与儿童的世界讲起，系统介绍了图画书在儿童成长中的重要作用，并列举了许多生动的实例教家长和教师如何为孩子挑选优秀的图画书，如何对孩子进行阅读指导。松居直先生凭借自己几十年的图画书编辑出版经验，以亲切、温暖的叙述语调为广大家长和孩子指出了一条通往图画书世界的最佳捷径。

三、《会阅读的孩子更成功》

作者：［韩］南美英

出版社：江西美术出版社

译者：宁莉

出版时间：2007年5月

ISBN：9787807490937

南美英出生于韩国一个小学教师的家庭，由于自小就喜欢阅读课外书籍，因此常常被批评"怎么该念的书不念，每天只会看些故事书"。自从看过一本内容是精灵会答应小孩三个愿望的神话故事后,她便祈求精灵能够赐给她一份"只要看有趣的书,也可以生活"的工作。由此可看出,她是一个相当沉迷于阅读的小孩。如今,她已经是一位童话作家兼读书教育专家,及三个孩子的母亲。她认为是精灵答应了她的愿望,让她变成了一位非常快乐的大人。

《会阅读的孩子更成功》是一本教家长"如何教孩子阅读"的书,书中拥有许多具体而有效的指导方法,系统而全面,是父母和老师教孩子学会阅读的最佳指导书籍。阅读能力的高低直接影响到孩子的各项表现,从读书考试到人际关系,从求职面试到未来发展,都需要有良好的文字理解能力和语言表达能力,而这些能力的培养都要靠阅读。

究竟怎样的书是孩子们应该读的,而且是适合读的?阅读是不是就是针对"字里行间"?图画书真的是孩子们"幸福的种子"吗?孩子的阅读纯粹是他们自己的事情吗?成年人的责任是什么,角色是什么,力量是什么?成年人可以怎样来设计,引导,使阅读更加有趣?对一个很小的孩子怎么设计呢?对一个已经长大了些的孩子又怎么设计呢?整个的童年阅读计划怎么设计?书中许多具体而有效的指导方法,可以使得这些问题迎刃而解。

四、《喂故事书长大的孩子》

作者:汪培珽

插图:丁一一

出版社:广西科学技术出版社

出版时间:2011年2月

ISBN:9787807635413

汪培珽拥有美国纽约圣约翰大学MBA学位,在投入银行职场工作九年之后,决定成为全职妈妈。在用心陪伴一对儿女成长的过程中,看到孩子满足喜乐、热衷学习、与人为善的表现,深觉在亲子教育上"用对方法"的重要性。于是她将教养的亲身经验整理研究,自创"爱孩子也爱自己的7堂课"教养理论,在幼儿园、小学、基金会、图书馆和成长团体之间积极推广,开办课程,举行演讲并接受咨询。

汪培珽相信,阅读是一切教育学习的基础,爱则是亲子间最珍贵的资产,念故事书给孩子听同时涵盖了这两样孩子最需要的东西,因此希望所有父母和教育工作者，都不要错过这个与孩子亲密互动、贴心交流的宝贵机会。念故事书给孩子听，是兼具关爱和教育功能的最佳亲子活动，不但能帮助孩子陶养理想品格，提升学习能力，建立阅读习惯，更能让孩子在父母专注而亲密的陪伴下，感受到充分的爱与关怀；父母也能在付出的同时，得到孩子最直接真诚的回馈。

在本书中，亲子教育实践家汪培珽，经由亲身体验和积极研究，提醒父母如何借由念故事书给孩子听，陪伴孩子在充满爱、智慧与生命温暖的环境中成长，并提供使用技巧与私房书单，建议父母如何为孩子选择理想读物，培养一生的阅读爱好。

五、《0～3岁幼儿阅读发展与培养》

编者：黄娟娟

出版社：上海科学技术出版社

出版时间：2005年5月

ISBN：9787532378838

《0～3岁幼儿阅读发展与培养》分《发展篇》和《培养篇》，参阅了国内外最新的资料和研究成果，将科学的婴幼儿心理发展理论与研究实践相结合，以通俗易懂的文字呈现早期阅读成功实例。《发展篇》主要从理论层面说明0—3岁的孩子完全有能力有条件进行早期阅读，以使家长在观念上破除孩子还小、一切慢慢来的错误想法；《培养篇》主要介绍适合0—3岁孩子阅读的内容与材料选择，以及进行早期阅读的方法。同时，还针对家长在对0—3岁孩子进行早期阅读指导的过程中容易产生的困惑、疑问，提出解决的办法。

六、《帮助孩子爱上阅读：儿童阅读推广手册》

作者：阿甲

出版社：少年儿童出版社

出版时间：2007年8月

ISBN：9787532474455

《帮助孩子爱上阅读：儿童阅读推广手册》是著名儿童阅读推广人、红泥巴读书俱乐部创始人阿甲向所有期望帮助儿童阅读的教师、父母、儿童阅读推广人倾情奉献之作。该书积累阿甲多年的儿童阅读推广经验，从阅读学、生态学、传播学多学科角度架构，采用最新阅读策略和方法，讲述平实简易，是有志于帮助儿童阅

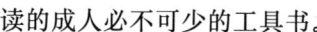

读的成人必不可少的工具书。

七、《世界图画书阅读与经典》

作者：彭懿

出版社：接力出版社

出版时间：2011年9月

丛书：阅读与经典

ISBN：9787544819596

本书是一部教读者如何阅读和欣赏图画书的阅读指南。全书分为上下篇，上篇是对图画书这一图书门类的介绍，下篇选择已经在国内引进出版的60余部世界经典图画书进行了精彩解读，附录不仅包含图画书重要奖项的介绍和权威推荐书目，还为读者的深入阅读和研究提供了主题索引。从外在形态、艺术表现到故事内容，本书对一百多年间世界经典图画书进行了专业系统的记录和独到有趣的解读，并通过精美别致的书籍形态，表达了对于图画书的爱与知，可谓一部读懂图画书的百科全书。

掌握了本书所讲的图画书阅读技巧，你会知道一本薄薄的图画书为什么值得细细品味，如何品味，还会从那些已经阅读过的图画书中发现很多之前忽略的情节、细节与妙趣，从而更全面、更深刻地阅读和理解图画书。无论是孩子，还是初为父母，或者人生过半，《世界图画书阅读与经典》都能带领读者通过图画书的图文和艺术领略不同的人生风景。

八、《世界儿童文学阅读与经典》

作者：彭懿

出版社：接力出版社

出版时间：2011年9月

丛书：阅读与经典

ISBN：9787544819633

《世界儿童文学阅读与经典》介绍了二百年来世界儿童文学历史与传世的经典名篇。本书是对1812年格林童话诞生以来的二百年间，世界儿童文学经典作品最全面而系统的记录、最独到且有趣的解读，是对世界经典儿童文学作品的百科全书式收录，是成长中的孩子和童心未泯的大人儿童文学之旅的最专业、最权威的阅读指南。

《世界儿童文学阅读与经典》全书涉及世界儿童文学作家百余人、世界经典儿童文学作品近二百部、精彩书籍封面和插图三百余幅。它引领读者跨越儿童文学的门槛，走进儿童文学的世界，了解儿童文学的基本模式，熟悉儿童文学的分类，品读儿童文学的故事情节，感受儿童文学人物的魅力。

九、《打造儿童阅读环境》

作者：［英］艾登·钱伯斯

出版社：南海出版公司

出版时间：2007年10月

丛书：新经典文库·巴学园

ISBN：9787544238250

《打造儿童阅读环境》为《打造儿童阅读环境》和《说来听听：儿童、阅读与讨论》这两本书的合集，旨在指导家长和老师通过活动、提问等技巧，帮助孩子亲近图书，自主而愉快地阅读。

《打造儿童阅读环境》为常年与儿童、图书打交道的老师和家长而写，能有效地帮助读者规划、建立一个让孩子能快速进入状态的阅读环境，学习、实践一种让孩子与别人分享阅读并拓展个人阅读的方法。作者艾登·钱伯斯是英国当代著名的青少年文学大师，2002年以其在儿童文学创作与推广领域的杰出成就，荣获国际安徒生奖。他在书中与大家分享了自己在长期研究儿童阅读过程中的思索，更介绍了很多让人看了忍不住想立即行动的实践方法。

十、《童书是童书》

作者：黄乃毓

出版社：二十一世纪出版社

出版时间：2009年3月

ISBN：9787539146232

黄乃毓毕业于台湾辅仁大学家政系，后获美国南伊利诺大学家政教育博士学位，目前任教于台湾师范大学家政教育研究所。她在台湾童书界素有"教母"之称，也是绘本翻译名家，长期在《父母必读》杂志担任专栏作家。因着对童书的热爱，她积极推广儿童阅读，将阅读、童书、家庭教育、亲子教育结合，希望每个家庭都是学习型家庭,都能享受共读童书,也都能在其中落实生命教育。

如何用童书和孩子谈生活? 哪些童书可以帮助幼儿建立良好的品格? 哪些童书具有启发幼儿想象力的功能? 如何通过童书和孩子谈死亡、疾病、战争等特殊话题?《童书是童书》是成人使用童书的最佳指南,帮助读者通过孩子的眼光观看宇宙万物,带读者轻松走入孩子的心灵世界,共享成长的各种滋味。

十一、《松居直喜欢的 50 本图画书》

作者:[日]松居直

出版社:二十一世纪出版社

译者:郭雯霞、杨忠

出版时间:2011 年 1 月

ISBN:9787539163529

本书收入了松居直先生继《幸福的种子》《我的图画书论》之后,集几十年的工作、创作经验和心力写成的 50 篇图画书论。 什么样的图画书才是好书? 图画书应该怎样欣赏? 图画书在儿童语言学习和生命体验中具有什么神奇力量? 本书涵盖了对 50 本优秀图画书的解读,将其中的奥秘娓娓道来。 随书还附赠 50 本图画书的内容简介手册,使得读者对未曾谋面的图画书也可以一见如故。

十二、《共读绘本的一年》

作者:[英]薇薇安·嘉辛·佩利

出版社:新星出版社

译者:枣泥

出版时间:2013 年 5 月

ISBN:9787513309523

《共读绘本的一年》取材于真实的教学案例,作者是美国著名幼儿教育专家、作家、演讲家。 整整一年,她与孩子们一起读绘本,讲故事,做表演,画海报,还跟故事作者通信。 大概没有一个孩子不喜欢听故事,在大多数父母察觉到之前,孩子在心理上往往已经准备好探索这个世界了。 孩子日常所接触的人、物、事很有限,而故事提供了一个广阔无边的天地,正好满足孩子的探索欲和好奇心。 作者创造性地将故事的力量融入教育,孩子们则展现出惊人的精神力量,获得了令人瞩目的成长。《共读绘本的一年》一经出版,即在美国幼儿教育界产生了广泛而深刻的影响，获得多项大奖。

十三、《图画书应该这样读》

作者：彭懿

出版社：接力出版社

出版时间：2012年2月

丛书：这样读系列

ISBN：9787544823081

《图画书应该这样读》通过具体的7个步骤，即"封面和封底开始讲故事""藏在环衬里的秘密""文字和图画怎样讲故事""是什么力量推动我们去翻页""反复多看几遍""要看版面设计""一起讨论"等，以世界经典图画书作为案例，细致深入地逐页进行分析，教读者如何阅读和欣赏图画书，极具实用性和可读性。它不用学术术语，不对文本做过剩的解读，更不会卖弄似的大谈什么抽象的绘画理论，因此阅读起来一点都不枯燥乏味。它的叙述口吻十分亲切，平易近人，因为在文中还虚拟了一个不断发问的"你"（即一个小学生），有问有答的形式更像是在教室里和孩子们分享一本图画书的记录，让读者产生一种临场感。因为取得了出版社及作者的授权，所以每讲到一本图画书，都会有相关的彩色画面可以对照着看，让读者清楚地了解作者在说些什么。

十四、《童话应该这样读》

作者：汤锐

出版社：接力出版社

出版时间：2012年2月

丛书：这样读系列

ISBN：9787544823098

《童话应该这样读》一书从童话是什么、为什么要读童话入手，进而讲到如何读童话，即读童话的各种方法和角度，包括童话的三种幻想类型、两大艺术流派、好童话的标准、引人入胜的故事情节、令人难忘的童话人物等。全书理论与实例相结合，全面系统地带读者走入童话的阅读世界，读出童话的趣味和智慧。正如作者所说，童话是上帝送给儿童的恩物，是儿童智力发展的推进器和心理健康的营养素。通过本书，孩子家长和老师能够发现童话的更多价值，学会读童话。

十五、《给孩子 100 本最棒的书》

作者：［美］安妮塔·西尔维

出版社：湖南少年儿童出版社

译者：王林

出版时间：2010 年 5 月

ISBN：9787535848246

《给孩子 100 本最棒的书》是一本自美国引进的优秀儿童文学指导类书籍。作者并非只提供一个书目，而是把书的内容、书的特点、作家的故事、创作背后的故事都一一介绍，既深具专业性又有可读性。 成人阅读本书时，不要只看目录，还要看具体的内容，看看作者为什么要选这些书，她如何评价一部作品。 这本书有魔力让成人自己先爱上童书。 在今后几年之内，每个家庭都可以根据孩子的阅读兴趣和年龄的不同，从这 100 本书里选取适合孩子阅读的书。 不论是家长还是老师、图书管理员和图书销售商，都可以充满自信地把这 100 本书介绍给所有 0—12 岁的孩子。

（南京大学信息管理学院王成玥）

第二篇　中小学阅读指导

中小学学生阅读素养的培养

阅读素养是一个人阅读能力的体现，是终身学习所必须具备的一种能力。国民阅读素养的高低影响着一个国家的软实力和最终竞争力。因此，应该从小注重对国民阅读素养的培养，尤其是对于初步掌握自主阅读能力的中小学学生来说。

阅读素养这一概念，国际上多个组织或机构都对其进行过定义。国际阅读素养进展研究项目（PIRLS）的发起者——国际教育成就评价协会（IEA）在1991年将阅读素养定义为："对社会所要求的和个人所重视的书面语言形式的理解和应用能力。"2001年，PIRLS在进行第一次测试时，将其定义为："理解和运用社会需要的或个人认为有价值的书面语言形式的能力，儿童阅读者能够从各种文章中建构意义，他们通过阅读来进行学习，参与阅读者群体并进行娱乐。"2006年第二次测试时，又进行了重新定义："理解和运用社会需要的或个人认为有价值的书面语言形式的能力，年轻的阅读者能够从各种文章中建构意义，他们通过阅读来进行学习，参与学校中和日常生活中的阅读群体，并进行娱乐。"

国际学生评价项目（PISA）也分别在2000年和2009年对阅读素养进行界定。2000年将其定义为："为达到个人的目标、发展个人的知识和潜能以及参与社会活动，对书面文本的理解、运用和反思的能力。"2009年对该定义进行了一定的延伸，将其定义为："为了达到个人的目标、发展个人的知识和潜能以及参与社会活动，对书面文本的理解、使用、反思和参与的能力。"

美国国家教育统计中心（National Center for Education Statistic）在1995年将阅读素养定义为："运用印刷和书写获得讯息，以完成社会所赋予的任务，达到个人的目标,并发展个人的知识和潜能的能力。"美国教育发展评估项目(The National Assessment of Educational Progress,简称NAEP)的定义是:"阅读素养是每个人的基本权利,它是人们获取信息的途径和履行生活职能的能力。阅读通过语言的力量和诗的美来丰富人们的生活。它使人们通过阅读文学作品中的事件来扩展人们的经历,是打开知识和信息宝库的钥匙。"

从以上各国际组织的界定可知,无论如何演绎阅读素养的内涵,所共同强调的是,阅读素养是提升个人价值以及社会活动参与程度的一项重要能力。阅读行为是伴随着一个人的出生而产生的,因此阅读素养的培养应从小开始。中小学是一个人阅读习惯养成的关键时期,国外很多发达国家在对中小学学生阅读素养的培养上进行了有力的实践。例如,美国在1997年针对国内八岁儿童中40%不能独立阅读的事实,发起了一场运动,组建了一支由百万名指导教师组成的美国阅读特种部队,与教师、家长、图书管理员、教会组织、大学、社区、文化机构等一同帮助孩子开展阅读。克林顿政府在1998年签署了《阅读卓越法》(The Reading Excellence Act),将阅读教育纳入法制化的轨道,并依照该法对《中小学教育法》第二款的相关内容进行了修改,在其中加入了有关阅读方面的条文。2002年,布什政府也签署了《不让一个孩子落伍》(No Child Left Behind)法,专门就阅读问题制定了两项方案,一是针对学前班到小学三年级儿童的阅读优先计划,一是专门针对学前儿童的早期阅读优先计划,并规定了2002—2007年间每年分别对这两项计划投入9亿美元和7 500万美元。

我国中小学受应试教育体制的影响,对于学生的阅读素养问题,并未加以重视,缺乏统一的规划和管理,学生有着很大的升学压力,课业负担繁重,缺少阅读的时间和精力。大部分学校关于阅读的基础设施尚十分薄弱,文献资源缺乏。在倡导素质教育的今天,随着国家对全民阅读的重视,广大的教育工作者和家长都应该充分认识到中小学学生阅读素养的培养,对于一个人精神世界的成长乃至国家精神文明建设的重要性。

结合我国中小学校的现状,可从以下几方面着手开展学生阅读素养的教育。(1) 充分发挥学校图书馆/室的作用,鼓励学生借阅图书报刊,尤其在周末和寒暑假期间,鼓励他们养成课外阅读的良好习惯。(2) 定期开展经典阅读、科普阅读等阅读推广活动,如图书漂流、诗歌朗诵、知识问答、图书展览等,在学校营造浓郁的书香氛围,通过活动调动学生的阅读兴趣,传播阅读知识。(3) 整合相关学科,引导学生进行教学大纲之外的延伸阅读。 无论哪一门学科,若能在枯燥的段落、公式、定律之外,为学生推荐科普性的大众读物,让学生从另一个角度去看待问题,学会将知识进行融会贯通,则有益于其阅读能力和思维能力的提高。(4) 向家长传播阅读文化,营造书香家庭的良好氛围。 家庭教育对于学生的成长,不亚于学校教育。 因此,家庭阅读氛围的营造,对于学生阅读习惯的培养有很大的影响。 中小学有义务向家长们传播阅读文化,让父母和孩子共同阅读,将阅读素养的教育由学校延伸到家庭。

(南京邮电大学图书馆蔡思明)

中小学阅读课程的设计[①]

文学阅读是中小学阶段儿童阅读课程的核心内容。 阅读课程的领域多维而丰富,就作品而言,既有文学作品也有科普文章等。 但是,任何领域针对特定人群,都有轻重主次的层级之分。 就儿童而言,文学作品居于阅读圈的核心层。 在儿童阅读课程的构建中,应从以下几方面用心着力。

一、整本书阅读课程

整本书阅读是当前中小学语文课程形态多样化的一个重要体现。 整本书阅读进入课程,不管从教学内容还是教学活动的组织看,都已引发原有语文课程形态的变革——丰富了课程资源,扩展了课程内容,开拓了阅读教学组织方式,具有课程重构的意义。

民国时期,叶圣陶就曾呼吁重视整本书阅读。 1941 年,叶老在《论中学国文课程的改订》一文中指出:"现在的国文教材似乎该用整本的书,而不该用单篇短章……退一步说,也该把整本的书作主体,把单篇短章作辅佐。"叶老针对的是中学,但对小学语文课程的建设同样适宜。 我在进行整本书阅读时,非常强调共读的意义。

---

① 本文原载于《江西教育》(2014 年 10 月),原题为《文学阅读:儿童阅读课程的核心内容》,此处略有删改。

所谓共读，是指团体成员共同阅读同一本书并进行交流，包括同伴共读、师生共读乃至亲子共读，一般每学期共读两至三本书。

共读有利于建立话语环境。成员共同阅读慎重择定的符合大多数成员趣味的书籍，等于建设一个该群体的话语系统，为成员间的交流讨论提供了一个共有平台。共读也使得读书的讨论交流更富针对性，更高效。每一位个体将各自的背景投影于同一文本、相同话题，其间的认同与碰撞、互动与融通将得到最大同化。这种互动过程常常也是经由他者发现自我的过程。

共读满足了儿童对群体归属感的天然需求，使得成员拥有相通的言语方式。语言的本质是人的存在，言语方式相通的本质是人的精神世界的相互认同与包容。阅读是一种精神生活，是一种成长过程，共读建立了一种拥有共同记忆的生活方式。这当中，尤其是在亲子共读的进行中，故事的音韵带着体温划过耳边，煞是温馨。

二、诵读与聆听课程

诵读，包括背诵、吟咏、朗读三个基本要素，是我国传统语文教育的经验，对儿童的语言发展、精神涵育具有重要意义。

儿童诵读的材料强调"有我的诵读"，也就是所诵材料应该合乎儿童趣味，切合儿童包括语言在内的身心发展需求，为儿童所乐于接受。在内容选择上，应以韵语为主，包括儿歌、童诗、现代诗歌、古诗词曲等。张志公先生在《传统语文教育初探》中说，韵语"整齐，押韵，念起来顺口，听起来悦耳，既合乎儿童的兴趣，又容易记忆"。譬如传统韵语中的对对子，即具有汉语典型意义的一种形式。张志公先生说："对偶，跟押韵一样，也是汉语汉字的特点，也有利于儿童的朗读、记诵。从声音上说，和谐顺畅，读来上口，听来悦耳；从内容上说，或者连类而及，或者同类而比，或者义反相衬，给人的印象特别鲜明突出，容易联想，容易记忆，境界高的，更给人以优美隽永之感。"

儿童诵读的材料应饱含民族文化，寄托民族精神。索绪尔指出："一个民族的风俗习惯常会在它的语言中有所反映，再就是，在很大程度上，构成民族的也正是语言。"诸如"露从今夜白，月是故乡明"的借月思乡，"遥知不是雪，为有暗香来"中梅花的纯净洁白，"岁寒三友"的高洁品格，都会在儿童心田播下民族文化的种子。

儿童诵读的材料还应放眼世界文化,增进对异域文明的了解。金子美铃的童谣,斯蒂文森、希尔弗斯坦的童诗,泰戈尔、纪伯伦的散文诗,都是让孩子们爱不释手的优秀篇什。

聆听课程与作为学习方法的聆听不同,它不只是听知注意力、记忆力、思维力等品质的培育,而且是以文学审美为目标、以作品聆听为途径的综合体验。聆听课程是幼儿亲子阅读的延续与发展,与亲子阅读的随意、自发比较,它更具计划性与自觉性。

在低年级,识字量的限制与学生阅读量的扩大渴求是长久以来的一对矛盾。由于汉字的固有特点,中国学龄儿童初期的阅读量与拼音文字国家同龄儿童的阅读量相比大大不足。聆听课程的开展从一个角度解决了这一问题。教师选择儿童喜闻乐见的叙事性文本,譬如童话《小猪唏哩呼噜》、民间故事《田螺姑娘》、儿歌《孙悟空打妖怪》等,声情并茂地讲述或诵读,满足了孩子的阅读渴求。长篇作品的讲述则讲究故事的悬念设置,让儿童欲罢不能,有效激起持续聆听的欲望。

聆听课程更大的意义在于让儿童切察母语的音韵之美。洪堡特说:"为什么母语能够用一种突如其来的魅力愉悦回归家园者的耳朵,而当他身处远离家园的异邦时,会撩动他的恋乡之情?在这种场合,起决定作用的因素并不是语言的精神方面或语言所表达的思想、情感,而恰恰是语言最不可解释、最具个性的方面,即语音。每当我们听到母语的声音时,就好像感觉到了我们自身的部分存在。"聆听课程的元素也是丰富的,除最为通常的配合文字声音的音乐,还可有画面的介入、文字的视读、身体的表现等,以使聆听效益最大化。

三、表演性阅读课程

表演性阅读也是阅读的一个组成,以形体的外部表现为表征,以对应文本的体验为内容。表演性阅读是文本与阅读者互为渗透的一种表现,也是阅读者对文本二度开发的过程,是对文本最本真的理解和再创作。

表演性阅读与阅读活动中的表演基本同义。传统的阅读教学间或也有表演,但一般仅作为教学过程中理解词语或揣摩语意的辅助方法。表演性阅读更强调故事的相对完整与编导演协作的全程。这种表演与目的为演出的表演不尽相同,它重在参与的过程与投入的兴趣,对结果的完美度没有过高要求,有时甚至表现为某种粗陋。

表演性阅读符合阅读规律。当阅读者为作品深深打动时，内心的情绪常会情不自禁地通过自己的体态显露，所谓情动于中而形于外。

表演性阅读符合儿童天性。戏剧理论家斯坦尼斯拉夫斯基曾经说过："成人的演员应该向儿童学习表演！""等你们（指演员）在艺术中达到儿童在游戏中所达到的真实与信念的时候，你们就能够成为伟大的演员了。"儿童游戏时自然、本真与投入，确是最伟大的演员。表演性阅读正是让儿童充分发挥这种最天然的表演能力。在表演性阅读中，儿童表现出鲜明的身心一元性，"身体的实践生活帮助儿童建立起生活的实感，对'自我'具有召唤意义"（朱自强）。

譬如低年级的儿歌诵读。歌戏互补是儿歌的一大特点，诵、唱、戏、笑合为一体，往往与游戏配合。因此，有些儿歌的诵读就可与表演、游戏相结合。儿童参与表演的多是有较强故事性和形象性的叙事型作品，如童话、小说，一般经历阅读—改编—排练—表演的过程。这一过程其实就是一次二度创作的过程，是不断想象、体验、内化、表现的过程。

四、口传民间文学课程

女娲造人、嫦娥奔月、牛郎织女、孟姜女哭长城……这些散发着泥土芳香的故事曾经陪伴着一代代人的成长，成为永远的记忆。然而，随着现代化的阵阵凯歌，人日渐疏离栖息的土地，城市文化迅速入侵，那些哺育了我们民族的民间文学被视作粗陋之物而被人们逐渐抛弃。

民间文学以口耳相传的方式传播，是鲜活生动的语言，最为贴近普通民众的旨趣，实质是民众的一种狂欢。

民间文学也是民族的文化传统。因为嫦娥与吴刚，中国人眼中的月亮肯定不同于外国人之所见；因为牛郎与织女，我们眼中的夜空更加神秘；说到大海，我们必然想起水晶宫、海龙王。阿里山、日月潭因为大尖哥、水社姐的传说更为动人，春节也因为"年"的传说更增加了热闹的气氛，刑天舞干戚的神话则形成了中国童话最早的审美模式——变形再生……这些，都已经弥漫在我们的肌体之中，成为中国人的血脉、气质与标志。

可见，作为非物质文化遗产的民间文学作品，是民族的文化之根，包含着丰富的生活经验、民众情感和历史价值。民间文学作品与儿童其实有着密切的关联，歌戏一体的童谣是孩子们喜欢的形式，作为先民歌唱的神话，其泛灵论的思维方式不正是孩童式的吗？ 传说与故事自然也是孩子的最爱。 孩子们乐不可支地阅读着，民族的文化悄然渗透。 民间文学就是这样一朵盛开在田间山头的野花，朴素、芬芳而持久。

民间文学的阅读与教学，在低中年级主要是聆听与讲述、诵读，因为口头语言诉诸人的听觉，是一种"耳治的语言"。 到高年级，可逐渐加入作品的形式分析与民族文化元素的讲解体会。 譬如，在高年级进行巧女故事的阅读，指导学生发现、概括这类故事的叙事模型，并尝试着运用这一模型编创自己的巧女故事。

（江苏省南京市琅琊路小学周益民）

中小学班级读书会的策划[①]

班级读书会作为一种有组织的集体阅读活动，有其特定的价值追求与优势所在。 班级读书会的交流是建筑在个体自由阅读的基础上，如果仅是前期自然状态的低水平简单重复，显然是一种内耗。 其次，因为班级读书会"互动阅读"的特点，组织内各成员背景的差异为个体间的交流提供了丰富的资源，加之读书会带领人的策略规划，这些都为"深度阅读"提供了可能。 再次，"深度阅读"使得阅读者体验到了超越感官的欢愉，促使他们同阅读建立起更为稳固的情感联系，其实质是一种更深层次的"情趣阅读"。 这正是课外阅读进入课堂的最大意义所在，也是对当下儿童阅读平面化、功利化的一种颠覆与反正引领。

一、班级读书会的结构要素

按照主导功能划分，班级读书会有导读、讨论、欣赏等多种类型，其中以讨论交流型为主体，难度相对也较大。 讨论型读书会良好的组织行进牵涉到诸多内外因素，从结构组成的角度看，情境体验与话题交流是主体。

读书会以儿童文学作品为主要阅读材料，作品本身即由一系列相关情境构成的文字画卷。 狄德罗在《理查生赞》中说："在阅读理查生小说时，读者会不由自主地在小说中'扮演'一个角色，他插进谈话里面，他赞成，他责难，他钦佩，他生

[①] 本文原载于《语文教学通讯》（2007 年 9 月），原题为《班级读书会：自由欢愉的精神家园》，此处略有删改。

气,他愤慨","心灵老是受到激动"。在这个意义上,文学阅读与审美体验构成了同义语。可见,复现情境、体验情境是阅读活动的应有之义。

读书会的主体——学生,恰值以形象思维为主要思维形式的阶段,情境体验正充分利用了其所擅长的思考方式。他们乐于追随心仪的主人公去历险,去格斗,去淘气,去思索,会用自己已有的生活经验、知识积累、形象记忆去领会、体验并加工与丰富作品,甚至常常浸于作品而"手之舞之,足之蹈之"。富于内涵、美感、幽默感的画面或情境的记忆、想象、创造是他们对作品的最深刻体认。

读书会的情境可分为整本书的系列场景、细节画面、留白画面等类型。系列场景是指作品的整体故事推进和作品的整体氛围色彩;细节画面是指作品中某些对情节发展具有推动作用的局部描摹;留白画面是指作品中并未有专门的描写,而是阅读者阅读过程中经由已有文字信息自然联想创造的相关画面场景。系列场景能帮助阅读者领会作品全貌,领略作品整体情意;细节画面、留白画面则有助于阅读者从某一特定角度深入体验作品,从而丰富与深化对系列场景的感受。

因此,情境体验的本质是主客观的统一,是情与景的交融结合。话题是班级读书会结构的另一要素。如果说情境体验长在"感情深度",话题交流则更重于"思维深度"。话题是谈话的中心,是交流的主题,更是现场成员共同关注的焦点。同课内阅读课的"问题"比较,它具有思维空间开阔、答案多元的特点。通过阅读话题的逐层推进,班级读书会在具备一定自由度的前提下便得以形成相应的向心力,切实提高了阅读交流的效率。

二、班级读书会的操作策略

1. 共读:建立话语环境。班级读书会通常采取群体成员(同伴、师生)共同阅读同一本书并相互交流的方式进行。成员共同阅读慎重择定的符合最大多数成员阅读趣味的书籍,等于是在建设一个该群体的话语新系统,也就为成员间的交流讨论提供了一个共有平台。

2. 话题:寻求对话支点。读书会的理想状态,是形成人与人、人与作品、人与环境的立体对话。实现这一理想状态的关键,是要选择好话题作为联结各维度的纽带。

3. 分享:提升阅读品质。读书会各成员因为背景、个性等的差异,在共读文学作品的审美感受上,既会产生相似的体验,也会产生各具个性的反应。相似的体验会引发成员间的共鸣，差异的体悟会给别人带来新的启迪。这种共鸣与启迪的获得就是分享。分享的获得既提升了阅读者个体的阅读品质，也会强化班级读书会这一组织形态的凝聚力，让所有成员都感受到个体自由阅读所不具备的情绪体验，为后继的阅读、讨论形成优质动力定型。

三、班级读书会带领人的角色定位

班级读书会带领人一般由语文教师担任，有时也可由学生代表、家长或某些专门人士（譬如作家、编辑）担任。读书会带领人是一种值得向往与拥戴的角色，他在平凡中撒播着书香，传递着美好，温暖着当下，奠基着未来。

带领人是阅读者，发自内心的对阅读、对书籍的真诚会感染孩子，会形成最具渗透性的力量；带领人是爱心使者，要爱孩子，要善于了解孩子的阅读起点，乐意在孩子与文学、书籍之间穿针引线，乐意帮助读书会中的孩子们尽快建立良好的友伴关系；带领人是组织者，读书会机构的成员分工、共读书目的征询确定、阅读讨论的时间统筹、阅读探讨的话题设定，都需要带领人去组织和管理；带领人是聊友，在读书会进行中，不可对任何成员强制灌输自己的观点，不可干预、压制不同观点，他所能做的就是尊重地聆听，平等地表达，开放地包容。

（江苏省南京市琅琊路小学 周益民）

中小学推荐书目的编制①

中小学学生的阅读，需要教师的推动与引导，教师对这一问题的认识与引导决定着孩子群的基本阅读面貌。美国著名阅读研究专家吉姆·崔利斯在《朗读手册》中说："人与书并不是先天互相吸引的，开始时，必须有媒介——父母、亲戚、邻居、老师或图书馆员，将书带到孩子的世界。"推荐书目是引导儿童阅读的重要工具和手段。一份好的书目，能给孩子的阅读提供多条合适的路径，就如一位位良师益友。

1920年，周作人在一次题为《儿童的文学》的演讲中，提出儿童文学须有儿童

---

① 本文原载于《小学语文教学》（2015年11月），原题为《推荐书目：儿童的阅读地图》，此处略有删改。

的与文学的两个角度的标准。 法国著名文学史家保罗·亚哲尔在其名著《书·儿童·成人》中,提出了自己的好书观:(1) 忠于艺术的书;(2) 原原本本的,把儿童们在脑子里描绘的事物呈现出来的书;(3) 给儿童的不是感伤,而是丰富的感性的书;(4) 承认游戏是重要的、不可或缺的活动的书;(5) 启发儿童知识的书;(6) 选择所有知识当中,最艰深的也最必要的,把它传授给儿童的书,也就是认识人性——人类的心灵的书;(7) 含有高尚的道德的书;(8) 以培育信赖真理和正义的心为目的的书。

推荐书目并非优秀书的简单罗列,它的编制牵涉到诸多问题,对于尚未形成自主阅读观的中小学生而言,教师和家长更要努力追求严密的结构化。

一、遵循儿童各年龄段的阅读心理特点

推荐书目需要遵循儿童各年龄段的阅读心理特点,"安排一个科学的健康的心理秩序"。 诗人金波指出,这个秩序,首先是纵向的阅读心理秩序,即儿童从幼儿到少年,在阅读趣味上是不同的。 他在《唤醒童年》中提出,小学阶段的阅读经历了这样三个梯次:情趣的快感—情节的好奇—技巧的欣赏。 其次是横向的阅读心理秩序,也就是要认清各种文体样式的特点,多读各种文学样式的文学作品。

这样的研究,国内外已经有不少成果。 周作人先生在《儿童的文学》中指出:在幼儿前期(3—6 岁),适合的儿童文学品种为诗歌、寓言、童话;在幼儿后期(6—10 岁),适合的儿童文学大略为诗歌、童话、天然故事;在少年期(10—15 岁),则为诗歌、传说、写实的故事、寓言、戏曲。 值得注意的是,尽管在幼儿前期和少年期都列有寓言,但周作人先生却做了精细的区分。 他指出,幼儿阶段,寓言的价值"单在故事的内容","象征的著作须得在少年期的后期(第六七学年)去读",而少年期的寓言阅读,"可以注意在意义,助成儿童理智的发达"。

我国台湾地区有调查资料表明,儿童读书兴趣的发展可分为四个时期。

1. 4—6 岁是神话传说期:对没有时间空间限制的空想世界所出现的生命与生物的神话传说发生兴趣。

2. 6—8 岁是寓言故事期:对人类生活的法则寓于传说故事中的寓言故事发生兴趣。

3. 8—10 岁是童话故事期:对以现实生活为基础,经由想象所构成的故事发生兴趣。

4.10—13岁是传记及传奇故事期：对人类谋求生存、征服及开发大自然的紧张冒险故事或传记故事发生兴趣。

二、考虑书目中内容维度的多向度

推荐书目时要考虑书目中内容维度的多向度，也就是说，推荐书籍的内容组成不能都指向同一个角度。

丁筱青老师在《儿童阅读的心灵地图》一书中从儿童个性发展的角度，循着"自信·乐观、珍惜·感恩、幻想·冒险、分享·接纳、坚持·执着、关爱·宽容、勇气·坚强、性别·情感、成功、成长、生存·思索"的路线，推荐了很多适合的作品。

新阅读研究所编制的《中国小学生基础阅读书目》则涵盖文学、科学、人文三个维度。著名学者刘绪源先生提出儿童文学的三大母题，影响深远。他认为，儿童文学作品可以划分为爱的母题、顽童的母题、自然的母题，各个母题均有其独特的意义和审美特征。（刘绪源《儿童文学的三大母题》）我们可以参照这一理论，推荐不同母题下的作品。

三、兼顾体裁、中外、风格等原则

推荐书目时还需要兼顾几个原则，即兼顾体裁，兼顾中外，兼顾风格，以保证书目的均衡性。这几个原则，既是保证科学化，也是力求客观性。

一般书目多以小说、童话打天下，我则会努力加入诗歌与散文，乃至散文诗、传记等。"韩青辰纪实励志精品系列"是作家韩青辰以多年采访所得为素材，精心创作而成以关注青少年健康成长为主题的纪实文学。真实的人物，真实的事件，会让顺境中的孩子读到社会的复杂、生活的不易。

阅读过程是一种文化的传承，当代儿童需要开放的心态和视野，需要了解世界多元文化。但同时，当下儿童又必须继承中华民族优秀传统文化，增强民族文化认同感。因此，推荐书目要兼顾中外。

民间文学作品一向被忽视，我们应该重新确认其意义和价值。神话和民间故事寄托了大众的想象和愿望，表达了民众的心愿，蕴含着丰富的历史知识和智慧。它们传达的不只是故事，还有无穷的想象、奇妙的语言、勇敢与正义、善良与纯真。所以，优秀的民间文学作品也应该成为书目中不可或缺的一部分。

我们还要兼顾作品的风格。同样是散文，吴然先生的文字自然清新，徐鲁先生的文字抒情优美,年轻作家孙卫卫的文字质朴本色,组合在一起,能让人感受到散文作品的丰富色彩。

　　作家的代际关系也要适当注意,书目里最好兼顾不同时代作家的优秀作品。不同年代的作家总是或隐或显地携带着某个年代的文化气息。当然,这个"优秀"必须适合现代价值标准,否则,只具有文学史的意义,而未必适合孩子阅读了。本土童话中,从叶圣陶至当下的新锐作家汤汤、陈诗哥,风格明显,题材差异很大,成人阅读之,还能看出本土童话的发展史。

　　我们的推荐书目要关注男女孩子的阅读趣味。真正的好作品当然是不分性别的。获得纽伯瑞儿童文学奖银奖的美国小说《一百条裙子》,是描写女孩的故事,其传达的人性光辉却超越了性别,越优秀的作品越是如此。但是,我们又必须承认,男孩与女孩在阅读上存在着差异,既有阅读内容的偏好,也有阅读方式的不同。从阅读内容的角度审视,在我们很多的推荐书目中,适合男孩阅读趣味的确实偏少一些。作家杨鹏就认为,"对以科幻、侦探、冒险为代表的比较阳刚的儿童文学作品的阅读,却一直很弱"。纪念安徒生200周年诞辰时,上海少年儿童出版社曾经推出《安徒生童话》的不同性别选本。"她读本"中收录有《小人鱼》《野天鹅》《小伊达的花》《祖母》等,作品风格委婉,细腻,浪漫;"他读本"中有《坚定的锡兵》《傻汉斯》《老路灯》等,幽默,深沉,睿智。我以为,这是关注孩子性别阅读的一次大胆尝试。英国儿童畅销书作家康恩·伊古尔登写的《男孩的冒险书》更是引起了轰动。

　　美国图书馆学教师苏姗·罗森韦格有句名言:"如果你想要孩子完全按照你的计划阅读,那注定不会长久。"所以,不要将推荐书目作为框子,束缚住孩子的阅读,而应该作为一个路线图,给他们自我选择的权利和机会。一般说来,推荐书目是针对某个群体的,具体到每一个个体,又有各自的不同情况,因而不宜原单照收,而应进行细致的情况分析。

　　书籍是精神食粮,也应注意营养均衡。我们要帮助孩子分析自己的"阅读食谱",找出自己的阅读兴趣点,看是否有偏食现象。可以将孩子最近一个学期的阅读书单全部列出,从作者、体裁、内容、篇幅等多方面进行分析,找出存在的主要问题,再讨论如何完善,以推荐书目为蓝本,确定私人订制的个性化阅读书目。

(江苏省南京市琅琊路小学周益民)

中小学数字阅读资源导读

数字资源的极大丰富,以及声、光、影带来的听觉、视觉刺激使广大中小学生更多地依赖于网络,从而形成了不同程度的网瘾。中小学生获取信息的方式转向依赖于网络,数字阅读是一把双刃剑,一方面让阅读不再受时空限制,这种阅读一般信息量较大,刷新速度快,形式多样,交互性强;另一方面浅阅读、泛阅读、快餐阅读兴起。对于新媒体环境下的青少年,要加强对他们的阅读指导,帮助他们正确使用网络,体味数字阅读的乐趣。要通过了解不同年龄阶段的青少年成长规律和阅读需求,为其提供相应的数字资源,并且强调即便是阅读数字化著作,也要结合传统阅读方式,引导其多思考,多提问,激发其求知欲。经多方调研考察,以下对适合中小学学生开展课外阅读的网络资源进行了梳理。

一、中少快乐阅读平台(http://zss.dglib.cn/)

中少快乐阅读平台是以中国少年儿童新闻出版总社(以下简称中少总社)数字资源库为核心点展开的在线图片、报纸、期刊、视频、游戏服务的社区平台,是中少总社为0—18岁青少年读者打造的数字阅读全体验平台,内容汇集了中少总社成立60年来的经典报纸、期刊、图书资源。该数据库资源内容庞大丰富,平台分类清晰,将阅读指导与个性化阅读服务相结合,并提供一系列的阅读增值服务。该数据库平台分为乐悠悠婴儿馆、红袋鼠幼儿馆、小学低年级馆、小学高年级馆、初中馆以及高中馆,针对不同学习阶段的儿童而提供相应的资源。该数据库将阅读资源和学习资源结合起来,不仅可以丰富孩子的课外阅读,也有配合教学的数学、语文和作文资源,可以作为孩子的基础阅读和辅助学习材料。该数据库面向机构用户开放,用户可通过购买该数据库的公共图书馆或少儿馆进行访问。

二、国家少儿数字图书馆(http://org.ndolela.com/zglib)

国家少儿数字图书馆由国家图书馆少年儿童馆开发。该平台借助国家图书馆建设的成果,为未成年人提供了一个网上绿色阅读平台。目前,提供服务的数字资源总量达10 TB。国家少儿数字图书馆采用活泼新颖、寓教于乐的表现形式,分为学前图书馆、学前学习馆、小学图书馆、小学学习馆四个模块,综合考虑不同年龄段孩子的发展特点。小学学习馆配合小学教学,按照语文、数学、英语三个科目划分资源类型，同时分为新人教版、苏教版和北师大版，囊括各年级资源，方便孩子根据自己的需求选择教材；小学图书馆则主要是课外拓展资源，提供大量在线有声读物，为孩子提供文学、艺术、国学等丰富的阅读资源，还提供英语、日语、法语和德语等外文儿童读物。该平台面向所有用户开放，只须按照网站提示注册个人信息即可。

三、中学生读书网（http://www.fox2008.cn/）

中学生读书网力求为广大中学生营造健康的网络环境。网站资源丰富，按主题分为古典文学、中国文学、外国名著、寓言童话、武侠小说、百家讲坛、中外名人、故事传奇、诗歌散文、美文欣赏、教育成才、百科知识、礼仪常识、期刊杂志，所提供资源均可进行全文阅读。该平台对所有用户开放，优点在于资源丰富，缺点则是以网页文字阅读为主，阅读观感不太好，可作为查找资源用。

四、小书房（http://www.dreamkidland.cn/）

小书房是儿童文学作家漪然于 2004 年制作的一个儿童文学主页，后在阅读推广人艾斯苔尔、儿童文学作家流火和一大批志愿者的帮助下不断丰富而建立成一个公益性的儿童阅读推广的网站。小书房有自己的公益团队，一直在线上线下为儿童阅读推广奉献着一份力量。线下阅读推广站遍 21 个城市，志愿者近千人。网站有以下版块：去读、去玩、去秀、我家、去说。每个栏目都包含十个阅读类型，分别为图画书、儿童小说、短篇童话、长篇童话、科普、童谣、双语、诗歌、散文、儿童文学研究，并按年龄段分级，分为 0—2 岁、3—4 岁、5—6 岁、7—8 岁、9—10 岁、11—12 岁、13—14 岁、15—18 岁以及父母阅读。

小书房是为儿童文学读者搭建的一个公益性平台，通过网络读书社区和网下读书会相辅相成的形式，为儿童文学读者提供自己评论、自主交流、自发组织阅读活动的机会，共同分享阅读的快乐。网站风格清新可人，蜡笔涂鸦的简笔画充满了童趣，它既为孩子们推荐最优秀的儿童文学作品，也为儿童文学作者提供了一个发挥才华的宽广空间。

五、红泥巴村（http://www.hongniba.com.cn）

红泥巴村读书俱乐部共设六个板块的栏目，分别是专题书展、按年龄分、按内容分、《泥巴书虫》、我要买书、示范书目。专题书展模块包括 50 个专题，并在每本书的介绍下面附适龄范围；按年龄分模块包括 0—3 岁、3—6 岁、6—9 岁、9—12

岁、12—15岁、15岁以上、0—99岁、9—99岁，后更有家长、老师的推荐书目；按内容分模块包含启蒙读物、文学、教育、自然百科、卡通人物等14类；《泥巴书虫》是《泥巴书虫》会刊电子版，最新一期是2013年9月12日；我要买书栏目登录后可直接在线选购书籍；示范书目推荐小学班级书目和家庭书目，并收录了如何教孩子阅读的讨论文章，可供家长和教师参考。该网站不提供在线阅读，其多类型细致的书籍导航，可作为购书指导。

六、虫虫阅读网(http://www.ccread.cn/)

虫虫阅读网由团中央中国少年儿童新闻出版社发起，作为少儿阅读导航，主要有图书、书评、阅读推广、在线阅读、图书漂流五个栏目。图书栏目分为新书榜、关注榜、分类浏览、百种好书推荐。百种好书单列出了2004—2015年间，一百种在新闻出版广电总局每年开展的向全国青少年推荐百种优秀图书活动中脱颖而出的获奖作品。书评栏目分为热门书评、最新书评和好友的书评。阅读推广栏目下分三个部分，即主题推广、结合时事、按主题推广阅读，如父亲节、快乐过暑假等；爱上阅读栏目由阅读推广人ccread向读者推送有关阅读的内容；阅读杂议栏目发布关于阅读的一些讯息；在线阅读栏目按主题分科普、散文、亲子、益智、绘本、儿童教育等11类，并有教辅类和课外阅读类期刊，可选择PDF版或纯文字版阅读，大部分书籍附适用学业阶段；图书漂流栏目分为漂流中的图书、主题漂流活动、漂流排行榜等。全站可按主题、出版社、年龄、作者来查找书刊，分级阅读栏目分为感知阶段（0岁）、床边故事阶段（1—2岁）、图画书阶段（3—4岁）、听故事阶段（5—6岁）、幻想童话阶段（小学一、二年级）、历史故事阶段（小学三、四年级）、知识与伦理阶段（小学五、六年级）、自我探索阶段（初中生）、人生初体验阶段（高中生及以上），并附适合家长阅读的书籍。

七、儿童资源网(http://www.tom61.com/)

中国儿童资源网以"绿色上网，快乐成长"为建站理念，为儿童提供内容健康、丰富多彩的娱乐学习资源，资源量达10万以上，并提供免费下载服务，是国内具有影响力的儿童网站之一。现开设儿童文学、儿童动画片、儿童歌曲、有声故事、小学作文、儿童游戏、儿童知识、猜谜语、少儿百科、育儿大全等儿童栏目。网站支持资源自我选择和搜寻，方便读者在海量信息中选择适合自己的资源。然而，资源太多，无分级导航，易造成选择困难，同时，在线阅读页面的设置不适合孩子在线阅读。可作为家长或老师下载儿童阅读资源的平台。

八、中国儿童文学网（http://www.61w.cn/）

中国儿童文学网是一家以儿童文学为主题的专业文学网站，意在为孩子提供一片纯净的文学天空。网站创办于 2004 年，是国内最早的儿童文学网站，网站以公益为主旨，主要受众为中小学生、老师、家长以及幼儿。网站没有专业的编辑专门维护，主要是爱心人士利用业余时间维护和收集整理相应的内容。该网站资源丰富，且支持在线有声阅读，但有声读物并配未字幕，不方便孩子阅读。网站有广告投放，虽无不良广告，但影响用户使用，网站内容须家长初步筛选后，再给儿童阅读。

九、国际儿童数字图书馆（International Children's Digital Library，简称 ICDL，http://en.childrenslibrary.org/）

国际儿童数字图书馆是一个非营利性的公益基金会组织，帮助世界儿童学习不同的文化、语言，为贫困地区和教育不发达的地区提供优秀的教育资源，让每一个孩子都能了解和阅读世界各地的儿童文学。网站栏目"Reading Books"是主要的数字阅读来源，网站支持按不同标准查找图书：按年龄，分为 3—5 岁、6—9 岁、10—13 岁；按图书封面，分红、橙、黄、绿、蓝五种颜色；按真实和虚构，又分为图画书和文学图书；还有短篇书籍、中篇书籍、唱片书籍、最新图书、获奖童书、神话故事和民间故事书等分类。网站所提供的阅读资源是图书扫描件，有些旧书的阅读效果较差。该网站支持将英文翻译为中文，因此不存在语言障碍。读者可以通过网站阅读国外儿童文学。

除了专门网站外，国内众多少年儿童图书馆的网站也有很多青少年数字阅读资源，家长和老师应该引导学生理性面对网络时代的数字资源。在日常教学和家庭教育中，要提高中小学生检索和浏览信息的能力以及甄别和筛选信息的能力，使其面对芜杂的网络资源，学会过滤信息，并且要帮助其了解网络信息资源的类型和特点，学会对信息进行收集、加工、整序。在阅读推广活动方面，可以采用有奖知识问答、数字化阅读体验等形式，加深青少年对数字阅读的认识，培养其学习的兴趣和习惯。

（南京大学信息管理学院张婷）

中小学图书馆阅读指导课的开设

中小学图书馆的教育职能之一是指导学生进行课外阅读。《中小学图书馆（室）规程（修订）》规定，图书馆要配合学科教师组织形式多样的读书活动，对学生进行课外阅读指导，学校应开设阅读指导课并纳入教学计划，有条件的学校要开设电子阅览指导课，指导学生正确运用电子阅读系统。我国在中小学开展阅读指导课，较早的当属江苏省常州市中小学图书馆，大概始于20世纪80年代后期，指导内容主要是图书馆功能、借阅方法、借阅规则等图书馆养成教育；其次是介绍和推荐馆藏好书及期刊；其三是介绍一些简单的读书方法和撰写读书笔记的方法，其余一半以上时间是让学生在课内阅读图书馆的书刊。另外，学生每学期做一次阅读课小结或填写问卷调查，这种探究式的课程受到了师生的欢迎。

新课程教材改革方案的研究性学习导向比较明显，这使得利用图书馆开设阅读指导课有了生存和发展的空间。最近几年来，各省市教学仪器站连续推出优秀阅读指导课案例的评选活动，以提高中小学图书馆教师讲授阅读指导课的水平。开设阅读指导课也不再是图书馆员的专利，而是扩展到中、小学图书管理教师及各科教师。中小学图书馆开设阅读指导课主要有以下三种形式。

1. 以图书馆及图书馆馆藏文献为平台，以学科教师为主导的"放羊式"阅读指导课。一般是学科老师申请，由教学处批准到图书馆上阅读课，内容以搜集整理资料，撰写学科小论文为主。这是图书馆开设阅读指导课的"原创"方式，图书馆馆舍和文献信息的利用，使师生逐步认识到图书馆"第二课堂"在新课改中的作用，为阅读指导课形式的逐步升级奠定了基础。

2. 以图书馆文献利用知识为主的阅读指导课。这也是图书馆人的首选形式。每学年初始，图书馆老师都会以专题讲座或播放光盘等形式对新生进行入馆教育，向学生普及图书馆知识，培养学生利用图书馆自修的能力，从而提高读者到馆率和图书馆规范化管理水平。

3. 组织各种载体的馆藏文献，配合并参与为研究性学习服务的阅读指导课。此种授课方式在中小学尚未普及。这种阅读指导课是由学科老师作"导演"，提出课题和研究方向；图书馆老师为"剧务"，指导并带领读者搜寻和使用各种素材的

"道具"，以保证整台"戏剧"的效果。因此，图书馆员要在熟悉教材、熟悉课改并具有一定学科知识的前提下，为某些研究性课题预先做准备和提供大量自己搜集并整理过的内涵深、外延广的书刊、光盘和数字信息，并恰如其分地把图书馆知识、文献检索技能都隐含在这些服务里。

图书馆的初级服务是借借还还，中级服务是文献利用指导，高级服务是参考咨询。图书馆与学科老师合作，共同开发以馆藏文献参考咨询服务为主的研究性学习，把自己的特色服务融入新课程教材改革，使图书馆文献和图书馆员的服务成为学校课改和研究性学习中不可或缺的重要组成部分，并以此来提高图书馆工作在学校教育教学中的地位。

归纳以上阅读指导课三种形式可以看出，目前中小学图书馆的阅读指导课主要包括以下几方面内容：讲授图书馆应用知识，图情教育，培养学生搜集、整理、处理信息能力，文学作品、文献资料及影视作品欣赏等。从历年授课案例分析来看，文学作品欣赏类的居多，授课教师以语文老师为主。

那么，怎样才能上好一堂阅读指导课？第一，要有一个正确的教学目标。这是一门实施素质教育的课程，上课目的不仅仅是为了让学生读几本书，更重要的是帮他们形成正确的阅读态度，使他们明白，阅读是为了丰富知识，开阔视野，并通过阅读积累，在潜移默化中提高自己的整体素质。为此，在上阅读指导课时，教师要先问学生：我们为什么要读这些书籍？然后通过举例，使学生明白，我们要从书中读些什么，吸取些什么，使他们有正确的阅读目的，了解阅读的意义。

第二，教学内容不宜定得太深。中小学的教学对象是青少年学生，因此，教师不必很系统地去进行专题性讲述，更没必要让他们学习那些抽象深奥的理论。最好先向学生推荐那些故事性、趣味性、可读性较强的作品，由浅开始，激发学生阅读兴趣。例如推荐散文小品，可以先从刘墉、三毛等人的作品开始。他们的文字，言文甚浅，却又绝不低俗，适合学生的阅读口味。之后，再因势利导，推荐一些层次深些的作品，如余秋雨文化大散文、周国平的哲理性散文和毕淑敏的心理散文。

第三，要注意运用多种教学手段，以保持同学们的学习兴趣，提高教学效果。一些优秀的散文和短篇小说，可以用课堂朗读的方式，让学生和老师共同朗读。上诗歌课，多让学生听优秀的朗读卡带，提高其欣赏水平。长篇小说类，如果可以，则让学生看改编的电影，效果更好。如大仲马的《巴黎圣母院》，原著中有太多关于建筑、宗教、神秘主义等内容，一般人难以卒读。根据它改编的同名电影，不仅保留了原著的基本故事情节，更突出了主人公对美不渝的爱这一主线，能使学生在了解原著内容的同时，感受其悲剧美的震撼。当然，无论让学生阅读什么作品，都不应忘了在课堂上留足够的时间，让其讨论所学内容，以此加深学生对作品的理解。

总之，阅读指导课，必须本着因材施教的原则，由浅入深，以培养兴趣为目的，使其在提高学生综合素质方面起一定的作用。另外，图书馆开设阅读指导课，还应结合学生的整体水平和本校的实际情况，有选择地学习、利用各地的先进经验，因地制宜、创造性地构建适合本校的图书馆阅读课程。

（河北省石家庄市职教中心 马红亚）

中小学与公共图书馆的合作

中小学阶段是一个人获取知识、培养良好习惯的关键，但受应试教育体制的影响，我国中小学在引导学生培养阅读兴趣方面，尚十分薄弱。针对少年儿童的阅读教育，公共图书馆承担了很大的责任。因此，中小学在本校图书资源、人力资源等不足的情况下，可加强与各级公共图书馆的合作，以全面提升本校学生的阅读素养。国内有不少馆校合作的成功做法。

据林佩玲《馆校协同：促进中小学生课外阅读的新模式——以宁波大学园区图书馆为例》[1]一文的介绍，宁波大学园区图书馆将中小学图书馆建成自己的分馆，分两步展开分馆建设工作：第一步，对学校图书馆进行技术改造，两馆之间进行通借通还，对中小学图书馆管理员进行业务培训，提升其服务能力；第二步，建立文献共享机制，丰富中小学学生的阅读资源。宁波大学园区图书馆在文献采购前，对各学校不同年龄段的学生阅读需求进行调研，有针对性地进行采访，然后再调拨到中小学图书馆，并通过不定期轮换，及时更新读物。除此之外，宁波大学园区

---

[1] 林佩玲.馆校协同:促进中小学生课外阅读的新模式——以宁波大学园区图书馆为例[J].图书馆研究,2015(01):58—61.

图书馆还联合中小学，因地制宜开展阅读活动：协同学校教研组开展课内阅读延伸活动，在学期初由各教研组组织教师把课内阅读延伸的学期计划交给学校图书馆，由其配合公共图书馆开展文献采购工作；协同学校各种兴趣小组和学生社团开展阅读活动；协同学校共青团、少先队组织开展读书活动；协同组织中小学生参与公共图书馆活动；协同搭建课外阅读交流平台；协同建立课外阅读奖励机制。

在中小学和公共图书馆的共同努力下，众多公共图书馆成为中小学的第二课堂。2010年3月，上海市金山图书馆与全区各学校联合开办了第二课堂，将每周三和周五的下午定为第二课堂时间，定期播放动画教学影片及科普类影片，为学生打造一个学习课外知识的殿堂。2010年11月，四川省三台县图书馆与潼川三小在三台县图书馆举办潼川三小读书基地挂牌仪式，此项活动每周一次由学校班主任组织学生和家长分班到三台县图书馆和学生一起阅读，星期天和寒暑假由家长陪同自己的孩子一起到图书馆阅读。2014年1月，为有效实施"十万儿童百万书"全城少儿阅读计划，充分利用现有馆藏资源推广少儿阅读，浙江省绍兴图书馆探索出一条馆校联合的路子，倾力打造学生的第二课堂。一是积极引导学生走进图书馆，他们主动与学校合作，由学校组织学生走进图书馆。二是整合图书馆和学校资源，实现优势互补，双方合作完成师资配备及活动策划，为学生量身定制良好的阅读计划。三是策划精彩活动，打造生动第二课堂。他们改造拓展少儿馆场馆功能，新辟三楼专题活动室和多功能厅，积极筹备开展少儿电影欣赏、专题阅览、阅读讲座、读后感及影评等活动。2014年10月，湖南图书馆针对少年儿童策划组织的阅读推广活动"'阅读越开心'经典课堂"开课，旨在培养孩子们阅读习惯，引导小读者合理利用优秀图书资源。此后，每逢周三、周四下午，阅读经典课堂都将开课。第一期参加对象为育英小学各个年级的学生，在不断完善的基础上，课堂将逐步向全市小学铺开。

还有众多公共图书馆在中小学建立阅读基地或辅助其建立图书室，以图书为中心指导学生开展阅读。2009年6月，湖南图书馆联合社会机构与力量共同发起一项公益活动——"把爱传递到远方"贫困地区乡村小学图书馆援建活动。为了紧贴2009年中国图书馆学会年度阅读主题"让我们在阅读中一起成长"，湖南图书馆也相应制定了"阅读点亮童年"计划。该计划分城市版和农村版，城市版组织大学生志愿者致力于城市中小学学生的阅读培养和辅导，农村版则组织社会各界力量致力于边远贫困地区的中小学图书室建设。 2011年2月,在石景山区分院附属小学的开学典礼上,石景山区少儿图书馆为同学们送去了200册崭新的图书,在该校设立了石景山区第一个国学伴我行图书专架,标志着新学期"国学伴我行"主题阅读课的正式启动。 专架图书以国学读物为主,包括《弟子规》《三字经》《百家姓》《千字文》,还有一些国内外经典著作和少儿读物,涉及社会伦理、道德、法律、姓氏、自然常识等内容。 国学图书专架的建立是石景山区少儿图书馆校外大课堂服务内容的延伸。

此外,很多公共图书馆还承担其指导中小学开展阅读推广活动的责任,不断探索馆校合作的新发展。 2014年2月,郑州航空港区实验小学联合河南省图书馆举办了2014年度校园图书漂流活动。 校园图书漂流活动是一次互助性读书活动,由学生自己来主导活动全过程,到2014年已经成功举办4届。 学校在自愿基础上选定百余名漂流小导游,每位漂流小导游负责一个漂流袋,每个漂流袋中有一册图书和一本漂流记录册。 在一年的时间里,漂流小导游要组织自己负责的漂流袋在同学、朋友、亲友中传递。 在传递的过程中,还要督促阅览者在漂流记录册上记录传递信息和读书笔记。 2015年4月,为了迎接未成年人读书节,推进青少年阅读健康发展,湖州文苑小学联合湖州市图书馆举行了青少年阅读研讨会。 研讨会中,文苑小学的校长和各年级语文教师代表就各自在工作中的阅读思考和教学经验进行分享交流,他们认为学校和家庭应该提供良好的阅读环境,以潜移默化的方式让青少年学会独立思考,获得精神发育的营养。 会议创新提出倡导馆校联合,成立了青少年阅读助力团,文苑小学的近十名语文老师作为首批团员加入助力团,图书馆通过邀请学校专业教师团队加盟,助推青少年阅读推广,为湖州市青少年营造良好阅读氛围迈出了坚实的一步。

公共图书馆和中小学的合作,在我国香港地区也有非常成功的做法。 据康媛媛等《馆校合作:共建中小学校园阅读推广机制——以香港"悦读学校"项目为例》一文的介绍,香港公共图书馆自2006年起与香港教育署、香港教育城联合推出悦读学校项目,秉承着"每位学生都必须有广度和深度的阅读,每间学校都可以经营让学生享受、投入阅读的环境和气氛,做到齐阅读、勤阅读、好学习、乐分享"的理念。 该项目共包括阅读大使计划、网上读书会、阅读壁报板、十本好书、阅读约章五项内容。 阅读大使计划是学年制阅读推广活动,通过学校招募和培训阅读大使，鼓励其组织校园读书会，建立读书会文化；网上读书会具有发布资讯、分享资源、交流讨论和网上阅读练习等功能，并提供网上图书试阅读、作家专栏等网站内容的更新资讯；阅读壁报板是指由项目组向参加学校提供中小学壁报内容，以主题形式介绍适合同学阅读的书籍；十本好书每年举办一次，候选书籍来自项目网站上每日推出的图书试阅读，由学生投票选出心中最爱的图书和作家；阅读约章是学生的个人阅读记录。

（南京邮电大学图书馆蔡思明）

中小学与高校图书馆的合作

  高等学校图书馆主要是为高等学校教学和科学研究服务的图书馆，是所在高校的文献情报中心。由于高等教育和基础教育的差异性，较之中小学图书馆，高校图书馆在文献资源、管理服务、科学研究、信息咨询以及阅读推广等各方面都有着无与伦比的优势。因此，中小学可加强与高校图书馆的合作，依托其丰富的文献资源和先进的服务方式，为本校中小学生的阅读指导服务。

  在我国，部分高校图书馆已面对中小学建立相关的开放机制。2015年4月，52所在京高校图书馆正式面向全市中小学设立开放日，其中既有清华大学、北京大学等综合类高校的图书馆，也有北京中医药大学、北京服装学院等专业高校的图书馆。每所高校图书馆开放的时间不同，有的是每周一次，有的是每月一次，每次开放时间从1小时到3.5小时不等。今后中小学生可在学校组织下，通过网上提前预约，走进高校图书馆感受大学文化。

  在国外，美国普林斯顿大学图书馆所开展的Cotsen走进课堂项目是中小学和高校图书馆合作开展阅读推广活动的成功案例。

  Cotsen走进课堂项目由美国普林斯顿大学图书馆古籍与特藏部（Department of Rare Books and Special Collections）下属的Cotsen儿童图书馆发起实施，由普林斯顿大学校友劳埃德·E.寇岑（Lloyd E. Cotsen）捐赠创立，并以其姓命名。Cotsen

馆藏包含从15世纪至今的带插图的儿童图书、手稿、原创艺术品、印刷品、益智玩具。① 实施该项目是因为幼儿园至小学五年级的教育者对Cotsen儿童图书馆的特色馆藏表现出了浓厚兴趣。因此，此项目有两个目标，一个是把Cotsen儿童图书馆的馆藏以一种相关、动态、创新的方式活灵活现地展现给儿童，另一个是使该项目成为对教育者有用并且容易参与的项目。② 该项目在为社区未成年人服务时，采用"走出去"的服务方式，即Cotsen儿童图书馆派馆员走出去，深入社区内的学校为未成年人授课。此项目是完全免费的，由于授课者人数有限，Cotsen儿童图书馆把服务范围限定于普林斯顿大学主校区周围10英里路程之内的小学和家庭学校。③

针对从幼儿园到小学五年级学生的不同特点，Cotsen走进课堂项目从自身馆藏中选取不同的内容，安排了适合各自年龄段的学习和阅读内容，培养不同年龄段学生对阅读的兴趣，体现了分级阅读的理念。课程内容涉及文学、艺术、历史、地理等学科。例如，幼儿园课程通过介绍彼得兔的创作过程激发幼儿对文学的兴趣；一年级课程介绍纸芝居，帮助学生了解日本的一种艺术表现形式；二年级课程介绍世界知名童话作家安徒生的成长历程如何反映在他的作品中，这可以被看作文学评论的启蒙课程；三年级课程将学生带回到18世纪殖民地时期的教室，帮助学生亲身体会18世纪时学生在学校里是如何学习的，让学生潜移默化地掌握18世纪殖民地时期的历史知识；四年级课程帮助学生了解文艺复兴时期的发明给人类生活带来的影响；五年级课程既与历史知识相关，又与地理知识相关。

值得一提的是，其课程设置有其参照标准，既有全国性的《州共同核心标准》（Common Core State Standards，简称CCSS），也有新泽西州的《新泽西州核心课程内容标准》（NJ Core Curriculum Content Standards，简称the NJ CCCS）。

普林斯顿大学图书馆所开展的Cotsen走进课堂项目，其最大优势在于由校友

---

① Cotsen Children's Library. About Us[EB/OL].[2014-10-15].http://www.princeton.edu/cotsen/aboutus/library/.

② Cotsen Children's Library. Cotsen in the Classroom[EB/OL].[2014-10-15].http://www.princeton.edu/cotsen/education/cotsen-in-the-classroom/.

③ Cotsen Children's Library. Cotsen in the Classroom[EB/OL].[2014-10-15].http://www.princeton.edu/cotsen/education/cotsen-in-the-classroom/.

劳埃德·E.寇岑所捐赠的宝贵资源,其最大的创新之处则在于,针对不同年级的学生,参照国家和地方的教育标准,制定了科学完善的课程体系,因此才被众多小学以及家庭学校所接受和喜爱。

(天津师范大学图书馆徐文静)

国际阅读素养进展研究与小学阅读教学改革

国际阅读素养进展研究项目(Progress in International Reading Literacy Study,简称 PIRLS),是国际教育成就评价协会(International Association for the Evaluation of Education Achievement,简称 IEA)的研究项目之一。该项目计划每五年进行一次全球范围的 PIRLS 阅读素养评价,以此来监控儿童阅读能力的未来发展。PIRLS 将 9 岁左右的学生确定为测试对象,这相当于大部分国家小学四年级的学生,之所以选择这样的群体,是因为 9—10 岁是儿童作为阅读者的发展过程中一个十分重要的转折点,大多数国家都要求四年级末的学生能够知道如何阅读,并且可以通过阅读来进行学习。

2001 年,PIRLS 对全球 35 个国家和地区进行了第一轮的阅读素养测评;2006 年第二轮测试中,参与的国家和地区扩展至 47 个;2011 年第三轮测试中,共有 49 个国家和地区参加正式测试,另有 3 个国家参加预测试。PIRLS 非常关注阅读的目的与情境,这体现在它强调阅读者通过阅读要做什么,即通过阅读来进行学习,参与(学校中和日常生活中的)阅读者群体并进行娱乐。基于此项研究的目的和评价对象的特点,PIRLS 对阅读素养进行了界定,并构建了相应的阅读评价体系,其中包括阅读测试和调查问卷两部分。

2001 年,香港作为我国唯一一个参与首轮测试的地区,最终排名十四。在五年之后的第二轮测试中,香港共有 144 所小学、4 613 名学生、4 613 位家长、144 位中文教师以及 144 所学校的校长参与测试,最终排名第二,仅次于俄罗斯。香港地区小学生阅读素养的提升速度,令国际震惊。在 2011 年的第三次测试中,香港更是超过俄罗斯,位居第一。那么,2001 年以来,香港地区针对阅读素养,在小学教育方面有哪些变化呢?

香港通过 PIRLS 发现了其小学生阅读素养所存在的问题以及教育体系中对阅

读的忽视,因而在之后的教育政策和所实施的教育措施中直接突出阅读。 针对PIRLS2001的成绩,香港政府于2003年6月颁布《提升香港语文水平行动方案》;2004年9月,颁布《善用信息新科技 开拓教学新世纪》;2005年12月,颁布《检讨中学教学语言及中一派位机制报告》;2008年,为非华语学生设立中国语文补充指南;2009年,香港教育局课程发展处出版了《亲子阅读乐趣多》小册子,旨在帮助家长与学校积极合作,按照孩子的成长阶段来培养其阅读兴趣及能力,并使其由家长伴读逐渐发展到独立阅读。

据上海师范大学余倩《国际大规模教育评估的政策影响力》[1]一文的介绍,第一次 PIRLS 评估后,香港在五年阅读改革计划中确立了阅读特别任务(Reading Task Force)计划。 该计划将"从阅读中学习"设为"从阅读中学习、德育与公民教育、资讯科技与 IT 的能力、专题研究的能力"五年短期四大目标之首,并且政府把中国语文课程列为阅读改造的第一步,成为教育四大关键之一。 此外,为推广阅读,香港教育统筹局从2004年起推行一项为期两年的实验计划(The Primary Literacy Programme—Reading for Key Stage 1),香港教育城实施阅读大使及阅读约章计划。 香港政府正是通过测试,意识到了小学生阅读素养的薄弱,通过不断完善教育政策,转变阅读观念,明确课程目标,最终促进学生阅读素养的提升。

在教育政策改变的推动下,香港加大对阅读基础设施的投入,为学生营造良好的阅读环境。 2004 年,香港教育统筹局设立 5.5 亿港币的教育发展基金,支持中小学及学前教育。 2008 年,香港政府开始推行十二年免费义务教育,将更多的财政收入投入教育领域,提高青少年受教育年限,

PIRLS 在课程上也给香港教育带来很大变化。 据朱平瑜《评析现今台湾与香港阅读教育政策——兼谈我国阅读教育政策之未来展望》[2]一文的介绍,学校校长及课程领导者采取了如下措施:把推广阅读确定为学校整体的责任;分配资源以推广阅读(包括将阅读时间纳入学校课时安排);基于学校现有优势(例如广泛阅读计划、阅读课),并以此作为起点,向学生推广更多有效的阅读技巧;调派学校图

---

[1] 余倩.国际大规模教育评估的政策影响力[D].上海师范大学,2013.

[2] 朱平瑜.评析现今台湾与香港阅读教育政策——兼谈我国阅读教育政策之未来展望[EB/OL].(2013 - 02 - 21).http://society.nhu.edu.tw/e-j/103/a10.htm.

书馆主任处理专业工作；采纳有效图书馆服务的最新概念；鼓励教师协作，指导学生进行有关阅读；展开校本阅读活动（先从图书课和阅读报纸做起，进而推广至其他学习领域）；等等。

改革的另一个亮点在于，香港教育局取消指定篇章，鼓励学生和教师直接采用优质的文学作品作为教学的文本。据袁晓峰《阅读是教育的核心——香港阅读教学改革的启示》[①]一文的介绍，传统的香港中文教育，是指定篇章的教学。老师只针对教科书里有限的篇章和字词教学，学生死记硬背教科书里的断简残篇，以应付考试。这种语文课程，严重挫伤了学生阅读乐趣和期待，使学生逐渐疏离阅读，结果是阅读能力低下，阅读习惯丧失，从阅读中学习无从谈起。2002年，语文教科书开始自由化的尝试。教育统筹局为新阅读课程设计了8个范畴和框架：阅读、写作、听说、文学、中国文化、品德情意、启发思维的能力、语文自学。学校可以根据自身特点使用其他教材，只要在这8个范畴之内，戏剧、诗歌、短篇或长篇故事均可作为教材来使用，从而在阅读教学方面拓展自由空间。PIRLS2011 结果显示，香港学生阅读活动较2001年更为多样化，特别是学生每天或几乎每天自行阅读自己选择的书籍的比例提高了12%。

此外，香港在实践中不断改进阅读课程目标，加大校内阅读教学时间，改变之前以考试成绩为终极价值的课程目标。香港最近制定的主要改革目标是，发展学生对待学习的积极价值观和态度，帮助他们获得终身学习的坚实基础。当然，香港政府全面支持学校拥有课程自主权，学校应视阅读为全校性跨学科课程。香港阅读课程改革校本化是其改革的重要特点之一。

作为一个国际性的阅读能力评价项目，PIRLS 有其自身的框架结构与特点。香港通过 PIRLS 测试，认识到自身存在的问题，从而对症下药，所开展的大规模小学阅读教学改革，证明了教育政策直接影响小学生的阅读素养，其思想和做法是值得内地的阅读评估系统和教育工作者借鉴的。

（南京邮电大学图书馆蔡思明）

---

① 袁晓峰.阅读是教育的核心——香港阅读教学改革的启示[J].人民教育,2008(20):41—42.

国际学生评价项目与中学阅读教学改革

国际学生评价项目（Programme for International Student Assessment，简称PISA）是由联合国经济合作和发展组织（OECD）于1997年发起的一项国际性教育调查研究，主要对接近完成基础教育的15岁学生进行评估，测试学生们能否掌握参与社会所需要的知识与技能。OECD发起PISA测试的初衷是为获取学生知识、能力以及教育表现方面常规且可靠的数据资料，以了解15周岁左右的学生在接受系统的学校教育后能否有效地接受社会的挑战，其终身学习的能力能否适应未来劳动市场的挑战等。自PISA测试项目诞生以来，已有超过70多个国家和经济体参与测试，包括美、英、德、日等国家。

自2000年开始，PISA测试每三年举办一次，包括阅读、数学、科学等三个科目，每年选取其中一个科目为测试主题，另外两个科目为辅助测试内容。测试主题每三年依次更替，九年为一个测试周期，如2000年PISA的测试主题为阅读，2003年则为对数学素养的考察，2006年为自然科学，2009年的测试主题为阅读。

PISA测试提倡为了学习而阅读，因此并不考查学生是否掌握了基本的听说读写能力，而侧重考查学生运用阅读技能学习新知识的能力，以及从生活中可能遇到的文本中提取信息、处理信息的能力。PISA2009对阅读素养的定义是：为了达到个人的目标、发展个人的知识和潜能以及参与社会活动，对书面文本的理解、使用、反思和参与的能力。

2009年，上海地区首次参与PISA测试，排名榜首。通过对2009PISA测试成绩的分析报告可发现，上海学生在整合与解释、反思和评价方面的得分远远高于其他国家的学生。这首先得益于我国在长期的语文教学中对字词句的听说读写，段落、篇章的解读剖析，以及文章主旨的提炼等的训练。其次则是因为上海语文阅读教学侧重对阅读策略的教学。据华东师范大学朱培芳《PISA阅读测试及其对我国中学语文阅读教学的借鉴研究》[①]一文的研究，上海在进行第二期课改中，针对阅读有如下几方面的创新。

---

① 朱培芳.PISA阅读测试及其对我国中学语文阅读教学的借鉴研究[D].华中师范大学,2013.

第一,由传统文本阅读转向普范阅读(图标、表格阅读)。过去的阅读材料的体裁局限于文章和段落构成的连续性文本,如诗歌、散文、小说、剧本、论文、政史地课文。通过对上海一线初中语文教师的访谈可知,上海二期课改后语文课本有了很大的改观,阅读训练的内容和形式贴近学生生活实际,文本的呈现方式丰富起来,增加了漫画,图表、文章和音画相结合,扩宽了阅读学习的渠道。

第二,由知识积累型阅读转向素质发展型阅读。传统的阅读教学目的性较强,将积累知识作为教学的重点,学生将自己的大脑作为信息存储的移动硬盘,比如语文阅读多为字词的再认,段意和主旨思想的提炼。上海语文二期课改强调以学生的发展为本,在习得知识的同时注重学生各方面的素质的提升,尤其是要以阅读能力带动其他能力的发展,即让培养学生智力因素和非智力因素的发展渗透进阅读教学中。

第三,由工具式阅读转向专题式阅读。传统的阅读教学方式是基于教材的工具型阅读,其本质是注重认知、整齐划一的接受性阅读教学,导致学生丧失阅读个性,教师丧失教学风格,阅读教学缺乏个性和指向性,阅读效能偏低。2002年启动的上海二期语文课改,其一大特色是按专题来编排语文课本,即把某个话题或是专题作为单元划分的依据,通过对不同内容、特色、风格和不同作家的文章的分析多方面展示某个专题,让学生从不同视角审视同一个问题,培养学生主动阅读、体验、探索的能力,鼓励学生对主旨相似的文章进行搜索、比较、反思、判断,从而培养学生的阅读主体意识、实践能力和创造能力。

第四,从封闭式阅读转向开放式阅读。首先,打破语文专有的学科界限,在阅读的内容上从传统的语文学科向数学、英语、化学、物理、历史、音乐以及课外阅读多学科拓展。其次,指导学生充分利用网络资源,下载相关书籍的电子文本形式,降低学生阅读成本的同时使学生不受阅读时间、空间的限制。最后,鼓励学生进行课外阅读,加强家庭阅读的指导,通过建立家庭图书角、社区阅读等课外读书活动,培养学生的阅读兴趣,养成良好的阅读习惯。

尽管上海在中学生课改方面进行了以上各种尝试,在PISA中夺冠也说明了课改所带来的积极效果,然而,PISA的创始人安德烈亚斯·施莱克尔(Andreas Schleicher)却认为"这个第一并不表示上海拥有全世界最好的教育体系"。他肯定了上海教育的特色和优点,譬如那里的学生很能学习,但也指出他们"学习动力方面存在不足,他们在空闲时间里往往不愿意主动去学习"①。

浙江师范大学教师教育学院潘涌认为,PISA价值观和评价观对中国教育思想的退旧更新是具有积极的"祛蔽"作用。第一,在时间维度上,教育应秉持超越性未来取向。教育必须从一国文化、社会和经济命运在人类世界上的复杂多变性出发,从地球文明及其在未来宇宙中的巨大不确定性乃至风险性出发,唤醒每位新人敢于并善于展开迢远思想探险的自觉意识,砥砺其从事一生风险性精神之旅的坚定信念和执着意志。第二,在发展维度上,教育应炼就可持续创造能力。学习的真正内涵是学会学习而不仅仅是学会知识,学会知识只是一种短视、浅层和维持性学习,学会学习才真正是深远、可持续和创新性学习。因而教育应当尽可能充分地提供人皆自由的开放思想空间和弹性课程空间,应当尽可能实施尊重生命、关爱童心、呵护创意的多元教学方法,以培育智慧主体探究未知、放飞思想的才能、习惯、方法和情意系统。第三,在发展主体上,教育要突显个人主体价值。面对中国深厚而丰富的人力资源,教育应该并且可能达到的境界只能是:教育不仅要使每个新人趋近传统意义上专业领域的"成才",更应该实现具有和谐完整内涵的"成人";不仅要使之完成生物学层次上的"成人",更要达成突显个人独特的本质规定的"成己"。②

(南京邮电大学图书馆蔡思明)

中国阅读学研究会中小学书香校园授牌行动③

中国写作学会阅读学专业委员会(习称中国阅读学研究会),于1991年5月在重庆师范学院成立,是专门从事中外阅读基础理论研究、交流和教学实践,以及国民阅读促进和指导活动的学术团体。现有分布在20多个省市的注册会员1 000多名,其中正、副教授和研究员数百人,中央和地方各出版社和报刊编辑近百人,中学高级教师百余名。2005年,中国阅读学研究会加入国际阅读学会(总部设于美

---

① 李斌.不愿主动学习是中国教育的大问题[N].中国青年报,2011-10-10.
② 潘涌.PISA价值观和评价观对中国教育创新的启示[J].教育发展研究,2012,02:47—52.
③ 本文原载于《山东图书馆学刊》2014年第6期,原题为《无情岁月增中减 有味诗书苦后甜——中国阅读学研究会所授"书香校园"阅读推广活动综述》。此处节选部分,略有删改。

国特拉华州纽瓦克市，是一个世界性的非营利专业阅读组织）。

多年来，中国阅读学研究会积极宣传书香理念，广播读书种子，推动全民阅读进程，大力推动读书活动在全国各地广泛展开。自 2008 年 4 月在四川泸州召开首次书香校园建设研讨会后，学会已授予十九所中、小学以及五所高等院校"（华夏）书香校园"的荣誉称号。下文摘取其中有特点、有较大成效的八所中小学，简述它们在被授予"书香校园"荣誉称号前后，逐渐发展起来的校园阅读。

一、四川泸州市忠山小学

四川省泸州市忠山小学，规模不大，却以书香校园的独特形象，享誉酒城。这所书香校园通过购书经常化、读书经常化、年级引领化、方式多样化来全力打造书香教师，使教师具有深厚文化底蕴。学校通过开展大阅读活动、培养广泛兴趣爱好来塑造书香学生，使学生的知识得以丰富，精神得以陶冶，智慧得以启迪，读书成为学生生命的一部分。2008 年 4 月，该校被中国阅读学研究会授予"书香校园"铭牌。近年来，忠山小学的每一名师生都能捧起一套经典，用最静心的阅读，来填实自己比天空更广阔的心灵。

二、郑州市聚源路小学

聚源路小学是郑州市在郑东新区新建的第一所公办小学，2006 年 9 月办学之初，就确立了"让阅读陪伴学生，让阅读成就学生"的办学理念。八年来，每个教室均设有图书角，每学期均进行一次图书漂流活动，每个学生均建有校讯通博客，发表读书博文，每学期末进行一次优秀博客评选，班级参加博客大赛。2008 年 9 月，该校被中国阅读学研究会授予"书香校园建设实验学校"铭牌。阅读陪伴学生，阅读成就学生，促使师生迅速成长。

三、江苏泗阳实验初级中学

江苏省泗阳中学创建于 1927 年，具有悠久的办学历史和深厚的文化底蕴。学校深入开展学科实践活动，实施双语阅读三年推进计划，打造书香校园，学科组划定阅读目录，年级组制定阅读计划，学校组织开展读书笔记展览、双语演讲比赛、双语作文大赛等活动，让学生在活动中提升能力，增强阅读素养，培养健康心理。师生筹划举办了香樟文学社读书报告会、作文现场培训会等一系列活动。

2009 年 4 月，该校获得中国阅读学研究会颁发的"书香校园"铭牌。在二十年如一日的校园大阅读的积淀下，校园阅读文化日益发扬光大，独树一帜，初步成为学校特色文化。学校每年都会举办经典诗文朗诵大赛,通过对文学经典的诵读,潜移默化地提高学生的文化和道德素质。

四、河南上蔡县第二中学

河南上蔡县第二中学于2004年8月正式挂牌,前身先后为上蔡县三中和蔡都中学,如今已发展成一所优质中学。该校近年来坚持文化立校、文化立人,以阅读为阶梯,建设书香校园。

该校是国家级书香校园建设示范学校,在校长张重阳的带领下,在全校师生中倡导阅读精神,在师生中大兴阅读之风。学校明确要求每一位老师每学期必须阅读一至两本经典著作,每个学生每月必须阅读两篇经典文章。学校建立了领导班子带头阅读机制,要求每一位班子成员不仅要完成学校规定的阅读任务,而且还要带头写阅读笔记。

学校还建立了上蔡县二中文化长廊。该校邀请了县内书法名人书写"读书""勤学""励志""修身"之类的名言名句激励师生去读书,并在校园塑立孔子玉像,用先贤的精神力量去影响师生阅读。

上蔡县二中将国学经典教育作为书香校园建设的重点,专门组织了一个国学经典诵读书目选编小组,编选了校本国学教材,并精心组织诵读。学校还创办《晨曦》校报,鼓励学生在阅读国学的同时进行文学创作。此外,校方还会组织学生游历当地的历史文化名胜和风景名胜,让同学们走进历史文化,走进大自然,在与历史文化和大自然的直接接触中汲取文化养分,并组织学生谈感受,写游记。

五、江阴市山观实验小学

江阴市山观实验小学是一所百年老校,又是一所充满活力的书香校园、故事校园。学校坚持"读书、思考、实践,从小书房走向大世界"的办学理念,以红领巾小书房建设为载体,以读书活动推进书香校园建设,以书香教师带动书香少年成长。学校创生出同学书会——生生同读、教师讲坛——师生同读、我为母校留书香——校友同读、亲子悦读——家庭同读等十大读书品牌活动,形成了独特的发展视角与路径。学校举办了教师读书沙龙、同学书会、教师讲坛等多项出彩活动,润泽了学生的书香童年。

六、江苏常熟古里中学

常熟市古里中学创建于1958年,是一所具有五十余年办学历史的农村初级中学。古里中学以"传承藏书精神,营造书香校园"特色为抓手,开展各类师生读书活动,提升教师队伍素质,为学生个性发展搭建平台。

2009年开始,学校依托当地优越的藏书文化资源,构建了学、看、听、读、讲、写、评活动体系,组织学生学习清代四大藏书楼之一铁琴铜剑楼的历史,听文化名家做读书讲座,读经典书籍,培养业余讲解员,写读书心得、笔记,成立了琴剑文学社,开展了家庭星级小书屋的评选和"好书伴我成长"读书征文活动。

学校组织各年级学生分期参观铁琴铜剑楼,开展铁琴铜剑楼业余小讲解员的培训工作,让学生全面了解古里镇铁琴铜剑楼的悠久历史,学习传承瞿氏爱书、藏书、护书、献书的精神,弘扬古里藏书读书、崇文重教的优良传统,营造勤奋读书、努力学习、奋发向上的校园文化环境。基于此,该校被中国阅读学研究会和共青团江苏省委《风流一代》杂志社联合授予"书香校园"荣誉称号。

七、湖南洞口第九中学

湖南洞口第九中学创办于1955年,经过近六十年的发展,如今全面推进素质教育,致力于学生的全面发展。学校在书香校园方面的建设持续了多年。早在1982年,语文教研组便创办了绿叶文学社,1992年更名为楚才文学社,2000年更名为紫风铃文学社。社员在阅读和写作方面发展迅速,获益良多。此外,学校拥有百米文化墙,近20幅设计精美的诗词在墙上屡屡令人驻足。

八、湖北武汉第四中学

湖北武汉第四中学是一所创办于1899年的百年老校。武汉四中能够成为书香校园,一个重要的原因就是其硬件设施齐全:建设好的图书室(电子阅览室)、班级图书角,图书配备能够满足学生读书学习的需要,且图书利用率高。

另外,学校设有阅读课,学生有充足的阅读时间来提高自身人文素质。该校配合武汉市的校园文化建设,倡导学生每年读5—10本名著,读1—2部名人传记,让学生养成好读书、读好书的习惯。学校以"走进中华传统文化"为主题,开展了丰富多彩的传统文化活动,如征文、诗歌竞赛等,为学生创造了良好的学习阅读氛围。

以上的八所中小学在阅读推广方面的成果显著,基本都以读书节、征文活动、诗歌朗诵大赛等文艺活动形式推广阅读,部分中小学还以编写文学期刊、举办读书交流会等特色活动进一步培养学生的阅读习惯。稍显不足的是,这些中小学因学校本身的学业目标及自身的局限,所办的阅读推广活动大多有时效性,无法持久地影响到学生平时的阅读习惯。

(南京大学叶范)

新教育实验与中小学阅读推广

新教育实验,是由全国政协常委、苏州大学教授朱永新先生所发起的一个民间教育改革行动。2002年10月,新教育实验在苏州昆山玉峰实验学校正式启动;2003年,参与新教育实验的学校达到上百个,遍及江苏、安徽、山东、上海、吉林、广东等十多个省市;2003年岁末,新教育实验被批准为教育部"十五"规划重点课题;截止到2005年9月,全国已有20多个省市的200多所学校正式参加了实验,其中挂牌学校87所,包括北京清华附小、北京中关村一小、哈尔滨南马路小学、山西运城人民路小学、临汾实验小学、江苏常熟实验小学等名校,并形成了苏州的张家港、泰州的姜堰、河北省的石家庄桥西区等新教育实验基地。

新教育实验的核心理念是"为了一切的人,为了人的一切",主张以人的个体生命为本位,根据个人发展的需要确定教育的目标并实施教育。据朱永新教授的介绍,新教育实验的五个基本观点是:(1)无限相信学生与教师的潜力;(2)教给学生一生有用的东西;(3)重视精神状态,倡导成功体验;(4)强调个性发展,注重特色教育;(5)让师生与人类崇高精神对话。[1]

一、在中小学开展新教育六大行动[2]

(一)营造书香校园

为了实现师生与人类崇高精神的神圣对话,新教育实验在充分研究、积极实践的基础上形成了营造书香校园行动计划。新教育实验建议各学校加强图书馆和阅览室建设,并尝试建立开放式图书广场,每班配备图书架,重视超文本图书馆的建设,研究利用网络开展阅读。实验学校提供专门、足量的阅读时间给师生,鼓励

---

[1] 朱永新."新教育实验"的基本理论与实践探索[J].课程·教材·教法,2005,09:18—24.

[2] 本部分内容主要参考了朱永新《"新教育实验"的基本理论与实践探索》(《课程·教材·教法》,2005年9月)。

学生家庭建设家庭图书架，形成书香家庭。 实验学校图书馆向家庭和社区开放，并形成校际合作和区域流动。 昆山的柏庐小学，吴江的金家坝、同里小学，浙江宁波万里国际学校，江苏武进湖塘桥小学，等等，都开展了很多有效的读书活动。

（二）师生共写随笔

师生共写随笔即倡导师生将自己每天的教育和学习生活，通过随笔（日记）予以记载，并养成写随笔（日记）的习惯。 新教育实验还在其官方网站——教育在线（www.eduol.cn）上开设了专门的交流平台，很多教师在上面开设自己的专栏，坚持写教育随笔。 江阴环南路小学参加新教育实验半年，就出了两本日记集。

（三）聆听窗外声音

聆听窗外声音即学校充分利用校内外教育资源报告会，举办多主题的讲座活动，在讲座中让学生增长知识和简介，引导学生学会关心社会，激发学生形成多元的价值观，培养他们的创造激情。

（四）双语口才训练

双语口才训练即开展中英文听说活动，培养学生具备令其终身受益的口头表达能力。 讲话是一个人展示才华、征服别人的基本能力，是一个人展开交际的重要手段。 新教育实验要求实验学校创立学生论坛，让学生敢于当众表达自己的观点，训练学生的表现能力。 新教育实验主张在实验学校中有一个良好的英语学习环境，主张生活化的英语。

（五）建设数码社区

建设数码社区就是要加强学校内外网络资源的整合，建设学习型网络社区，让师生进行网络学习、交流，在操作与实践中培养师生的信息应用能力。 在具体做法上，新教育实验主张所有实验学校联合起来，教案、学案、备课等资料实现共享共用，甚至开办在线课堂，培养学生快速获取信息的能力，并且学会在网络上进行表达与交流。

（六）构建理想课堂

课堂是学校进行教育活动不可或缺的重要场所，学校的教学任务主要通过课堂教学来完成的，课堂生活的质量直接关系着学生生活的质量和学校教育的成败。 理想的课堂应该营造一种平等、民主、安全、愉悦的课堂气氛，应该由知识本位、学科本位转向以学生的发展为本，真正对知识、能力、态度进行有机整合，因材施教，充分体现课堂的生活性、生命性和发展性。注重开放和生成，对于构建充满生命活力的课堂运行体系是十分重要的。但是，开放对应于封闭，生成对应于预设，课堂教学是预设与生成、封闭与开放的矛盾统一体。新教育实验提出了理想课堂的六个度：一是参与度，二是亲和度，三是自由度，四是整合度，五是练习度，六是延展度。

二、编制阅读书目

新教育实验下以新阅读研究所为中心的机构组织专家编制了《中国小学生基础阅读书目》(2011年，基础书目30本，推荐书目70本)、《中国幼儿基础阅读书目表》(2012年，基础书目40本，推荐书目60本)、《中国企业家基础阅读书目》(2013年，基础书目30本，推荐书目70本)、《中国中学生基础阅读书目》(2014年，初高中各100本，基础书目30本，推荐书目70本)等一系列专题书目，2014年还推出了正式出版的导赏手册《中国人阅读书目》(中国人民大学出版社2014年9月版)。

书目编制的基本原则是精选精编，努力做到经典性与广泛性统一，深刻性与可读性统一，层次性和整体性统一。以最早编制的《中国小学生基础阅读书目》为例，书目的编制遵循如下要求：第一，按小学低段（1—2年级）、中段（3—4年级）、高段（5—6年级）三个学段，以及文学、科学、人文三个类别推荐，最终每个学段选出基础书目10本；第二，推荐时围绕核心价值观教育展开，把人类最重要的价值，如爱、自信、尊重、友谊、同情、敬畏、宽容等，通过这些书籍传给孩子，最终的30本基础书目囊括了小学生核心价值的主要内容；第三，推荐时对题材、体裁、国别、出版时间、出版社等均不做严格限制，但是强调突出民族性，中国作者的图书超过一半；第四，同一作家原则上只选择一本代表作品，在30本基础书目中基本不考虑套书或丛书；第五，综合考虑装帧、插图、价格、翻译质量等因素，选择性价比最合适的图书。

三、组织读书会

为研讨和推广阅读，新阅读研究所还开设了公益平台——新阅读读书会，通过QQ超级群、在线论坛、微博等网络媒介运行。自2012年5月31日新阅读研究所建立新阅读QQ超级群以来，群数量、群规模逐步扩大。目前，已设有新阅读幼儿（一、二、三）群、新阅读小学（一、二、三）群、新阅读初中群、新阅读高中群、新阅读大学生群、新阅读父母群、新阅读教师群、新阅读专家机构群、新阅读共读群、新阅读书评群等共十大类十四个超级群，群友规模达万人。新阅读群每周开展各类阅读活动，主要包括邀请从事阅读研究及推广的专家、老师开设阅读讲座，组织群友开展读书分享和主题讨论等。各类讲座与分享活动均在论坛、新浪与腾讯微博提前预告，部分活动也在论坛开帖展开。

目前，幼儿群开展的阅读分享活动是由群友自发组织的阅读午餐会，小学群开展的阅读分享活动是"相约星期四"。同时，为了更好地促进阅读公益事业的开展，新阅读读书会联合优秀出版社共同开展图书分享公益捐赠活动。群友在群内分享一本优秀图书，合作出版机构为分享人以及乡村学校和打工子弟学校送出一定数量的相应书籍，同时，接受捐赠的学校、班级将开展相应阅读活动并及时发布微博反馈。

（金陵图书馆李海燕　南京邮电大学图书馆蔡思明）

亲近母语项目的阅读推广行动

母语是什么？亲近母语创始人徐冬梅女士给出了自己独到而深刻的见解："母语，是妈妈说的话，是奶奶唱的歌谣；是乡音土语；是我们民族的共同语；是用母语传达的，来自人类精神本源的共同的语言文化。"她指出，母语是一个民族的文化载体，也是一个民族的思想本体。此外，在论述母语的教育价值时，她还有一个精辟的隐喻："母语教育是一个民族文化传承和发展的'根'的工程和'花'的事业。"

亲近母语分为两个部分。首先，它是一项全国教育科学"十五"规划课题，是从2000年开始至今，以扬州为实验基地，遍及全国20多个省市自治区，以"亲近母语，呵护童年"为理念，以"倡导儿童阅读，促进母语教育，营造精神家园"为宗旨的一个实验项目，旨在使儿童在阅读过程中接受母语教育，不断寻找自我，确立自我，丰富自我，从而帮助儿童走上幸福清明的人生之路。其次，它是一家科研型企业，是在亲近母语课题实验的基础上建立起来的儿童阅读与母语教育专业机构，集儿童阅读研究、课程研发、出版推广、活动策划、专业培训、图书营销、信息服务于一体，以儿童本位思想，探索新课程改革环境下儿童阅读的方法和途径，开发和建设亲近母语理念下的儿童阅读新课程,以儿童阅读为基点,打造书香校园,建设书香中国。

该项目在多所小学进行过实践,主要通过以下几种方式,推广以母语为中心的阅读推广理念。

一、构建儿童本位的母语课程

据亲近母语项目创始人徐冬梅《一群人的"点灯行动"——"亲近母语"十年研究和探索之路》①的介绍,亲近母语实验研究所将阅读课程分为诵读、精读(主要是小学语文教材,也包括教材之外特别适合儿童精读的文本)、略读和浏览四个层面,其中重点放在诵读和略读课程上。

项目组认为,诵读是一种阅读形式,能帮助儿童将书面语言转化为口头语言,更易于儿童理解和记忆;诵读是一种阅读能力,能帮助儿童积累高级语言,培养良好的语感;诵读是一种生命活动,能帮助儿童提高专注力,培养定力和静气,开启儿童智慧;诵读是一种精神仪式,能帮助儿童形成生命的节律。因此,项目组从思想价值上的经典文本以及语言表达上的经典文本两方面选择适合儿童的诗性文本作为诵读内容,为儿童编写适合的诵读教材。

用班级读书会的形式开展整本书阅读,是亲近母语课程的另一个重点。项目组将整本书教学引入小学语文课程,把图画书、儿童文学以及适合儿童阅读的历史、地理和科学读物确定为略读课程的主要内容,并以儿童文学阅读为主体,开列儿童阅读基本推荐书目以及其他有针对性的阅读书目。整本书的阅读提倡教师成为一个"讲述者",用讲述的方法把图画书、儿童文学带给儿童,引导学生"大声读"经典儿童作品。

在此基础之上,教师可带领开展班级读书会。班级读书会应该优先选择那些能够打开儿童心灵,带给儿童精神上滋养和愉悦的,有助于语言积累,同时有一定长度的具有挑战性的作品。在读书会中,教师通过氛围营造和话题设计,让学生展开讨论,彼此分享阅读的感受,进行沟通和交流,从而完成本次学习的意义建构。

---

① 徐冬梅.一群人的"点灯行动"——"亲近母语"十年研究和探索之路[J].人民教育,2011(19):32—36.

二、编辑出版亲近母语系列图书

亲近母语研究院针对项目推行的理念,编辑出版了系列教学用书及课外读物。

(一)"日有所诵"系列丛书,广西师范大学出版社 2015 年版

"日有所诵"是亲近母语研究院基于儿童诵读课程的内容建设,为儿童精心编选的诵读教材,分为幼儿版、小学 1—6 年级版和初中 7—9 年级版。丛书编选了适合儿童的,有节奏、有意韵并具有文学之美和自然之美的诗性文本,让儿童通过多种形式的诵读,激发语言潜能,提高语言素养和母语能力。童谣童诗、浅易的五言诗、晨读对韵、泰戈尔《飞鸟集》、七言诗、纪伯伦《沙与沫》、中国现代诗歌、外国诗歌、宋词、外国散文、中外现代散文、中国古代散文,沿着这样的序列,缓坡而上,让孩子们在日有所诵中开启天赋之门。该套丛书第四次修订版由广西师范大学出版社出版。最新版本在保持该书原有风格特色的基础上,对各册体裁分布和内容选择的梯度做了微调。如古诗内容,仍坚持以唐诗为主,同时增选了一部分适合孩子诵读的历代优秀诗歌,删除了一部分内容与孩子相去较远、不太能够与孩子内心产生呼应的篇章。其分布方式也由原来按照体裁、年代排列,改为按照难易程度编排。除此之外,将童谣的诵读一直延续到二年级下卷,将儿童诗的诵读按不同程度分布到各个级段,等等,整体上力求更加贴近孩子,更加方便家庭和学校的使用。

(二)"亲近母语·全阅读",广西师范大学出版社 2015 年版

"亲近母语·全阅读"是引领孩子亲近经典、阅读的优秀读本。该丛书试图通过全面的阅读指导,拓宽孩子的阅读视野,引领孩子的阅读生活。与一般的读本相比,它的最大特点在于两个方面:一是选文大多适合朗读;二是阅读的"全"。

丛书全面建构儿童的阅读体系,采用单元合成、整合拓展的结构方式,共六册,每册分上、下两卷,配合小学六个年级使用。每卷由主题单元、名著课程、认识汉字三部分组成,全面构建儿童的阅读体系。各册的名著课程选文广泛而经典,所选的大都是堪称经典的名作,如中国古代的《西游记》《三国演义》,中国现当代的《笨狼的故事》《草房子》,外国的《安徒生童话》《格林童话》《小鹿斑比》,等等,在体现全阅读的广泛性、经典性阅读理念的同时,特别强调文本的可朗读性,让儿童在朗读音韵和谐、朗朗上口的文本中获得语感,获得内心成长的

能量。

（三）"我的母语课"，青岛出版社 2012 年版

"我的母语课"是一群热爱童年、热爱母语、热爱教育的人，在经历了十多年的儿童阅读推广，在对小学语文教材进行深入的研究之后，承接"五四"先贤发现儿童的精神所编写的一套文学教材。这套教材以儿童的精神发展为"经"，以文学体裁的阅读为"纬"，设置主题单元和整本书阅读单元。阅读这套教材，不仅可以提高儿童的文学素养和母语素养，更可以帮助他们成长为精神清明、情感丰富，有独立理性、有中国根基的世界公民。

（四）《我的写作课》，广西师范大学出版社 2014 年版

《我的写作课》从童诗作文开始，逐步加入观察作文、生活作文以及从图画书中学写作，中高年级则涉足专题作文，这实际上遵循了写作循环上升的原则，让儿童从清浅有趣的童诗开始，逐步过渡到描写自然景物、生活中的人和事，然后再进行思辨性、探索性的文章写作。即使是同一类型的写作，在不同年段的安排，侧重点也不一样。比如观察作文，低年级侧重于外部的观察，中高年级要融进自己内心的感受；低年级观察时可从一个方面入手，中高年级更关注多个感官的同时使用；低年级观察相对静止的物体，而到了中高年级要逐步训练孩子进行连续观察或比较观察。丛书希望实现写作引导的缓坡而上，让孩子慢慢爱上写作。

（五）"亲近母语儿童阅读指导丛书"，北京师范大学出版社 2007 年版

该丛书包括六本，包括《班级读书会 ABC》（岳乃红）、《大声读给孩子听》（邱凤莲）、《由图画书爱上阅读》（余耀）、《我们班的阅读日志》（薛瑞萍）、《上读书课啦》（周益民）、《儿童阅读的心灵地图》（丁筱青），介绍了全国开展儿童阅读以来所涌现的各种类型班级读书会的优秀指导案例。这是一套具体引导教师和家长根据不同年龄、不同个性、不同阅读心理，帮助孩子选择图书的指南，对于儿童阅读既有理论上的建构，同时也有实践操作层面的具体指导。

（六）"点灯人丛书"，长春出版社 2009 年版和广西师范大学出版社 2015 年版

"点灯人丛书"是由身在教育第一线的众多教学名师，结合自身教学和阅读推广的经验，所书写的个人关于教育、教学的心得。该丛书首辑由长春出版社于 2009 年 4 月出版，包括六本，分别是《商友敬语文教育漫谈》（商友敬）、《朱自强小学语文教育与儿童教育讲演录》（朱自强）、《窦桂梅的阅读课堂》（窦桂梅）、《薛

瑞萍教育教学问答》（薛瑞萍）、《徐冬梅谈儿童阅读与母语教育》（徐冬梅）、《儿童的阅读与为了儿童的阅读》（周益民）。第二辑由广西师范大学出版社于 2015 年 6 月出版，包括 6 种，分别是《朱爱朝母语课堂》（朱爱朝）、《我的自然笔记》（朱爱朝）、《窦桂梅的阅读课堂》（窦桂梅）、《跟窦桂梅学朗读》（窦桂梅）、《薛瑞萍班级日志 1—6 年级》（薛瑞萍）、《薛瑞萍母语课堂》（薛瑞萍）。

三、搭建儿童阅读推广平台

亲近母语研究院发起并主办中国儿童阅读论坛暨亲近母语教育研讨会。该论坛以"倡导儿童阅读，促进母语教育，营造精神家园"为宗旨，是以"探索母语教育改革、儿童阅读推广和母语文化传播的有效途径，促进小学语文教学、儿童文学作家、儿童读物出版、儿童阅读研究等领域的交流和合作，提高小学语文教师、幼儿语文教师和家长指导儿童阅读的能力"为目标的大型阅读推广活动。自 2004 年首届起，先后发布《中国儿童阅读宣言》，发起设立中国儿童阅读日的倡议，被称为"儿童阅读点灯人的聚会"。

此外，亲近母语研究院还在全国各地举办儿童母语教育论坛、种子教师研习营等推广活动，培养了一大批儿童阅读的种子教师。如江苏南京琅琊路小学周益民老师，向儿童推广文学阅读，成为儿童阅读推广人的领军人物；岳乃红老师，在国内最早实践班级读书会，入选 2010 年推动读书十大人物；邱凤莲老师，带领孩子大声读，已出版相关专著；丁云老师，开展童诗教学研究，和孩子们一起写童诗，著有诗集《秋天在田野间散步》；邵龙霞老师，主持读写互动项目，引导孩子们进行读写互动，提高孩子们的习作水平。

在亲近母语所搭建的平台上，一大批实验教师成为营造书香校园的中坚力量，在校园内外撒播着阅读的种子，助力儿童成长成才。

（南京邮电大学图书馆蔡思明）

中小学阅读推广经典案例介绍

一、深圳南山区后海小学以"快乐阅读"为理念的阅读推广[①]

深圳南山区后海小学自 2004 年起开展基于绘本的快乐阅读推广，经过三年多的实践，后海小学引发的阅读风潮扩展到深圳南山区的 21 所小学以及国内 6 省的 8 所中小学，快乐阅读理念有了更广阔的阅读空间。据时任后海小学校长袁晓峰介绍："深圳南山区后海小学的快乐阅读是一种以课程形式呈现的、易于操作的、日常性的、持续推进的儿童阅读实践，其宗旨是：建立起儿童与阅读之间的积极联系，提升其阅读素养，为儿童的幸福人生奠基。"

在具体操作上，后海小学将阅读纳入本校课程，把快乐阅读课程拆成可操作的、可选用的、简洁明了的、易推广的一个个迷你课程："图画书阅读"课程、"儿童诗阅读"课程、"科学阅读"课程、"大声朗读"课程、"合作思考阅读"课程、"课内外结合阅读"课程、"儿童创作"课程、"手制书"课程、"亲子阅读"课程和"快乐书吧"课程等。

快乐阅读的总目标是：在小学阶段实现热爱阅读，习惯阅读，并能享受阅读的乐趣；会自发阅读，能通过阅读来学习；在阅读中健全人格，成长心灵，和谐发展，丰富人生。低年级以"图画书阅读"开始快乐的阅读旅程，中年级以"合作思考阅读"为成熟阅读奠基，高年级以"阅读策略研究"来促进儿童做成熟的阅读者。此外，后海小学以大阅读的教育理念对学校教学楼空间进行了充分利用，走进教学楼犹如走进一个学生图书馆，学生们随便坐在哪里，都可以很方便地从身旁的书架上拿起一本书阅读。

二、常州怀德苑小学阅读推广活动[②]

常州怀德苑小学在校长彭志祥的带领下，积极开展阅读推广活动。为营造良好的阅读生态，学校推出"五个一"活动。（1）校园一个读书日。每年 4 月 23 日

---

① 主要参考黄小玲《绘本阅读的理念与实践——以深圳南山后海小学为例》《重庆文理学院学报·社会科学版》，2007 年 4 月）。

② 主要参考彭志祥《让儿童在阅读中慢慢长大——一位小学校长的儿童阅读推广之路》《江苏教育研究》，2012 年 5 月）。

世界读书日之际，学校所有课程均围绕阅读而展开，开展读书讲座、名家进校园、阅读人物颁奖、书香班级展示等系列主题活动。（2）班级一个读书圈。每个班级建立由图书角、读书展示吧、读书评比栏、读书漂流单组成的阅读文化墙，每周组织一次以阅读亲近母语研究所编写的"日有所诵"丛书为主的早读，每个月组织一次班级读书会，营造良好的阅读氛围。（3）教师一个读书袋。每学期由语文老师带领共读一本书，每学期讲述一次故事并鉴赏一篇儿童文学作品。其他学科的老师则至少参与一次班级读书会，组织一次与本学科有关的阅读指导活动。所有活动内容，都要求留有过程性资料，整理成袋，作为教师专业发展的过程性资料。（4）学生一个读书册。在中、高年级制作读书成长手册，封面与封底自行设计，前言为读书自勉语。此外，内容还应包括读书目录、"日有所诵"背诵情况、班级整本书阅读情况、读书笔记等内容。（5）家长一个读书台。每学期家长与孩子在家中共读一本书并撰写一次读后感言，家长走上讲台为孩子所在班级上读书课，每学期参与一次对学生读书册的审阅。

三、南京钓鱼台小学阅读治疗的开展[①]

南京市钓鱼台小学是一座普通的公立小学，接收的基本都是学区内的孩子和周围打工人群的子女，生源数量基本保持一个年级两个班，家庭背景及经济状况都能代表最普通的大众阶层。南京师范大学文学院万宇老师率队在南京市秦淮区钓鱼台小学开展了阅读治疗实践，提出了游戏＋阅读＋反馈的阅读治疗模式，具有创新意义与范本价值。

在开展阅读治疗之前，团队进行了大量的调研工作，与教师多次讨论沟通，深入观察学生的心理障碍和阅读行为。经班主任老师的推荐，该团队选取了二年级和三年级的10名学生，包括成绩好、成绩偏差以及智力损伤的孩子。阅读治疗团体活动时设有两名带领者，由一名领导活动，另外一名担任观察员，观察活动中成员的表现，并协助成员进行自我评估，辅助活动的完成。活动地点设在学校电教室，拥有多媒体设备和活动桌椅，方便组合成围坐状态或空出场地进行活动。活动时间设在每周三下午，活动时长为一个半小时至两个小时。

---

① 主要参考万宇《阅读治疗在小学阶段的探索性实践——南京市钓鱼台小学的应用实例》（《图书馆杂志》，2010年10月）。

对于阅读材料的选取，坚持两个原则：原则之一在于配合当事人的认知能力；原则之二在于文学的主题要符合对象的需求，并能吸引当事人的兴趣。阅读治疗活动由游戏、阅读、反馈三个环节组成，围绕"认识同伴及团体的形成""认识自我""友谊最珍贵""信任与接纳""学会战胜困难""在集体中成长"等主题展开。游戏环节在于建立治疗师和成员之间的关系，逐渐引入主题；阅读环节是活动的中心环节，积极引领孩子参与阅读，经历认同、宣泄和领悟等心理过程，在反馈中充分表达自己；反馈环节是对活动效果的检测。

四、日本中小学晨读运动[①]

日本中小学校开展的晨读活动于1988年起步，经过二十多年的发展，目前已经有27 807家中小学校、76%的学生参加到了晨读之中。晨读最早是在千叶县船桥市的私立船桥学园女子高中开展起来的，倡导人是该校的林公和大塚笑子两位老师。1993年，《晨读孕育了奇迹》一书出版，介绍了私立船桥学园女子高中的晨读活动概况。1995年，晨读活动上了RF无线日本电台的节目，在当年的4月25日向全日本介绍了晨读活动的具体情况。1997年，晨读促进委员会正式成立，日本的晨读活动有了全国性的组织机构。

晨读在发展过程中，逐步形成了四个原则，这四个原则形成了一种公平自由的读书方式，是其能够在日本各学校推广开来的主要原因。

1. 大家一起读书。通过这种方式，独自一个人不太愿意读书的孩子就会跟着大家一起读。不光是学生们读书，老师也要在学生们读书的时候在场。班主任带领学生们一起读书是晨读成功的第一要素。在学生们晨读的时候举行教师晨会的学校，晨读就很难取得良好的效果。

2. 每天都读书。学生每天都应该晨读10分钟。虽然只有10分钟，但是可以保持学生们的集中力。持续进行这样的活动，确实能够提升其阅读力，进而将阅读转化为习惯。如果每周只是进行一到两次，那么晨读就没有什么成效。

3. 读喜欢的书。晨读的书籍应当是学生们自己选择的，因为是自己选择的图书，所以就会很感兴趣。在找书的过程中，学生们自然就会形成阅读的自主性和独立性。

[①] 主要参考《日本学校的晨读运动》(《图书馆报》，2013年7月9日 A16 版)，作者不详。

4. 读书就够了。晨读的主要目的是为了让学生感受到阅读的乐趣，因此无须让他们写读后感或是做记录。当然也应当避免出现只注重阅读数量而不在意阅读质量的状况。

在坚持每天进行10分钟的晨读活动之后，学生发生了很多变化。很多学校觉得，学生们阅读的兴趣变高，注意力能够集中起来，词汇增多，语言能力增强，上课比较容易接受。甚至，迟到的现象也减少了，生活习惯也发生了变化，能够开始替他人着想了。大塚笑子认为，对于参加晨读的学生个人来讲，他们对待朋友等周围人的态度也会变得更加和善。

（南京邮电大学图书馆蔡思明）

第三篇　高校图书馆阅读推广

借阅政策调整

随着互联网的普及和信息技术的高速发展，人们的阅读习惯发生了改变。纸质图书与电子图书的阅读量呈现此消彼长的局面，高校图书馆纸质图书的借阅量近几年普遍呈下降趋势。如何提高读者对纸质图书的使用率？调整借阅制度成为高校图书馆普遍考虑的问题。

图书馆借阅制度的建立旨在规范读者的借阅行为，提高文献利用率，满足读者的阅读需求。借阅制度突出表现在借阅数量和借阅期限两个方面：借阅数量是指每个读者每次借阅的数量应控制在一定的范围内；借阅期限主要包括借阅时长、续借、预约、超期罚款等相关条款或细节。

一、借阅数量制度

对全国109所"211工程"大学图书馆网站上有关借阅规则的调查[①]显示：本科生平均借阅量为8.30册，借阅量设为5册的图书馆数最多，平均借阅期限为39天，借期为30天的图书馆数最多；研究生平均借阅数为13.37册，借阅数设为10册的图书馆最多，平均借阅期限为55天，借期为60天的图书馆有40所；教师平均借阅量为16.07册，借阅量设15册的图书馆最多，平均借期为59天，借期为60天的图书馆有44所。纵观全国各高校图书馆的图书借阅制度，基本上体现了各高校的特色，没有一个统一的标准。

---

① 刘小谦，何晓阳."211工程"大学图书馆借阅规则现状及分析[J].医学信息，2009，22(6)：853—856.

而国外多数高校图书馆已将借阅数量的限制彻底解除，允许读者不限数量地借阅文献，并配备相应的续借、预约与催还制度，作为实现无限量借阅制度的基础。对比国内外高校图书馆，借阅制度的最大差别在于借阅数量是否有限制。中山大学图书馆推行名为"阅读无止境，外借无限量"的借阅制度，规定自2014年4月23日起，持校园卡借书的读者的外借册数无上限，预约册数无上限。同时，将原有的60天借书期限缩短为30天，可续借一次，续借期限最长为30天。该制度打破了国内限时限量的借阅模式，成为国内首家尝试无限量借阅制度的高校图书馆。

二、借阅超期处理

对于借阅超期行为，超期罚款制度是各高校图书馆普遍采用的管理手段。对于超期罚款的合理性，图书馆界近年来的争论很多，在实施过程中如果处理不当或者解释不清，非但达不到预期的效果，还可能遭到借阅者的质疑，对于催还借阅文献的效果也并不明显。

由于各高校图书馆的藏书量、复本量、藏书结构、工作方式不同，现阶段取消超期罚款也不符合实际。近年来，一项名为"唤醒沉睡的借书证"的活动在高校图书馆界颇为流行。如南京大学图书馆在每年读书节期间都举办唤醒沉睡的借阅卡活动，对所有过期图书免收罚款，旨在使这些读者和图书能重新回到图书馆。此类活动在很大程度上体现了图书馆服务至上的原则，并一定程度上激发了读者的借书和阅读热情。但是，对超期图书实行罚款金额全免政策的次数如果太多，会使部分读者产生免罚期待，不把高校图书馆正常的规章制度放在眼里，这会大大消解高校图书馆超期罚款制度应有的积极意义，也无助于真正唤醒沉睡的借书证。

中山大学图书馆采取借阅规则考试的方式取代以往"一罚了之"的办法，警醒效果好于罚款。根据中山大学图书馆的相关规定，借阅图书逾期在30天以内，读者须温习《图书馆文献资源合理利用规范》等相关管理制度并上网回答测试题30题，图书馆同时恢复图书外借服务；逾期超过30天，不足60天，须答题50题，图书馆在读者借阅逾期天数的二分之一天数之后恢复提供图书外借服务……随着逾期天数增加，答题数量越来越多，"借阅冷却时间"也越来越长。

对于文献超期的催还,根据对美国著名大学图书馆的调研统计[①],美国多所高校图书馆的规则是:如果不催还可以一直使用,如有人预约,图书馆则进行催还,对于催还的书,如果没有按时归还,则罚款金额加倍。我国高校图书馆也可以借鉴这种方式,根据各方面实际情况,对超期罚款设置适度的、合情合理的上限,实现文献利用效率的最大化。

科学、合理的图书借阅制度,一方面可使读者养成借书就读的良好习惯,另一方面会加快图书周转率,提高图书的使用效率。高校图书馆借阅制度调整还可打破传统的读者类型权限区分,不按读者类型划分,体现人人平等的理念。魏素珍[②]提出的几点措施可供参考。

第一,借阅递减、归还递增制度。即图书借阅期限随着图书借阅册数的增加而递减,随着图书归还册数的增加而递增。这项措施可有效促进读者自觉加强对图书的选择性,并及时优先阅读,及时归还,避免反复借还给自身带来的麻烦,从而逐渐培养读者良好的阅读习惯。

第二,图书弹性借期制制度。当有读者需要某册图书并向图书馆提出预约时,馆藏中已经外借出去的该册图书,其借阅期限会自动缩短转而实行弹性借期;催还通知将以约定的形式发送给借阅该书的读者,被催还的图书不能再办理续借;超出弹性借期没有归还的图书,按图书逾期进行相应处置。

第三,不同文献不同借阅期限制度。在文献数量不足的情况下,图书馆可以根据不同文献的需求情况,分别设置不同的借阅期限。对于需求时段非常集中的书籍,如各类考试参考书以及热门文艺类书籍,可以规定借阅期为1周。对长期少有人借阅的文献,可适当放宽借阅期限,以使冷门闲置的图书重现光彩,提高图书利用率。

(武汉大学图书馆周燕妮)

[①] 郑丽君.中美著名大学图书馆读者借阅权限的比较及思考[J].新世纪图书馆,2013(2):66—70.

[②] 魏素珍.高校图书馆借阅制度思考[J].畜牧与饲料科学,2010(11—12):71—72.

阅读认证制度

阅读认证制度，是指学生可以通过完成学校规定的阅读任务获得学分，并且阅读成为毕业认证资格要素之一的制度。作为一种大学教育制度，其基本构成要素包括阅读认证管理规范、阅读认证目标、阅读内容、阅读过程、阅读管理、阅读成果评价、学分认定、毕业资格认证等内容。目前国内外已有多所高校进行了阅读学分制和毕业资格认证制，以下举代表案例供参考借鉴。

一、韩国江原大学毕业资格认证之读书认证制度[①]

韩国江原大学是韩国十大国立重点大学之一，对本科毕业生实行毕业资格认证制度，包括外语认证、计算机认证。在 2001 年，增加了读书认证制度，学生可以自主选择其中一项进行认证，通过即可毕业。韩国江原大学的读书认证的运营，有其配套的规章制度、运营组织，以及明确的职能和任务。

1. 读书认证机构设置和职能。学校成立了读书认证运营委员会，制订了《毕业资格认证再实施管理条例》《读书认证运营规定》《读书部分使用指南》。委员长由图书馆馆长担任，委员由馆长推荐并由校长任命。

2. 读书认证评价和认证标准。参加读书认证的学生要满足最基本的阅读数量标准或参加读书活动，达到规定的积分点数标准并通过评价考试后才能毕业。读书认证等级分为最高等级、卓越等级、优秀等级和一般等级。

3. 读书认证书目推荐与读书指导。书目是根据运营委员会制定的内容确定的，推荐的图书必须保证在 100 种以上，也可适时调整，根据图书的难易程度的不同，得到图书认证评价的积分点数也不同。每年初招生单位的学部（科）长或指导教授应对学生阅读进行指导，学年末应对其读书情况进行确认，保证取得良好的阅读效果。

4. 读书评价程序和读书评价考试。程序如下：进入江源大学主页—学生信息—毕业资格认证管理—读书认证—选择阅读的图书目录—申请评价。回答对

---

① 王慧秋,陈明华,孙志梅.大学生毕业资格读书认证制度及其运营——一种颇有创意的大学生阅读教育促进机制[J].图书馆杂志,2008(11):43—45.

60%以上的题目就可以通过评价,此次未通过评价的学生15日后再申请补考,最终通过所有申请且评价达标者,才能认定为通过读书认证全部评价考试。

二、西南大学读名著拿学分制度①

为全面提升本科教育质量,推进本科教学内涵式发展,加强大学生文化素质教育,将通识教育与专业教育、科学教育与人文教育相结合,促进学生全面发展,2012年9月29日,西南大学颁布了《西南大学本科生阅读名著考核与管理办法(试行)》。该政策规定读名著分为精读和泛读。精读要求学生在所推荐的120本书籍中,在本专业领域以外每个大类选1—2本(种),共计10本(种)书籍进行阅读。每读一本(种)书,要求撰写不少于1 500字的读书笔记或小论文,或创作1 500字以上的文学作品,并参加精读书籍结业考核。泛读指学生在校期间,读完至少30本(种)所推荐本专业领域以外的书籍,读完每本(种)书时,须撰写不少于1 500字的读书笔记或小论文,或创作1 500字以上的文学作品,经所在学院(部)及主管部门审核通过,可以申请领取学校制发的《西南大学名著阅读A级证书》。

三、浙江财经学院读百本书学分认证②

浙江财经学院自1997年开始在全校推行读百本书活动,2001年学校制定了《浙江财经学院学生读百本书活动的实施办法》,自2003年10月1日起从2003级学生开始实行。学校设立读百本书活动督查组,活动的组织协调由宣传部负责,学分管理由教务处落实,各二级学院和学生处、团委应确定一位领导分管学生读百本书工作。全日制学生在校期间原则上须在学校确定的100本必读书和每两年调整一次的参考自选书目中,选择20本为精读书,其中7大类书目中每类至少选择1本,还应根据专业由导师指导推荐一本作为精读书,其余为泛读书。读百本书活动采用100分制,学生在四年中读完所选的20本精读书并撰写8篇读书心得笔记,分值为80分,剩余20分可通过参加读书活动、发表文章、获竞赛奖等多种渠道获得。积分满100分的,获得3个规定学分,作为其毕业的必备条件,学习期满

---

① 刘志忠.西南大学"读名著拿学分"的政策分析[J].教育与考试,2013(1):57—59.

② 李莉.大学阅读教育模式运行中的问题及其完善思路——以浙江财经学院读"百本书"学分认证为例[J].图书馆理论与实践,2012(1):94—96.

未取得该学分的学生不得毕业。 对二级学院每两年进行一次检查评估,每年进行一次抽查。 对成绩显著的二级学院和个人给予表彰,对完不成读书学分而导致不能按时毕业的学生予以通报批评。

四、成都航空职业技术学院图书馆学分制自主阅读选修课[①]

根据高职学生的学习特点及学习习惯,成都航空职业技术学院图书馆在阅读推广的系统构建中,特别设置了基于学分制的约束性阅读推广。 学分制自主阅读选修课程设计遵循"跨专业拓展、尊重学生兴趣、强调自主性"的原则,将课程分为8个子课程,学生可根据自己的专业背景、兴趣爱好选择某个子课程,修完该子课程,即可视为完成大学生自主阅读选修课程学分(2学分)。 自主阅读选修课程的主要运行模式强调学生约束下的自主,以课程学分约束阅读行为,但阅读过程自主,即不安排学生集中学习,具有较强的灵活性,学生可以自主安排学习时间。 在课程运行过程中,还安排指导教师负责现场辅导,辅导主要包括:对学生学习本类课程的学习方法及要求进行指导;对学生在学习中的问题进行答疑;对学生撰写论文给予指导。

阅读认证制度采取半强制性与半鼓励性方式,有利于培养学生阅读和自学习惯的养成,提高图书馆文献的利用率,形成图书馆和大学生共同发展的良好局面。 但在制度确定和具体执行过程中要特别注重阅读过程监管和评价考核,以免出现不认真、走过场等形式化的情况。

(武汉大学图书馆周燕妮)

经典阅读推广策略

经典一般是经过历史选择的、最有价值的书,具有权威性或者典范性,且经久不衰。 阅读经典有助于从传统文化中汲取精神的力量,对于文化传承与人文修养的提高具有重要作用。 大多数高校图书馆都倡导学生阅读经典,部分高校已经实施了较为成熟的经典阅读推广项目,举例如下。

---

① 张勇.试论高职院校图书馆的阅读推广模式——以成都航空职业技术学院图书馆为例[J].大学图书馆学报,2014(2):64—67.

1. 首都师范大学图书馆"我爱经典"读书活动。自 2008 年 5 月开展以来,先后主持成立了四个主题的学习经典读书小组,分别是:"四书五经"、《哲学研究》、"二十四史"、《资本论》。学习经典读书小组引导大学生认真阅读经典原著,采取本人自学和小组集体阅读相结合的形式;制定读书活动的具体计划并定期开展活动,每人定期提交读书心得;跨院系、跨学校的大学生共同参与,使读书活动成为爱好相同的大学生的交流平台;邀请教师参与指导经典阅读,举办学术报告会和读书辅导会等;学科馆员参与读书小组的组织及阅读辅导工作,为大学生阅读学科经典提供深层次服务;图书馆把馆内的研究室提供给读书小组作为固定的活动场所,还在研究室准备了书架和多种经典著作,并随时帮助他们解决各种问题。

2. 南京工业大学本科生经典名著研读计划。从 2013 级开始启动,包含如下具体内容。(1)经典名著推荐书目:特邀院士、长江学者和社会各界名流推荐影响他们一生的重要著作,分为大学之门、思想之魂和学术之旅三个板块。(2)专家学者导读:选拔校内外专家学者担任经典名著导读人,每学期组织一次经典名著推荐会和一次读书心得讲座、交流活动或者答疑活动。(3)图书漂流活动:在食堂、教学楼、宿舍楼等公共场所设置图书漂流台,倡导全校师生员工将自己拥有却不再阅读的书籍,无偿提供给其他书友阅读。(4)设置名著修读学分:本科毕业生在毕业前必须提交 6 篇不少于 2 000 字的读书报告,记 2 学分;学校专门开设"学习在线"网站,专设读书报告板块,让师生们互评打分。

3. 西南交通大学经典悦读活动。2014 年,西南交通大学公布了一份由 96 种经典作品组成的推荐书单,标志该校以图书馆为主导的经典悦读活动正式开启。该校在新生入学通知书中附上此书单,在学校主页专门开辟"经典悦读"专题栏目,面向全校征集读后感。同时,该校将阅读加入学风建设,成为学风建设的重要版块之一,还将阅读纳入交通天下通识教育体系,开设"阅读与欣赏"等课程。

4. 南京大学悦读经典计划。该项目于 2014 年在第九届读书节中推出,由学校组织相关学科的高水平教授,按照经典性、思想性、知识性、前沿性、可读性的遴选标准,初步形成了一份涵盖文学与艺术、历史与文明、哲学与宗教、经济与社会、自然与生命、全球化与领导力六个知识单元的书目清单,而后经过广大师生网络投票,最终选出了 60 种代表南大特色、引领南大阅读文化的基本书目和一百多种拓展书目。为了配合悦读经典计划,图书馆特别设立悦读经典计划图书阅览区，并且单独采购这批经典图书，放置该区域内供读者阅读。同时，还特别将这批经典图书数字化，制作成电子图书数据库，读者可以在线阅读或下载到个人电脑中阅读，甚至还可在电子书阅读器或移动终端上通过扫描二维码下载电子书，随时随地进行阅读。

高校图书馆促进经典阅读，可从以下几个方面实施。

1. 编制一份以大学生阅读为导向的经典阅读书目。图书馆应针对本校学生的学科背景和阅读需求，编制一份涵盖人文科学和自然科学的经典阅读书目进行阅读推广。上述所提到的西南交通大学从2014年起，即面向全校师生推广一份涵盖96种图书的经典阅读书目，该书目全面涵盖了哲学、经济学、法学、文学、理学、医学、管理学、艺术等13个学科门类，所选皆是一般大众耳熟能详的经典书籍。

2. 编印一种以大学生读写为主体的导读性报刊。导读性报刊作为阅读推广的平台，已逐渐被各高校所重视，如南京邮电大学图书馆编印的导读性馆刊《书林驿》，以提升大学生人文素养、建设书香校园和学习型图书馆为办刊宗旨。此类由高校馆所主持编印的导读性报刊，一方面以专题形式为学生推荐好书，另一方面又鼓励学生写下自己的阅读感受和阅读故事，将读者作为刊物的主体，进行引导。

3. 开发一个能够融入大学生日常生活的新媒体阅读平台。高校图书馆所运营的新媒体平台，多成为聚合读者群的有力桥梁，在网络中将读者紧密联系在一起，展现了图书馆的亲民性。因此，高校图书馆应该利用新媒体平台建设网络书香，在和读者互动之余，主动积极地向读者推广经典阅读，引导读者合理地平衡网络阅读和传统阅读。

4. 组建一支包含教师和学生的经典阅读推广团队。阅读推广是一项可持续发展的事业，在拥有图书馆丰富的图书资源和学校优秀的人才资源的同时，关键在于组建一支包含教师和学生的经典阅读推广团队。首先需要若干位对于经典阅读有着一定理论研究和实践经验的老师，能够带动并且指导相关工作；其次需要一批热爱阅读、有着丰富阅读经历和深刻阅读感悟的学生。教师可以从专业的角度对学校进行指导，把握经典阅读推广的大方向，而学生则可以用大学生喜闻乐见的形式将活动推广出去，吸引更多在校师生的关注。

5. 建立一个经典阅读共享空间。阅读共享空间是指围绕某一主题而建立的阅读区域，它打破了传统图书分类、排架的方式，将特定化的图书资源推送给读者，同时在该区域营造一种舒适、温馨的阅读氛围，以促进阅读。高校图书馆可借鉴台湾中兴大学的兴阅坊模式，建立个性化的阅读共享空间，比如可以按照人文科学和自然科学建立不同风格的阅读区域，区域之内，还可设立书架，定期放置特定主题的图书，让读者可以根据自己的兴趣，选择相应的图书。阅读共享空间极具指向性的主题分类，也缓解了读者普遍面临的图书选择迷茫症。

（南京邮电大学图书馆蔡思明）

专业阅读推广策略

纵观各高校图书馆的阅读推广活动，内容多以人文社会科学为主，而缺乏自然科学或各专业的内容。这种阅读状况使得大学生阅读范围太宽泛，而专业基础知识不扎实，专业深入发展后劲不足，难以适应社会需要。高校图书馆的服务对象是在校本专科学生、研究生以及教师，高校图书馆开展阅读推广活动不能停留在浅层次的读书层面，而应该探索开展与学生的专业学习、教师的科研相适应的推广活动。

学科专业阅读推广是指高校图书馆为促进读者对专业文献的阅读而策划开展的服务，包含专业图书、课程参考等阅读资源的提供，以及对学科专业阅读的指导，以帮助读者提高专业阅读能力和学习能力。各专业学生应该阅读什么书？哪些书有助于他们的学业？哪些书能支撑他们的知识结构？哪些书有助于他们心智的发展？哪些书是高校学生的必读书？这些工作需要发展专业阅读推广理念与实践，具体可从以下几个方面开展工作。

1. 学科馆员是专业阅读推广的重要力量。学科馆员在学科服务时，经常需要融入教师的教学、科研过程，深入了解所负责学科师生的阅读需求。学科馆员具有多元化的专业背景，能够利用专业知识指导学生阅读，增加学生的专业知识，提高专业技能。如海南大学图书馆组建学科服务团队，包括学科馆员、学科顾问和研究生学科联络员，建立了一个集科技查新、信息素质教育、联系与沟通、参考咨询、阅读推广为一体的学科服务体系。

2. 教学课堂是专业阅读推广的重要基地。图书馆可深入课堂开展导读，向学生传授专业文献的阅读方法和技巧，帮助学生制定阅读计划，巩固课程所学知识，拓展知识面。如上海交通大学图书馆的专业阅读推广工作与学校各学院的专业课程紧密联系。馆员根据教师课程的教学目标，进行嵌入式阅读内容的跟进，指导学生的学科阅读，依据"学术专著＋学位论文＋核心期刊＋特种文献"原则，将每一学术研究分支独特的学术专著、面向专家学者的推荐书目、掌握最新学术专业动态的信息资源与开放获取资源，以及其他相关文献相互结合，以进行专业阅读内容推荐。

3. 学科平台是专业阅读推广的重要平台。学科平台应成为馆员开展阅读推广、读者交流阅读感想的重要基地，同时读者的阅读需求也能通过网络学科服务平台反馈给馆员。高校图书馆可有效整合专业阅读资源，建立一站式导航系统，方便师生利用与交流。新加坡南洋理工大学图书馆自2008年起鼓励读者对教学科研资料进行深层次阅读，建立学科屋（Subject Rooms）、学科图书馆博客（Subject Library Blogs），定期编制新书目、书评和学科指导，引导读者对专业文献资料进行深层次阅读，这些服务举措有效地促进了读者阅读学科专业资源。

4. 创意活动是专业阅读推广的重要形式。除了传统的书展、征文等方式，还可借助学科服务平台成立专业阅读兴趣小组，开展多种形式的阅读活动，就所读图书和相关资料进行探讨。如上海交通大学图书馆与致远学院的上海交大理科班项目，2014年共同合作设计"书香悠悠，数韵袅袅"专业阅读推广服务计划，通过阅读简单易懂的数学书籍，培养本科生学习数学的兴趣。参与者可自由组队，根据图书馆推荐书目清单（数学思维/能力培养类书目、非专业性书目），以"个体阅读＋团队讨论"形式研读，以小组汇报形式（DV、PPT、演讲等）进行展示，将队员研读过程中的心得与大家分享。

就高职院校而言，其培育目标是高素质技能型人才，图书馆的专业阅读推广可参与到职业技能教育的全过程，提升学生的专业技能。广东省海洋工程职业技术学校图书馆开展以专业学生为对象的特色服务，着力解决专业学生读什么、如何读的两大问题，激发学生对专业知识阅读的兴趣，培养阅读习惯。其经验可供参考。(1) 分专业阅读与课程设置相结合。根据教学内容，特别是专业课程的设置情况，图书馆在专业资料的购置重点和教学辅助、教学内容的拓展上，尽可能地满足学生所学专业的资料需求。(2) 分专业阅读与专业技能相结合。为适应学校双证（毕业证、技能证）制度的新要求，图书馆对全校25个常设专业技能岗位所需资料做了专题研究，配备相关的标准资料，对于缺乏标准的特殊专业，与专业教师共同开发，通过组织技能考核资料专题解读，引导学生借读专业技能资料；与专业科室共同组织专业技能竞赛，通过技能竞赛全面提高学生的专业技能。(3) 分专业阅读与读书沙龙活动相结合。图书馆与专业科室联合举办专业知识沙龙活动，通过互动、游戏、演示、展示等方式，开展别开生面的以专业知识为内容的阅读活动，有效激发学生的专业阅读兴趣。(4) 分专业阅读与网络应用相结合。针对水产养殖专业学生从二年级起就分散到全省各地实习、实践的特点，图书馆与专业老师一起建立了水产养殖专业学生QQ群，及时为学生提供情报资料，加强难点问题的快速解答，并将学生在实践中反馈的专业信息，通过整理编辑成为其他学生的共享资料。(5) 分专业阅读与读者组织相结合。利用阅览管理小组开展分专业图书书展活动，定期开展专业图书信息咨询会、专业新书推荐会等，并通过专业兴趣小组每学期开展三次专业阅读交流会，重点交流学生读者专业阅读体会。

(武汉大学图书馆周燕妮)

数字阅读推广策略

互联网时代科技的进步掀起了一场前所未有的阅读革命，数字阅读成为一种流行的阅读趋势。数字阅读即阅读的数字化，主要具有两方面含义：就阅读对象而言，即内容以数字方式呈现，如网络小说、网页等；就阅读方式而言，即阅读载体区别于实体的纸张，如手机、电脑等。

相比于传统的纸质阅读，数字阅读因内容丰富、互动交流、方便快捷等特点，备受大学生读者的欢迎与喜爱。统计资料表明，当代大学生普遍利用手机、平板、电脑、阅读器等终端进行消遣娱乐与阅读，阅读内容依次以新闻时事、生活休闲、网络小说、报纸杂志为主。对于大学生来说，数字阅读是大学生活里不能缺少的一部分，同时，不可否认的是，大学生数字阅读也存在盲目阅读、猎奇阅读、碎片阅读、快餐阅读、娱乐阅读等弊端，阅读容易流于形式，迷失方向。

数字阅读终究是丰富了读者的阅读体验，又补充了图书馆现有的馆藏资源。如何建立正确的数字阅读指导机制，有效干预大学生读者的数字阅读行为，使其养成良好的数字阅读习惯，成为高校图书馆阅读推广的重要内容。

一、倡导和谐阅读理念

中国阅读学研究会会长、南京大学教授徐雁倡导：在信息社会要有"和谐阅读"的理念，"左书右网，并行不悖；前语后文，流畅对接"，把经典性和人文性、纸本读物与网络阅读协调起来。高校图书馆在引导大学生进行数字阅读时，要保持休闲阅读和经典阅读的平衡。休闲阅读是对新闻信息、网络文学、博客、微博等内容的阅读，缺乏深度且缺乏个性，容易趋向潮流，导致人的精神的平庸化。除了获取实时讯息与休闲娱乐之外，大学生还应该进行经典阅读来提高自身素质，增强专业知识的学习与巩固。

二、充实数字阅读资源

馆藏文献由纸质文献向电子文献发展已是不可逆转的趋势，数字馆藏是目前高校图书馆的馆藏重点，也是未来的主要馆藏。高校图书馆要结合自身特点和读者的阅读倾向，建立合理的数字资源配置体系，保证数字资源馆藏能够充分满足读者的阅读需求。可多引进学习类数据库，如外语、专业、考试、培训、就业等数据库资源，还有海外名校公开课、音乐、电影数据库、艺文图像等数据库资源，以此来培养大学生的媒介鉴赏能力，提高大学生对数字阅读内容的价值判断能力，使更多优秀数字资源走进大学生的视野。

三、创新数字阅读活动

高校图书馆要加强数字阅读网站建设，构建交互式导读平台，实现智能推送、个性化定制、读者聚类等多种形式的数字阅读导读。要积极开展移动阅读推广服务，建设手机移动图书馆，方便读者充分利用碎片化时间，进行有益的阅读，并通过举办手机阅读论坛、与阅读有关的App制作大赛等活动，进一步调动大学生的数字阅读热情。可针对不同专业学生制定个性化的阅读推广计划，挖掘出有创意的、促进图书馆与读者互动交流的、新型的活动形式，如数字资源搜索大赛、音视频制作大赛等。

四、优化数字阅读环境

高校图书馆要挖掘新功能，开辟新的服务方式，丰富服务项目，为读者提供良好的数字阅读环境。要积极完善设施设备，建设信息共享空间和移动图书馆体验区，优化数字阅读空间。如新加坡南洋理工大学早在2008年就设置了配备录音室、触屏影视墙、多屏显示器、电子报纸和课件触屏阅读机等设施的学习共享空间。可采取电子阅读器借阅模式，推动电子图书的阅读，有效提高数字图书馆文献的使用率。如北京大学图书馆2009年引进了手持阅读器，读者持有北京大学的校园卡就可以到图书馆多媒体学习中心借阅图书，除了电子书与网站提供的可供下载的免费资料以外，手持阅读器内还预装了一些参考书可供借阅。要注意的是，对于图书馆是否需要引进这些数字阅读设备，在学界和业内还有很多争议，并不是所有图书馆都适合。高校图书馆须根据实际情况，理性对待，遵循积极主动、循序渐进的原则，综合馆情实际和读者需求，逐步拓展服务领域，同时要注意与电子设备相配套的网络服务建设。

五、完善宣传互动方式

利用一切可能的宣传渠道引导数字阅读，通过强有力的宣传，使大学生读者认识阅读的重要性，体验数字阅读的乐趣。除了各种纸质海报，还可将宣传素材显示在图书馆的电脑桌面、电子屏幕上，让读者随处可见，在无意识中吸收各种信息。还可以开设图书馆微博、微信，广泛利用新媒体渠道与读者实行互动，既可提供给读者交流阅读心得的平台，又可从中了解读者的阅读动机、阅读兴趣，有针对性地进行阅读指导，推送数字阅读内容等。例如高校图书馆可在微博进行数字阅读资源推荐，通过微博转发，引起更多读者的关注和讨论，激起更多读者参与阅读；可设立多个阅读主题的QQ群组，读者可根据自己的兴趣选择加入不同群组，营造优质数字阅读文化氛围。

（武汉大学图书馆周燕妮）

读书节活动实施

所谓读书节，就是通过集中举办一系列与阅读相关的文化活动，搭建图书馆、书与读者之间沟通交流的桥梁，引领读者爱书读书，建设书香校园。读书节体现了高校对大学生阅读的重视程度，是高校阅读推广活动的重要标志，较具代表性的读书节活动有中国矿业大学大学生读书节、南京大学读书节和北京大学读书节等。

中国矿业大学大学生读书节 起始于2002年，每年4月举办，每届为期两个月，由图书馆与校党政办、宣传部、教务处、团委、出版社等近十家单位以及学生会、读书协会等多家学生社团联合主办。每一届都有不同的主题，如"红色经典·中华记忆""华夏古韵·中国梦想""阅读·创新·未来"等。学校成立读书节活动指导委员会,并要求各学院积极举办或承办富有特色的读书活动,做好相关活动的组织与宣传工作。

南京大学读书节 起始于 2006 年,每年 10 月举办,每届为期一周。读书节活动由南京大学图书馆主办,《南京大学报》和校出版社协办。主要活动有:读书征文活动、名家讲座、年度优秀读者评选、唤醒沉睡的借阅卡活动、晒书会等。通过读书节主题活动,向广大读者介绍和推广学校图书馆现有的各种文献资源和服务项目,在全校营造爱读书的氛围,同时也使图书馆围绕学校教学科研的需要提升服务质量。

北京大学生读书节 为北京阅读季的活动内容之一,起始于 2013 年,每年 4—12 月举办,由市教工委、团市委、市新闻出版广电局等单位承办。通过读书讲坛、诵读大赛、阅读社团评选、阅读公益大使海选等系列活动,构建特色书香校园文化。2015 年在第五届书香中国·北京阅读季领导小组指导下成立了北京大学生阅读联盟,该联盟是由首都高校各类阅读社团、阅读爱好者组织自愿联合发起成立的青年阅读组织,以"引导青年阅读,鼓励青年分享"为宗旨,致力于深入开展北京大学生阅读活动,目前已有 60 余所高校 155 家阅读类社团加入。

各高校馆的读书节活动开展得如火如荼,但也存在很多问题,有些举办时间不定,有些活动形式趋同,有些形式化严重,读者参与度与满意度低等。高校图书馆如何成功举办读书节活动,有以下几点经验建议。

一、领导重视,构建长效机制

学校领导的重视、参与和支持,将大大提升读书节活动的影响力,为活动的顺利开展提供有力的组织保障。学校应制定相应的规章制度,成立专门的协调性机构,并在财力上给予支持。如中原工学院自 2009 年首届读书节启动时,就向各直属部门下发了《关于举办中原工学院大学生读书节活动的通知》,表明了学校对读书节的重视和支持,也突出了读书节在学校的重要性。在学校的支持下,读书节活动应归图书馆来组织协调,图书馆须设置专门岗位和馆员,纳入图书馆工作体系,编写阅读推广活动计划,并及时对活动进行总结。学校应给予专项经费支持,以便各项活动顺利开展。

二、多方合作，构建协同机制

图书馆是读书节的主要组织者，但单靠图书馆的一己之力，是难以举办全校性质的读书节活动的。多方支持，明确分工，建立协同合作机制，是办好读书节的必要条件。宣传部、校团委、学工部与图书馆携手共办读书节是一种有效组合。宣传部是校园文化建设的管理者，团委是学生社团的管理部门，学工部是党总支负责学生思想政治教育工作的部门，共同参与读书节的组织工作，可综合多方资源，提高活动的吸引力、影响力。在这四个部门中，图书馆是具体的策划者、协调者和组织者，由四个部门的相关人员组成读书节活动领导团队，由图书馆馆长或分管校长总负责。读书节活动还可邀请学生社团参与合作，使读书节真正成为读者自己的节日。此外，还可积极寻求外部合作，如出版社、数据库公司以及兄弟院校，充分利用一切资源，进一步提高读书节活动的组织能力和举办条件。如中国矿业大学读书节由图书馆与校党政办、宣传部、教务处、团委、出版社等近十家单位以及学生会、读书协会等多家学生社团联合主办。

三、因校制宜，突显本土特色

因校制宜，是指各个高校在举办读书节活动时，要充分结合本校的具体情况进行组织策划，如学校的特色定位、学科优势、学生定位等。每个学校因为层次不同，学生的阅读水平不一，读书节的反响也不同。因而需要针对不同类型的学生需求，开展多层次多样性的阅读活动，这样才能取得阅读推广的最佳效果。如南京中医药大学图书馆第六届读书节举办影视剧中医药找茬活动，图书馆组织学生找寻各类影视剧、广告、书籍中的中医药知识错误，请学校中医学、中药学的专家教授甄别，并配以通俗易懂的文字说明，最后以视频的形式展现出来，体现了校情特色，吸引了众多学生。

四、明确主题，创新内容形式

读书节活动要设立鲜明的主题，快速抓住读者，加深读者印象。主题名称应简洁通俗，积极向上，同时生动形象，易于记忆，如"书香涵泳，润泽心灵""青春作伴好读书""阅读，给我力量""以书筑梦"等。主题确定之后，须围绕该主题进行系列活动策划，目前各高校读书节在活动内容上表现出较强的趋同性，缺少招牌项目，常办但不常新。图书馆在每届读书节活动中，除了保留传统优秀项目，还应根据学校的实际情况、年度的热门话题和大学生的现实需求，推陈出新，创新形式,如立体阅读、真人图书馆、游戏化服务、微数据报告、新媒体推广等。

五、评估总结,积累活动资料

读书节活动不是为了办而办,要让读书节活动真正达到预期目的,开展得有始有终有效,高校图书馆必须及时进行活动总结,分析经验教训,提高活动质量,促进长效发展。可通过调查问卷、座谈会、微博微信等渠道广泛收集读者反馈信息,了解读者对读书节活动的参与度与满意度,尤其要重视读者的批评意见,以使下次的活动做出改进,更具吸引力。同时,要注重汇整历年读书节活动资料,建立读书节专题或专栏网页,发挥集中宣传和推广阅读的作用,经过长期的积淀也可丰富图书馆的阅读文化。如南京大学图书馆在主页设有读书节专栏,详细介绍每年读书节的开展情况。

(武汉大学图书馆周燕妮)

新生季活动实施

对大学新生来说,阅读是他们适应大学新生活、新环境的重要方式。新生季阅读推广活动是培养读者阅读习惯的重要契机,可引导大学生形成正确的阅读观念。高校图书馆要特别注重研究新生的阅读现状和行为特征,探索面向新生的阅读推广服务,激发新生使用图书馆的兴趣,给予他们健康正确的阅读指导。

一、新生专栏指引新生认识图书馆

在信息技术高速发展和互联网广泛应用的大环境下,图书馆网站成为新生认识图书馆最直接、最便捷的重要平台。针对新生这一特殊群体,高校图书馆可在网站上开辟新生专栏,一站式展示图书馆的资源、服务、活动等信息。如清华大学图书馆新生专栏分为初识图书馆、了解图书馆、利用图书馆和爱上图书馆四个栏目,采用了大量的视频宣传短片,集趣味性和益智性为一体。武汉大学图书馆新生专栏以图书馆的卡通形象小布为主角,其自主开发的《拯救小布》新生在线通关游戏,将图书馆的知识融入游戏,倡导探索性、主动性学习方法。

高校图书馆在开发新生专栏时,可遵循以下设计策略。(1)栏目内容要简明扼要,层次清晰。即推介图书馆最基本的、读者最急需的信息,指导新生顺利使用图书馆的资源与服务,并及时帮助他们解决遇到的难题。(2)艺术设计要特色鲜明，兼具知识性、美观性与趣味性。设计风格要站在90后大学新生角度，突显校园生活气息，吸引新生主动阅读。(3) 表现形式要丰富多彩，动静结合。线上平台宜综合采用文字、图片、幻灯片、视频、电子书等多种新生喜闻乐见的表现形式，才能充分发挥其作用。同时要不断创新，增强线上互动，如引入游戏闯关环节、开发图书馆虚拟导航平台、在线机器人问答等，增强新生的参与性。

二、推荐书目引领新生阅读方向

新生经历高考进入大学，有更多时间读书，但面对海量的馆藏文献资源，他们常会感到茫然和不知所措。图书馆可把握住新生刚入校这个宝贵时机，帮助他们"理清阅读的脉络，明确阅读的目的，选择阅读的对象"。《大学图书馆学报》副主编王波①认为新生教育推荐书目是一个体系，应该包括三种类型。

第一类是校史校情书目，这类书目应包括介绍学校历史、建筑和景观发展、校园生活的书，以及具有广泛影响的本校历代名师的经典著作。这些方面的书籍推荐给新生，将加深他们对学校的感情，帮助他们更好地融入学校。

第二类是综合素质教育书目，素质教育书目是新生阅读推广中最常用的书目。20世纪以来，不少文化名人和教育机构或被动或主动地为青年的素质教育开列过推荐书目，具有代表性的有：梁启超开列的《最低限度之必读书目》(30种)，胡适开列的《实在的最低限度的书目》(50种)，北京大学1998年推出的《北京大学学生应读书目》(30种)，清华大学1997年开列的供本科生试用的《清华大学学生应读书目（人文部分）》(85种)，王余光、邓咏秋编著的《名著的选择》中的《中国名著排行榜》和《外国名著排行榜》两份集大成的推荐书目。

第三类是心理健康教育书目。在着重提高科学文化素质的推荐书目之外，还应该补充专门强化心理素质、维护心理健康的书目。在此我们推荐中国图书馆学会阅读与心理健康分委员会推出的《面向大学生的常见心理困扰对症书目》。

要注意的是，心理健康教育书目的开列是建立在每个人多多少少都有一些心理困扰的前提下，因此不宜在每年九月喜气洋洋的开学季推出。面向新生的推荐书目应以校史校情书目打前阵，以综合素质教育书目作中军，以心理健康教育书目为补充，循序渐进，多层次、多方位地提升学生的素质。

---

① 王波.高校图书馆阅读推广中的新生教育书目[J].图书情报研究,2015(2):3—15.

三、文化活动吸引新生体验阅读

1. 参观图书馆活动。如武汉大学图书馆 2015 年针对新生举办了"和图书馆的第一次约会"活动。活动分为两部分：一是自助式参观，在馆内多个区域设置参观标识牌，扫描二维码即可获知该区域的详细介绍，新生可根据自己的喜好掌握时间及路线；二是引导式参观，由图书馆工作人员或学生志愿者带领新生参观。参观图书馆的同时，新生关注图书馆微博、微信即可领取新生见面礼，晒照片互动则有机会获得更多礼品。温馨而有趣的活动给新生留下了良好的第一印象，学生在这样的环境中学习成长也让家长更加放心。

2. 书山寻宝活动。为增加新生导读服务的趣味性，高校图书馆可设计多种书山寻宝活动。如广西大学图书馆的"Reading Man 疯狂读书日"，选手可以通过检索找到带着线索的书目。被淘汰者只要在几十本书中找到规定的句子，则可以复活继续参赛。一方面使新生在"寻宝"过程中逐渐熟悉图书馆，学会使用图书馆；另一方面通过题卡的巧妙设计，寓教于乐，引导新生在游戏过程中发现好书，阅读好书。

3. 新生共读活动。高校图书馆在开列推荐书目之外，还可实行一校一书活动，如美国高校普遍开展的新生共同阅读计划①。在每年新生正式入学前的暑期，学校给新生指定一本阅读书目，要求新生在暑期阅读并思考，新生入校后，学校将围绕这本书展开一系列的活动。如美国古斯塔夫阿道夫学院（Gustavus Adolphus College）从 2000 年开始，就要求即将入学的一年级新生阅读和讨论同一本书，由教职员工和学生组成的委员会入学前就选出共同阅读的书目，要求新生在入学前的暑假阅读，并在入学后第一年的新生定向体验活动中讨论；在接下来的秋季学期，学生将见到这本书的作者。

为吸引广大新生读者参与到阅读活动中来，高校图书馆还可以举办读者感兴趣的专家讲座、读者沙龙、影视放映、诗歌朗诵、话剧表演、真人图书等文化活动。多种阅读形式融为一体，可形成全方位的立体阅读框架，开阔学生的阅读视野，提高学生的阅读能力和阅读品味，培养学生健康积极的人文素养。

（武汉大学图书馆周燕妮）

---

① 吕雪梅.美国高校"新生共同阅读计划"及其启示[J].图书馆建设,2014(12):66—70.

毕业季活动实施

毕业季是收获的时刻,也是道别的时刻,伴随着校园内丰富多彩的毕业活动,作为文化建设中心的图书馆也日渐意识到开展毕业季活动的重要价值与意义。洪跃等[①]对"211 工程"高校图书馆的毕业季活动类型和内容进行调研,总结为以下十类:(1)毕业离校手续与研究生论文提交;(2)图书捐赠与漂流活动;(3)毕业寄语;(4)校友服务;(5)毕业成果征集、展览活动;(6)毕业专题导读书目和影视视频展播;(7)借阅历史打印服务;(8)纪念品募集封存;(9)留念品赠送;(10)其他服务,如为毕业生拍摄有图书馆元素的毕业照等。综观近年来高校图书馆毕业季主题活动,可谓五花八门,各有千秋。其中颇具特色的活动案例如下。

1. 厦门大学图书馆的"圕·时光"。厦门大学图书馆在 2013 年为毕业生送上了一份毕业礼物——圕·时光。他们充分挖掘读者数据,将毕业生大学时代的第一次到馆时间、第一本借阅的图书、进馆次数、借阅量、毕业论文题目等信息串联起来,以讲故事的形式展现出来,共分五个部分:缘起、初恋、故事、书单、告别。这份犹如画册的阅读清单以贺卡的形式展示,配以含有厦大元素的标志性校园场景、凤凰花等手绘风格的背景,用文艺范中带点温馨感觉的文字基调,来回顾毕业生在图书馆中的阅读故事,深受毕业生的喜爱和热捧。

2. 重庆大学图书馆"存储"学生在校记忆。重庆大学图书馆于 2013 年启动了"到图书馆封存逝去的青春——存储你的重大记忆"收藏计划,向毕业生收集手稿(信件、日记、读书笔记)、图稿原件、照片、试卷、奖状、证书、聘书、学生证以及在重庆大学就读期间值得记忆的小物品等。封存年限有即时公开、5 年、10 年 3 种选择。在封存期内,学生本人可随时回校查阅。过了封存期,这些东西将成为重庆大学图书馆特色馆藏物品,供校内外的读者查阅。重庆大学毕业的校友也可以将需要存储的记忆邮寄回校,或者委托老师朋友帮忙存档。

3. 南京师范大学图书馆"荣誉借阅证"。从 2011 年起,南京师范大学图书馆

---

① 洪跃,穆向阳.基于"211"高校图书馆毕业季主题活动的调研与思考[J].图书馆学研究,2014(19):79—84.

在每年毕业季都会根据读者利用图书馆以及遵守图书馆规章制度等方面情况，评选出 100 名优秀读者，为其颁发荣誉借阅证，有效期为从激活当日起一年，可阅览图书馆资源。此活动深受读者好评，它不仅给毕业生留下永久纪念，还为校园营造了多读书的氛围，同时激励了在校大学生争做文明读者。高校图书馆应尽量对社会开放已经成为社会所需，对毕业生开展校友服务成为一些高校图书馆毕业季活动内容之一。除发放校友荣誉借阅证外，能够为毕业生提供校外访问图书馆数字化资源服务，更具有吸引力。如清华大学图书馆就授权所有毕业生仍可以免费使用书香清华数据库里的 10 万种免费正版电子图书。

4. 北京大学图书馆"学子推荐"。2011 年，北京大学图书馆毕业季系列活动中首次推出学子推荐，邀请学生在展板上写下触动过自己的图书和电影，并附上简短的推荐理由。该活动为学生搭建了一个分享知识的平台，成为毕业季活动中的亮点，得到了读者的积极响应。在活动后期，北大图书馆还共享了该次推荐活动的成果，为这些作品配上了图片和详细说明，并在《图书馆视界（毕业生专刊）》中呈现给全校师生。该项活动能帮助学弟学妹发现更多的好书和好电影，促进图书馆馆藏资源的发掘与利用。

毕业季主题活动带来了一股书香雅韵的文化气息，正在成为高校图书馆阅读推广的一种重要形式。高校图书馆要成功打造毕业季活动，可遵循以下策略。

1. 打造毕业季品牌，实行常态发展。高校图书馆是校园文化的重要阵地和重要载体，更是引领校园文化健康发展的生力军和领头羊。毕业季主题活动不是一项独立的工作，而是校园文化建设的重要组成部分，与新生入学季、读书节活动共同构成高校图书馆阅读推广的品牌，须坚持年年做，年年出新意，发挥品牌效应。在图书馆主页中可设立毕业季专栏，整合与毕业生相关的所有资源、服务和毕业季相关活动内容，并将历届活动内容进行汇总保留。还可设计毕业季专有 logo 或吉祥物，以及系列文创产品（如明信片、马克杯、文化衫等），形成毕业季品牌标识。如武汉大学图书馆在毕业季专门推出卡通形象小布头戴博士帽的毕业造型，并设计系列卡片，寄语毕业生"行走千万里，留一处书香"。品牌的打造不是一蹴而就的，需要长期的积累与沉淀，要不断回顾和总结分析，为下一届毕业季活动提出改进建议。

2. 把握毕业生主题，紧扣时代旋律。毕业季活动面对的是毕业生群体，是一群即将离开校园的年轻人,他们对校园满怀留恋,对未来充满希望,抓住青春与时代的主题,才能引起共鸣。如北京师范大学图书馆在2013年毕业季主题活动中,结合当年的热门电影《致青春》,精心设计了以"致那些书香为伴的BNU年华"为主题的书名串烧版寄语:"《大学》的《流金岁月》似《美的历程》,《一路走来一路读》;《谁的青春不迷茫》!无论《你往何处去》,唯愿《正能量》《和你在一起》……"为毕业生送上一份温情而有爱的祝福。他们还围绕这一主题,设计了实体和网络毕业寄语墙、借阅历史证书、青春励志电影、图书捐赠与基金认捐等活动。系列活动抓住了青春、留恋、成长、奋斗内涵,让毕业生感到温馨与鼓舞。

3. 技术与设计结合,助力活动创新。毕业季活动要做出创意,需要先进的技术与巧妙的设计相结合。特别是大数据时代,要满足毕业生的个性化需求,如借阅历史清单等服务,必须依靠多种技术手段才能实现。厦门大学图书馆的圕·时光毕业活动,使用了Html、JavaScript脚本、CSS技术以及与OPAC的链接技术。同时,毕业季主题活动也是充满情感与文化气息的活动,精心设计的文案与纯美动人的图片也是保障活动顺利开展的关键,尤其是体现学校风貌与热点的设计更能打动人心。

(武汉大学图书馆周燕妮)

阅读推广报刊实践

在全民阅读推广大潮中应运而生的高校阅读推广报刊,侧重于培育学生阅读情意、烘托校园阅读氛围以及好书名著的导读,在编刊理念和内容建设上既有共通之处,也各具特色。下面简介其中具有代表性的五种高校阅读推广报刊。

1.《书乐园》,季刊,东南大学图书馆2009年创办。该刊提供了一个集电子版(有声)、纸质版、网络版于一体的阅读推广平台,每期选题由阅读推广专家与学生社团代表组成的编委会确定,制定推荐书目,提供电子书下载。

2.《阅读疗法工作通讯》,河北联合大学图书馆2010年10月创办,是我国第一种阅读疗法刊物。该刊提供网络版和印刷版两种形式,以"书籍滋养心灵,阅读启迪人生"为宗旨,栏目有《阅疗视窗》《新闻快讯》《心书推荐》《悦读育心》《成功案例》《协会天地》《知识讲堂》等。

3.《书林驿》,季刊,南京邮电大学图书馆 2013 年 10 月试刊,2014 年 1 月正式创刊,设有《书林杂谈吧》《驿站导读榜》《好书漂流舫》《学海悦读坊》和《驿缘文化站》五个栏目。该刊融合阅读文化和邮电文化,突显南京邮电大学的校园文化特色。

4.《文华书潮》,季刊,武汉大学图书馆 2014 年 4 月创办。刊名"文华"二字源于武昌文华图书馆学专科学校,"书潮"二字寓意鼓荡社会的读书风潮。该刊旨在向本校学生推广阅读,营造书香校园,同时以开放姿态和包容精神面向社会大众,引导社会阅读风气。该刊设有《开卷》《专稿》《书评》《书史》《书语》《书架》《圕讯》等栏目,尤其重视挖掘本校及武汉地区的文人学者与文化资源。

5.《中原书廊》,季刊,中原工学院图书馆 2014 年创办,是中原工学院阅读学课程的教学指导园地。办刊宗旨为"好书传文明,阅读向未来",主要栏目有《书笺专递》《锦言嘉行》《书山观景》《师长书情》《书生意气》《书海串珠》《阅读学堂》《书事剪影》等。

下面以南京邮电大学图书馆《书林驿》为例,介绍高校图书馆阅读推广报刊的运营策略。

第一,明确理念。办刊理念决定着高校阅读推广报刊的走向和风格,高校阅读推广报刊的办刊理念不能偏离"阅读",否则会失去"初心"。《书林驿》创办时明确规定"营造科技与人文并存的校园文化氛围"。为引领书香校园建设,南京邮电大学图书馆以《书林驿》为核心,搭建了一年三季的阅读推广平台。每年 3—4 月,开展以提升大学生人文素养为主题,以馆员书评为重点的校庆季系列"共鸣"活动,通过《书林驿》交流阅读感悟,使其成为激发学生思想共鸣的书香园地。每年 5—6 月,开展以高年级学生为主体,以相互推荐好书为重点的毕业季系列"共荐"活动,通过《书林驿》传播书香,使其成为深受毕业生喜欢的书香礼品。每年 9—10 月,开展以低年级学生为主体,以全校共读一本书为重点的入学季系列"共读"活动,以《书林驿》微信平台搭建"微书评"阵地。

第二,打造特色。要在读者和同行中赢得口碑,高校图书馆阅读推广报刊必须办出特色。《书林驿》团队结合本校的邮电文化,每期选择一张与阅读有关的邮票,将其置于封底,独辟蹊径地从阅读角度赏读邮票。该特色还充分体现在刊名以及封面设计中,刊名将"驿"融于其中,而在封面,一本打开的书中,徐徐驶来一辆邮驿马车，暗含"带一本书去旅行"之意。

第三，强化原创。 高校图书馆的最大优势在于拥有知识背景丰富、学识水平较高的师生群体。基于学科背景多样化，读者阅读兴趣呈现多样化的特点，《书林驿》团队加强原创性，积极联系校内文学社团，邀请学生参与编辑，了解学生阅读需求，鼓励学生投稿，针对大学生开设《学海悦读坊》栏目，以记录大学生成长过程中的阅读故事。 针对南京邮电大学以理工科为主，学生人文素养较为匮乏的现状，在书目推荐上适当增加人文阅读比重，用书评、主题书目等形式，由浅入深地带领读者从教科书、网络小说中走出来。《书林驿》与几百家图书馆、民间书友等建立了交换关系，他们也是重要的读者群，为此，特设《书林杂谈吧》栏目，刊载与阅读有关的书人、书事。

第四，编读互动。 高校图书馆阅读推广报刊的读者群较大，优、缺点都容易在以班级为单位的群体中传播，口碑非常重要。 编者应开展互动活动，和读者交流，了解需求和不足。《书林驿》创刊以来，通过各种渠道征集读者意见。 针对读者反映的试刊号《驿站导读榜》栏目中所荐之书无小说类图书的情况，开始有侧重点地覆盖多类型图书，以满足不同读者的阅读需求。 再如，针对试刊号《学友荐书录》栏目中所荐之书的无序排列，从第二期起进行主题性的专题书目推荐。

第五，创新推广。 高校阅读推广报刊承担着向读者推广好书、提高其阅读能力的责任，必须创新推广方式，扩大读者覆盖面。《书林驿》纸本刊每期印量仅1 000册，很难满足校内所有师生的阅读需求，故制作PDF版，上传于图书馆主页和移动图书馆客户端。 2014年9月，南邮书林驿微信公众号开通。 公众号依托《书林驿》纸本，每周精选好文发布，分享最新阅读活动、阅读资讯、阅读方法指南、书目推荐、书评等，并开办线上阅读活动。 比如，2015年3月开展随手拍书香男神/女神活动，通过读者的眼睛和镜头，捕捉校园爱读书的身影。 以南邮书林驿作为照片征集平台，不定期发布，让网友参与投票选出每期最喜爱的照片，活动影响巨大。 通过创新推广，目前"书林驿"不仅是校园阅读报刊，更是南京邮电大学的阅读品牌。

阅读推广报刊的作用在于不局限于某一类别图书的阅读指导，倡导的是自主阅读，满足不同学科背景、不同阅读兴趣的读者需求，鼓励读者多阅读非专业图书，弥补的正是通识教育中知识结构不平衡的局限。 所以，高校图书馆阅读推广报刊应面向学生开设专门栏目，一方面分专题向学生推荐好书，另一方面又鼓励学生写下自己的阅读感受和阅读故事。高校图书馆阅读推广报刊不是临时性的阅读推广手段，而是长期性的校园阅读推广工具，以"润物细无声"的身姿促进校园阅读。

（南京邮电大学图书馆蔡思明）

校园读书会组建

随着高校阅读推广活动的广泛开展，读书会作为一种注重成员之间交流互动，且组织规模小巧、活动形式灵活、活动频率较高、活动成本相对低廉的团体阅读形式，成为校园阅读推广的重要实践形式之一。

2014年8月，中国图书馆学会首次评出了10个图书馆书友会优秀案例，获得一等奖的五个案例中有两个是高校图书馆案例，可见读书会在高校阅读推广中所发挥的重要作用已经引起了广泛的关注和认可。在组建校园读书会组织时，须注意以下内容。

一、组建模式

读书会的组建通常有三种方式：学生自发组建、教师牵头组建和图书馆牵头组建。学生自发组建的典型有华中农业大学湖畔读书会、中南大学行知读书会等，这类读书会的优点是开展活动较自由，主动性较强，但是核心成员换届时往往会面临断层的危机。教师牵头组建的典型有南京大学新闻传播学院读书会、中国人民大学兰台读书会等，牵头教师往往在读书会中扮演核心角色，读书会的质量有所保证，也可以较好地保持读书会的持续性。

图书馆牵头组建的读书会又可细分为两种模式：一种是图书馆发起成立并自行运作的读书会，例如华中科技大学图书馆读书会、天津财经大学图书馆思扬读书会等；另一种是学生自主管理运作的读书会社团，但把图书馆作为主管或指导单位，例如合肥工业大学春风读书会、南阳师范学院绿茵读书会等。图书馆牵头组建的读书会，因为有图书馆的人员、书籍、设备、场所等丰富而稳定的资源作为后盾，生命力比较强大，持续性较强。

二、规模控制

读书会的特点和优势就在于它能够满足成员之间面对面交流、讨论的需求，为保证成员之间的充分互动，读书会的成员不宜过多，5—10人是比较理想的规模。台湾地区高校一般都将读书会成员的人数设定为2—20人，规模适宜，成员固定，利于活动的组织和讨论的有效进行。目前在大陆地区，很多组织者对读书会规模的认识还存在误区。尤其是不少高校图书馆牵头组建的读书会，简单地把读书会办成读者协会模式，以入会人数多为荣。在这种模式下，读书会的功能往往被过度泛化，不能保证良好的活动效果。

三、主题选择

按阅读内容和目的划分，读书会主要有三种类型：专业型读书会、兴趣型读书会、社团型读书会。专业型读书会通常有较明确、系统的书单，参与对象相对固定，人数规模也比较小；兴趣型读书会大多是学生自发组织的，主要是为了思想交流和结交朋友，这类读书会研读的书单并不确定，参与者依兴趣自由参加；社团型读书会实质上是一种学生社团组织，由学校团委领导，有些由图书馆指导，在成员内部或全校范围内发起阅读相关活动。这类读书会的主要目的是营造校园阅读风气，同时培养社团成员的阅读能力。

对于这三种类型的读书会，制定阅读和讨论主题时要有不同的导向。专业型读书会适宜在读书会老师的指导下拟定选题，选题须有一定的深度，又要考虑到读书会成员的知识层次和接受能力；兴趣型读书会以兴趣聚集成员，因此要尤其注重读书会成员对每个备选主题的感兴趣程度；社团型读书会则适宜阅读经典书目、畅销书目，探讨社会热门话题等。

四、活动方式

读书会的活动形式灵活多样，但不论采取何种活动形式，最重要的一点是要保证成员间自由、平等的思想交流与碰撞，尽量引导成员各抒己见。目前我国大陆地区高校一些大型读书会往往将活动办成专家讲座，听众多达数百人，读书会成了台上专家一言堂，几乎完全主导读书会的话语权，这种形式偏离了读书会的初衷。

根据活动所围绕的主题、书籍、影音等资源，以及读书会成员的参与方式差异，读书会通常采用的活动方式有主讲＋主题讨论式、书籍分享＋讨论式、指定书目共读＋讨论式、影视欣赏＋讨论式、主题论辩式等。除此之外，有条件的话，还可以邀请著名的专家、作家等，开办讲座、作者见面会、读者沙龙等。

五、线上线下相结合

在 web2.0 的网络环境下，时空已经不再是阻碍人们交流对话的制约因素。目前可作为读书会线上交流分享的渠道众多，主要有 QQ 群、微信公众平台、新浪微博、新浪博客、百度贴吧等，校园读书成员可以在这些网络平台上进行实时的交流与分享，还可以创办读书会电子刊物，面向更广阔的受众宣传读书会。例如，在豆瓣网上生命力较强的校园读书会组织，一般都会有比较活跃的线上讨论，会及时发布每一期的线下读书会活动信息等。很多高校读书会创建的微信公众平台，都会提前发布下一期读书会信息，及时展示往期读书会活动风采，这有效拓展了读书会的影响力。但是，网络的环境并不能完全取代传统的交流需要，人与人之间更需要面对面的交流。因此线上线下活动须结合起来，形成合力。

六、反馈机制

建立健全读书会反馈机制，有利于及时修正读书会活动中不适宜的举措，完善读书会体制，检验读书会的活动成效。台湾地区各高校就非常注重通过反馈来检验读书会活动的推广成效，并调整和改进推广计划。反馈途径主要有 3 种。（1）专业人员直接评估。学校读书会推广部门会不定期派专门人员前往各读书会活动现场巡视，及时发现问题。（2）客观成绩的间接反馈。例如，义守大学针对课程学习主题读书会设置的成绩对照表和针对能力检定或官方考试主题设置的检定考试表，通过读书会成员课程成绩进步率或者资格证书考试通过率等来检验读书会成效。（3）读书会成员的反馈意见。通过向读书会成员发放满意度问卷调查表、自评表、成果报告等材料，收集读书会成员的意见与建议。

（南京大学信息管理学院王萍）

文化讲座设计

邀请名人专家做专题讲座是高校图书馆开展阅读推广的主要形式之一。高校依靠校内外广博的高水平人才资源，在组织名人讲座方面大有优势。尽管如此，要打造品牌讲座，保持讲座质量的高水平，使其常规、延续性地开办下去，亦需要多方组织和策划。在此方面，南京大学图书馆、南京师范大学图书馆以及北京科技大学图书馆所举办的专题讲座值得推介。

一、南京大学图书馆名人讲座

名人讲座是每年南京大学读书节的重头戏,所邀请的专家、学者来自各行各业,主题涉及历史、文学、经济、社会、地理、管理等各学科。该讲座有以下几个特点。(1) 持续性。从 2006 年第一届读书节开始,十年来,讲座一直延续下来。(2) 品牌性。依托南京大学读书节的大氛围,在每年相对固定的时间,使其具有节庆效应。(3) 主题性。讲座聚焦阅读,侧重于分享阅读心得。从十年来所开展的 43 场讲座来看,直接涉及阅读有 18 场。例如,在 2006 年第一届读书节中,中科院院士、南京大学超导电子学研究所所长吴培亨教授做了题为《读读读,书中自有……》的讲座;2008 年第三届读书节中,中国当代著名画家陈丹青先生做了以《分享我的阅读人生》为主题的讲座;2015 年第十届读书节中,南京大学文学院莫砺锋教授做了题为《让我们走近经典》的讲座;等等。这些专家虽然来自不同专业领域,但是在阅读这个没有界限的话题上,都有各自的心得体会,让不同学科的学生都能直观感受到阅读的魅力,这也正是讲座的独特之处。

二、南京师范大学图书馆敬文讲坛

南京师范大学图书馆于 2006 年 11 月开设敬文讲坛,其目的是提高学生综合文化素养,丰富校园文化。据敬文讲坛官方网站上的介绍,截止到 2014 年 6 月,该讲坛已开展了 165 期。它是一个通识性文化知识传播的平台,注重通俗性、实用性、学术性,旨在普及文化常识,享受智慧人生,让不同学术领域的专家学者为更多的师生服务,搭建专家学者与学生交流的新平台,构建学生获取知识、信息的新渠道。在内容选择上,讲坛以置入现代文化语境、与社会热点挂钩、贴近学生兴趣、有一定学术性的讲座为主。它以专题讲座的形式,形成系列,注重知识结构的合理性和科学性,给予各个学科读者完整的知识享受。

三、北京科技大学图书馆摇篮书苑讲坛

北京科技大学图书馆设立摇篮书苑讲坛,讲座分为如下三个系列。(1) 主题讲座。每年设立一个主题,邀请专家围绕该主题进行讲座,例如:2011 年主题为"读书,快乐,人生";2012 年主题为"赏读精品,回味历史,情系摇篮,丰富人生";2013 年主题为"发现你的文艺细胞";2014 年主题为"博览群书,微信达人"。(2) 作家讲座。邀请作家携著作做客讲坛,在对话中,让读者体验阅读精髓,例如 2014 年举办过"对话姚嫌:相遇姚嫌,不止是相遇"等多场作家讲座。

（3）专题讲座。邀请各学科的权威学者，为读者传授专业性知识，内容涉及多方面，如刘岠渭《古典音乐欣赏》、黄钢汉《老子的科学智慧——快乐人生的一盏明灯》、苗东升《从世界系统的形成与演变看甲午》等。三个系列的讲座，既满足读者提升知识素养、增长见识的生活旨趣，也帮助他们增长专业知识，助力科研学习。为更好地利用讲座资源，该馆制作了讲坛视频库，便于读者在讲座之后自由访问学习。

承担着教育职责的高校图书馆，开展面向读者的大众讲座，是服务通识教育的有效方式。读者全凭自身兴趣，不用受学分、课业等因素的制约，进行自主知识扩展，从而达到较好的教育成效。而从以上案例可知，要使讲座达到较好的效果，须把握以下几点。（1）读者本位，内容至上。无论什么性质的讲座，其内容是核心，因此高校图书馆应从本校读者群的知识面以及兴趣点出发进行策划，确保从内容上吸引读者。（2）多方合作，注重宣传。讲座的氛围以及听众的多少，直接影响着讲者的现场发挥效果，以及听众积极性的带动。可想而知，一场听众寥寥无几的讲座，对于讲者和听者而言，都是索然无味的。因此，图书馆要善于利用校内优势资源，与团委、宣传部、教务处以及各院系多方合作，打理宣传，打造严肃活泼的氛围。（3）资源共享，讲求联动。每场讲座不仅要有前期的准备，后期的储备工作也十分重要。为了更好地发挥讲座效果，图书馆可以和每位讲者保持后续联系，对其演讲内容进行文字、视频的整理与保存工作，利用校内多方媒体，进行后续宣传。而对前来听讲座的学生，可以从听众的角度进行跟踪服务和采访，以挖掘讲座所起到的教育效应。

（南京邮电大学图书馆蔡思明）

好书书目编写与推广

对于以读书求知为天职却又缺乏辨别能力的学生而言，在书林学海中容易迷失方向，高校图书馆务必借助好书书目来为学生群体输送"养料"。校园好书书目是在综合各类书目的基础之上，结合校园阅读推广特性和学生群体阅读特点编制而成的书目，旨在为学生群体选择有益的，适合其程度、性情、理想和兴趣的图书，可为学生群体指引阅读方向，促使其了解图书典籍的状况，明晓读书门径。

科学的高校图书馆好书书目应该包括三大部分：经典阅读书目、教授推荐书目、年度好书书目。以上三部分组合成一份高校好书推荐书目，是基于中国目前教育现状，高校学生阅读情况，以及经典阅读书目、教授推荐书目、年度好书书目的特点来考量，是较具普适性的书单。

经典阅读书目收录的是经历了岁月洗涤，大浪淘沙之中流传下来的传世之作，其内容必然经得起检验，且在不同时期和社会背景之下能产生不一样的阅读效应。值得推荐的经典阅读书目有：《经典常谈》里的传统文化典籍推荐书目、《国学名著200种》里的国学代表名著推荐书目、"百年百种优秀中国文学图书"书目（1900—1999）里的优秀推荐书目、《影响中国历史的三十本书》里的推荐书目等。

高校学术氛围浓厚，大师鸿儒荟萃，这部分高级知识分子的阅读书单，一般包含专业书籍推荐和阅读兴趣推荐，前者可对学生专业学习起到指导作用，后者在挖掘和传播其读书经验的基础上，不仅对青年读者看什么书大有益处，对提高青年人的文化素质也是大有帮助的。此类书目有《北京大学教授推荐我最喜爱的书》里的《名家最爱》书目、《博导书榜：影响中国社会科学院博导的五种书》里的推荐书目等。

年度好书是经由出版社、书评人、专家、学者、读者联合评选出的年度优秀出版物，一般涵盖历史、文学、经济、政治等各个领域，可以让高校学生了解新出书籍中的好书，紧跟时代发展步伐，避免在书林中迷失方向，如"2014—2015阅读年度校园读物推广好书榜"等。

校园好书目拟定之后，高校图书馆结合校园好书书目进行阅读推广的途径有以下几种：

1. 加强对书目内容的宣传力度。须采取线下宣传与线上宣传相结合的模式，兼顾校园内各海报宣传栏和网上各校园媒体平台。对于推荐的读物，要做好一系列的设计，从图案背景到文字内容，每个细节都要经过周密的设计和部署，用新颖、醒目的界面吸引学生关注并进行阅读。

2. 设立校园好书书目展架。设立展架是推广书目的普遍形式之一，但笼统地设立一个大展架展出推荐书目的形式，过于死板，实效性也不够，故而图书馆可以将校园好书书目拆分，分批次依此推出。有院系资料室的学校，还可根据院系情况，集结资料室所藏相应地推荐书目专架陈列。

3. 开展书评、微书评征文比赛。 单纯的阅读，不如阅读并思考的效果显著，图书馆通过举办书评、微书评比赛，促进学生群体将对书籍的感想和思考记录下来，与其他人共享。 信息化程度较高的学校，更可以在校园 BBS、图书馆微信公众号中开放公共讨论群组，鼓励学生展开讨论，交流读书意见。

4. 展开专题讲座、影视欣赏等形式多样、内容丰富的阅读推广活动。 阅读是一种提升，学生间交流是一种提升，这些提升如果能得到专家、名家或者学者的点拨，必然能达到另一种高度，所以图书馆可邀请图书作者，或者相关领域的专家进行专题系列讲座。 或播放由原著改编的电影，促进学生群体经由电影回到原著，领略原著之美。

（杭州图书馆聂凌睿）

阅读疗愈活动实施

阅读对人的身心健康能够产生有益的影响，对塑造人的性格起着重要作用，已是古今中外文人学者普遍赞同和推广的理念。 所谓阅读疗法，本意是指以书籍为媒介，将读书作为保健、养生以及辅助治疗疾病的手段，使读者本人或导读者指导他人，通过对书籍中信息内容的针对性接受、理解和领悟，调理精神病态、恢复身心健康的一种方法，也称为图书疗法或书目疗法等。 高等院校在传道、授业、解惑的同时，也对大学生进行一定程度的心理干预，精神卫生亦是书香校园建设的题中应有之义。 高校图书馆发挥第二课堂之效用，借助阅读疗法科学原理开展导读工作，对于纾解大学生抑郁、焦虑等情绪困扰显得愈发迫切和重要。

山东泰山医学院图书馆于 2001 年起开展阅读治疗服务，该馆通过成立阅读治疗研究小组、开辟阅读治疗研究室、开办"书疗小屋——大学生健心房"新浪博客、建立大学生阅读疗法研究协会、创建阅读疗法研究基地、把阅读疗法纳入大学生心理健康教育必修课等多种形式，广泛宣传阅读疗法，有针对性地对学生进行阅读指导，受到了大学生的普遍欢迎，是国内院校图书馆阅读疗法实践最完整和典型的案例之一。

河北联合大学图书馆于 2009 年开始以阅读疗法为科学依据酝酿阅读咨询服务工作，经过广泛调研创建阅读咨询室，建设阅读咨询服务平台网站，成立学生社团阅读疗法协会等。并于2012年创办《阅读疗法工作通讯》，立足于图书馆阅读疗法实践，报道阅读疗法理论与实践新进展，深入宣传阅读疗法理念，普及阅读疗法知识，推广心理健康书目，倡导书香校园。

南京理工大学图书馆基于阅读疗法，利用多媒体资源开展"心灵氧吧"读书沙龙活动。沙龙由图书馆主任负责每次活动主题的确定及导读书目的审核，读者协会的学生负责收集导读书目相关资料，制作多媒体文档，邀请学校心理咨询老师或知名学者担任现场嘉宾。心灵氧吧作为沙龙活动，考虑到现场效果，较多地应用音乐、影像和答疑解惑的形式，而阅读行为则依靠活动后续，辅以征文等激励形式，由学生根据沙龙推荐书单自主选择，自觉完成。南京理工大学持续举办"心灵氧吧"读书沙龙，取得良好的效果。

国内高校图书馆中实行阅读疗法活动的可分为医学院校和普通院校两大类，其中普通院校又以理工类居多，反映出理工专业学生对阅读疗法的需求更迫切，在选择和理解以人文社科为主的疗愈读物的过程中更有必要进行推介和引导。各馆开展阅读疗法的程度、规模、水平不一，但存在一个明显共性，即均在各自能力范围之内，或研制"书方"，或检验"书方"，或搜集"书方"，并加以整理归类，形成专题性的阅读疗法推荐书目。

通俗地说，"书方"就是指阅读疗法书目，编研"书方"也是高校图书馆在阅读疗法这门复合型学科中的优势和职责最基本、最直接的体现。在近年的实践检验中，在大学生阅读倾向调查和阅读疗法实证研究分析中，文学类书籍都显示出明显优势，文学疗愈甚至逐步从阅读疗法中分离出来成为独立的分支。这里，针对大学生众多心理困扰中最普遍的焦虑情绪，以文学类书籍为主选取阅读素材，推荐一份大学生焦虑情绪文学疗愈基本"书方"：《追风筝的人》（卡勒德·胡赛尼）、《挪威的森林》（村上春树）、《往事》（毛彦文）、《此世双人难全》（山崎纳奥可乐）、《无怨的青春》（席慕蓉）、《致无尽岁月》（池莉）、《最好的时光在路上》（郭子鹰）、《晚秋》（金泰勇）、《平凡的世界》（路遥）、《如何抢救我的神经病》（b.wing）、《向前一步》（谢丽尔·桑德伯格）。

高校图书馆进一步做好阅读疗法工作的建议如下。

1. 区别于医学、心理学研究，发挥文献情报专长，重视导读服务。高校图书馆要做好阅读疗法工作，必须突破禁锢被动的局面，大胆尝试和创新。首先，高校图书馆应认识到为大学生提供阅读疗法指导和服务，有其必要性和可行性。其次，图书馆要正视自己在阅读疗法领域中的职责与专长，发挥对文献信息资源掌握和处理的技能，着重从预防和发展的层面进行阅读疗法实践与探索。新事物的产生和发展总是伴有质疑，对待质疑应理性，既不能主观驳斥，也不能裹步不前，要不断创新，将质疑转换为修正和探索的动力。

2. **强化"书方"规范，编制权威版本，定期维护更新。** 阅读疗法"书方"不同于一般的推荐书目，每一本阅读疗法书目的开列，都必须阐明其适应情况和疗愈效果等问题。鼓励高校图书馆自主编研"书方"并不意味着放任自流，由权威专家或行业协会研究提出并强化"书方"规范尤为必要。"书方"规范化是保证科学性的重要举措，并且，统一的体例能为自主编写提供引导，又能方便后期"书方"整合，一举多得。另外，可以编制权威版本的阅读疗法推荐书目，定期修订更新。2011年，中国图书馆学会阅读与心理健康专业委员会牵头研究编制的《大学生常见心理困扰对症书目》是一次有益的尝试。时机成熟时，高校图书馆应以一馆为中心，汇集积累的"验方"，重新编制正式的权威版本，并以该版本为基础，落实职责分工，做好后续的维护和修订工作。

3. **适度宣传推广，避免过度夸大引起质疑和抵触。** 随着现代图书馆服务模式的转型，许多延伸服务常会因为宣传不到位而无人问津，既浪费了资源又消耗了热情。面对大学生这样一个特殊群体，盲目过度的宣传往往并不能带来预期的效果，甚至有可能引起他们的戒备感和逆反情绪，不利于阅读疗法的推广实施。高校图书馆对阅读疗法适度宣传，实际上是一项复杂、艰巨却容易轻视的工作，须遵循系统性、创新性、协作性、层次性、多样性、长期性六大原则。

总而言之，高校图书馆要重视建设独立的阅疗空间，开发网络阅疗平台，积极推动"书方"编制，在实践中不断完善和丰富阅读疗法理论研究与应用，帮助更多的大学生释放抑郁、焦虑等负面情绪，净化情感，达至内心的舒平、淡定和阳光。

（中国电信镇江分公司 陈路遥）

新媒体阅读推广

新媒体是一个相对的概念，是在报刊、广播、电视等传统媒体之后发展起来的新的向用户提供信息和娱乐服务的传播形态。新媒体为读者获取信息提供了更加丰富的手段和途径，高校图书馆应积极利用新媒体，将阅读推广的阵地网络化，营造轻松愉悦的阅读空间，使阅读推广的效果更加鲜活。

目前高校图书馆进行阅读推广的新媒体平台，主要以微博和微信公众号为主。在选择了新媒体平台进行阅读推广后，要重视对平台的维护与发展，保证平台持续、有效地运营。

一、新媒体平台的品牌维护与发展

高校图书馆将新媒体平台作为进行阅读推广的窗口，无疑是将自己作为一个有机整体面向公众服务，其所代表的不仅仅是图书馆，更是一所学校的格调与素养。因此，不论微博还是微信，账号的运营人员都有必要将账号作为一个品牌进行维护与发展。

1. 平台品牌的理念识别。 高校图书馆要对建立新媒体平台的初衷和理念进行梳理：该账号的特色是什么？ 要发布什么类型的内容？ 预期达到怎样的阅读推广效果？ 这些内容在梳理清楚后可在平台的功能介绍中进行展示，如北京大学图书馆微信的功能介绍为"读者服务，宣传推广"，信息直接，言简意赅。

2. 平台发布内容的行为识别。 高校图书馆在平台发布的每一条内容都要言之有物，具有明确的目的性和可靠的真实性。 同时要努力挖掘和体现自身特色，结合本校的活动进行发布。 在所有阅读推广的内容中，图书推荐是最常见和传统的项目，应尽量在提供基本图书信息、馆藏情况和索书号的基础上，做出新意。 如广东财经大学图书馆的官方微信所做的"【推荐书目】|真相只有一个，那就是你会迷上这推理"，以图文并茂的方式串联起数部推荐作品，将书影、索书号等信息融于其中，语言俏皮可爱，读来十分过瘾。

3. 平台外观元素的视觉识别。 要将新媒体平台的诸多外观因素统一化，同时要具有图书馆或学校的特点。 以新浪微博为例，需要设定头像、封面图片和背景图片。 高校图书馆微博的头像应反映出该图书馆文化的整体定位，馆徽、校徽类头像较为严肃，正规，具有权威性，可加深网友对该微博的认可和对该图书馆的认识；图书馆建筑类头像更直观地展现了该图书馆的面貌，且对该校师生而言具有亲切感和可识别性。

微信的视觉因素相对较简单，涉及头像、功能介绍、导引信息和菜单。 导引信息是用户关注微信公众号后收到的第一条信息,应尽量拉近与读者的距离。如重庆大学图书馆的官方微信,关注后立刻用多图文消息的方式告知用户是第多少位关注该号的用户,并导引绑定读者身份,既提供了有用信息,又省去了要专门输入特定代号查询的麻烦。在菜单方面,微信公众号支持后期开发,因此不少图书馆都对接了本校的OPAC、超星移动图书馆等服务,方便读者查询。

二、新媒体平台的内容维护与发展

如果把品牌的维护与发展比作一个人的外衣,那么新媒体平台的内容无疑是一个人的内涵,有着非常重要的作用。内容的发布应具有以下四个特点。

1. 独创性。如何创新性地设计活动,如何将常见的内容做得耳目一新,都是可以努力的地方。如中山大学图书馆在微博中宣传的"阅读无止境、借书无限量"的环保袋、帆布袋设计比赛,将读书、借阅和设计、环保结合在一起,使活动呈现出别样的层次感。

2. 时效性。微博和微信都是即时社交工具,发布的内容要具有时效性,发布内容所涉及的人物、时间应具有新鲜的特点,少发、不发已经过期的消息。

3. 连贯性。一是内容上的连贯性,二是时间上的连贯性。内容上的连贯性是指在发布学校或图书馆举办的阅读推广活动相关信息时,应注意活动前的宣传、活动中的报道以及活动后的总结,做到活动的每一阶段进展都在微博和微信上有所展示。时间上的连贯性是指阅读推广是一项常态性的工作,因此应注意一年中各个重要的时间节点,如开学季、校庆季、毕业季;"4·23"世界读书日、"9·28"孔子诞辰日、"9·3"抗战胜利纪念日等,将阅读推广工作落到实处。

4. 可靠性。网络的发展使得信息的流转变得异常频繁和方便,面对海量的信息,大众往往容易迷失和轻信谣言。高校图书馆新媒体平台在发布内容时一定要认证、考证信息来源,筛选过滤虚假信息,不造谣,不传谣,不发布未经确认的信息,同时在引用和转发时,一定要注明来源和出处,注重版权。

三、新媒体平台的宣传与推广

"酒香也怕巷子深",花开得再美,没有人看也没有意义,新媒体平台的阅读推广,不让受众看见,何以谈"推广"?要重视阅读推广新媒体平台的宣传。

1. 自主宣传与推广。在建立微博与微信等新媒体平台账号后,可通过在图书馆主页设置二维码或给出网址链接的方式进行推广。微信可用丰富的功能来吸引读者关注，如绑定读者证号支持查询馆藏和续借图书。在举办各项活动尤其是盛大的系列活动时，可举办关注/分享有礼活动，吸引读者关注。

2. 同源宣传与推广。同源，是指同一来源，可关注和订阅学校的官方微博与微信，并与校内的其他二级单位微博、微信互相关注，订阅，形成彼此联系，起到吸引用户的效果。如重庆大学图书馆新浪微博就推荐了重庆大学图管会、书香重大书友会的微博账号。

3. 同行宣传与推广。在行业内的交流与研讨中，尽量多宣传本馆的微博、微信账号，促进交流，同时在相应的新媒体平台上多获得互相关注的同行的推荐，也能够起到吸引用户的作用。

4. 用户宣传与推广。用户宣传与推广，是期待用户自发将图书馆的微博和微信推荐给同学、朋友、师长、家人的行为，具有不可预测性。用户的宣传与推广建立在图书馆的新媒体平台有健全的品牌、卓越的内容和优质的技术服务的基础上，在建立起口碑之后，用户自发的宣传与推广自然水到渠成。

（南京工业大学图书馆张思瑶）

阅读卡通形象设计

高校图书馆为打造阅读推广的品牌，会推出一个能够代表该馆风格和精神的拟人化造型，如卡通人物、萌宠动物等，作为形象宣传，以吸引高校大学生读者的眼球，使其产生亲近与信赖的感觉，形成对图书馆的良好认知与对阅读的喜爱。

一、武汉大学图书馆小布

为了拉近图书馆与大学生读者之间的距离，根据大学生的喜好与兴趣，武汉大学图书馆精心设计了卡通形象——小布，一推出即成为读者的好朋友，被誉为武汉大学图书馆的虚拟馆员和形象代言人。

小布的取名源自书籍的英文"book"的谐音，精短可爱，朗朗上口，方便记忆。小布目标受众是青年读者，其造型是一个简约而现代的几何立体图，整体酷似电脑纸盒小人。色彩选择上根据大学生读者年轻富有活力的特性，选择了橙色系，给人温暖、快乐的感觉，象征着知识带给人光明和希望。头身比例 $1:1$ 使得形象充满童真，给人以呆萌的印象，第一时间提升读者的接受度和辨析度。

2012年9月,小布以两种基本形象,第一次出现在武汉大学图书馆新生主页以及读者手册上。一种是手持放大镜的小布,代表对知识的探索;另一种是置身于电子资源与书本之中的小布,象征传统纸质文献和电子文献的统一。小布一经推出,就吸引了不少读者的眼球。如今,小布已经全面参与到武汉大学图书馆各项阅读推广活动中。无论是图书馆针对世界阅读日展开的武汉大学读书节活动,还是针对新生举办的文化活动月,以及属于毕业生的毕业季等大型图书馆活动,都能看到小布的身影。以小布形象为主的海报、书签、笔记本等文创产品也成为深受读者喜爱的活动纪念品。

2014开始,图书馆设计了小布3D形象,针对新生培训创新性地开发并设计制作了原创高校图书馆游戏《拯救小布》,以游戏的方式来替代传统的课件式新生培训。2015年再推原创图书馆游戏《拯救小布之消失的经典》,将经典名著融入答题闯关,寓教于乐,一站到底。这不仅丰富了阅读推广的形式,还为传统意义上的阅读推广和宣传注入了新鲜的活力,受到师生的广泛好评。

小布作为武汉大学图书馆的卡通形象,是图书馆与读者之间的重要的情感纽带。它改变了图书馆传统的阅读推广模式,增强了阅读推广活动的趣味性,变阅读为悦读,提高了读者参与度。同时,卡通形象小布的使用,拉近了读者与图书馆之间的距离,一定程度上也有助于树立现代图书馆的新形象,使图书馆变得更时尚,更亲切,更人性。

二、中山大学东校区图书馆导读超能陆战队

中山大学东校区图书馆借美国动画电影《超能陆战队》中深受观众喜爱的充气机器人大白为形象,组建了一支多类型导读团队超能陆战队。这支导读超能陆战队以大白为形象代表,由具有美学设计专业背景,以及擅长图书馆文化理念建设和阅读推广工作的三名专业馆员组成,多类型、多系列地开展面向读者的导读工作。该团队利用海报宣传、图片展览、传单发放等多种形式,全方位利用图书馆大厅、书桌、书架、通道等空间进行实体宣传,同时结合多媒体和互联网,与读者在网络上进行互动和交流。

该馆导读系列分为五个类型。(1)通识导读。该系列面向大学城本科生,进行长期、广泛的通识图书导读。自2009年开始,每月一期的主题导读,已经超过30期,共推介了500多本中外优秀书籍。(2)学术导读。针对学生的专业学习,邀请知名教授、专业学者进行学术书籍的推荐。(3) 特藏导读。 特藏专指由哈佛大学所捐赠的15万册原Hilles图书馆的西文图书。 自2007年起，该馆以中英文对照的方式推介Hilles图书馆的珍贵馆藏，主题涉及自然科学、艺术、医学、历史等不同主题。(4) 文明导读。 利用微博、微信等新媒体平台，设计活泼、生动的宣传画册，向读者传播文明阅读的良好风气，引领阅读风尚，营造和谐的校园文化氛围。(5) 影视作品导读。 自2009年起，每周五以电影展播的方式，对优秀影视作品进行导读，改变了影视观赏的单向传播模式，直接与读者进行互动。

中山大学东校区图书馆将导读工作不断地细化、深化，不仅对馆藏资源进行多主题地分类，还将读者群体进行划分，分类和分众相结合地开展阅读推广工作。 以大白作为导读形象代言人，抓住了年轻一代的眼球，吸引了广泛的关注。 同时，这一系列的导读工作，体现了馆员的智慧，同时揭示了各类馆藏，活跃了校园阅读氛围。

以上两校图书馆的案例均抓住了大学生群体喜爱卡通形象的特点，前者进行自主开发设计卡通形象小布，后者则以风靡全球的固有卡通人物大白作为形象代表，各有其特点。 卡通形象的设计与展现在一定程度上是一种"仁者见仁，智者见智"的行为，很难用绝对的好与坏、对与错来评价。 在创意思维中，对图书馆风格、大学生读者喜好，尤其是阅读文化的深度理解与挖掘非常重要。

图书馆如何能更好地利用卡通形象来开展阅读推广工作呢？ 第一，要做好形象定位与设计，须根据本馆、本校特色，设计独一无二的视觉形象，展现图书馆想诉求的理念、精神及形象，提升图书馆的美誉度与读者的忠诚度。 第二，要赋予卡通形象鲜明的性格特征，拉近与读者距离。 应通过具有生命力和情感色彩的文案塑造个性，让卡通形象更亲切，更有趣，更能吸引读者。 第三，要适时改变卡通形象的一些标识，不断微调创新，带给读者惊喜。 如武汉大学图书馆根据阅读活动不同的时间、主题与内容，设计了小布新生系列、节日系列、毕业系列等不同形象，体现阅读活动的多样性。 第四，发展卡通形象周边设计，卡通衍生大量副产品，塑造品牌系列。 可以设计或制作多种类别的虚拟或实体的卡通副产品，带来更多的衍生价值，使得品牌形象跃然而出。

（武汉大学图书馆周燕妮　南京邮电大学图书馆蔡思明）

读者阅读报告制作

大数据作为当今盛行的新型信息技术之一，对图书馆的服务与管理也带来冲击。做好数据统计、数据挖掘、数据分析，是图书馆未来推广服务的走向。图书馆的阅读推广工作也应重视以事实与数据说话，增加宣传推广的真实性和说服力。目前高校图书馆较多尝试的是年度工作报告和阅读报告，通过相关数据来总结工作，宣传推广图书馆，赢得读者更多的信任、理解和支持。

年度工作报告是对图书馆一年来的所有工作情况的综合性总结，内容翔实丰富，数据真实可信，是读者了解图书馆的第一手材料。如北京大学图书馆从2002年起出具年度报告，主要内容有读者服务、资源建设与技术保障、学术研究与交流、资源共享与社会服务等，且报告中大部分数据都有近五年的数据比较，使读者能全面、系统地掌握图书馆服务的发展轨迹。兰州大学图书馆年度报告除常规栏目外，还增添了新馆员感言、馆员艺术作品撷英等内容，使年度报告更具人文气息，另该馆年度报告中的年度突出工作很好地解决了实际工作中不具连续性但又有重要意义的年度性工作的记录问题。

年度阅读报告是对图书馆一年来的读者使用和阅读推广工作的专门总结，不仅可以帮助读者了解图书馆开展的服务，更有助于拉近图书馆与读者需求的距离，提高图书馆阅读推广工作的质量和层次。如厦门大学图书馆通过"淘宝体"的年度阅读"账单"，晒出年度各类阅读排行榜，激励更多的同学到图书馆学习。武汉大学图书馆2015年度阅读报告内容丰富，通过数据分析客观掌握读者需求和阅读偏好，其形式多样，既有严谨规范的图文版，又有时尚醒目的微数据图表版，还有动感有趣的微信H5动态版番外篇《"学霸狗"十问图书馆》。

随着全民阅读的推广，图书馆阅读报告的发布成为媒体关注的焦点，也更加吸引读者眼球，推动图书馆的阅读推广。目前各高校图书馆的阅读报告比较零散，内容不尽相同，篇幅长短不一，缺乏统一的标准和规范。探索与推广图书馆阅读报告，可从以下几个方面展开。

1. 确立常态机制，多方协调统一。连续、完整的阅读报告是记录图书馆发展最真实、详实的载体，高校图书馆应高度重视阅读报告的编制与发布，并将其作为一项常规工作进行开展和推广。应明确报告由哪些部门负责，可成立专门的工作小组，也可由某个部门牵头执笔，多部门合作完成。发布周期要及时，固化，使之更具时效性；发布的途径要公开化，并在网站开设专门的年度报告网页，使年度报告获取更便捷，及时，同时也能扩大年度报告的影响范围。

2. 规范格式标准，科学系统制作。年度阅读报告的数据、内容必须真实，统计方法要科学，从零散走向系统，从被动走向自觉，从经验走向科学。要对内容构建、格式特征、篇幅大小、结构组成、资料来源、完成时间等做出细致严谨的规定，这样不会忽视一些主要信息，也利于对业务内容进行对比，有助于进行工作成果研究分析。

3. 树立读者意识，突出各馆特色。不同高校图书馆的馆藏特点、服务形式各不相同，阅读报告应找准定位，从本馆实际情况出发，形成个性化特色，尤其要注重从读者本位进行数据挖掘，防止各馆报告千篇一律。在报告的文字、图片内容上应不断调整创新，更好地彰显图书馆阅读推广工作的内涵与特色，并通过平面设计的视觉语言增强可读性。

4. 强化责任意识，保护读者隐私。阅读报告需要大量的统计数据，而对数据的收集、分析、统计也意味着读者信息及隐私泄露的概率加大，在编制年度阅读报告时，图书馆应有保护读者隐私的意识与防范措施，以避免读者个人信息的泄露。尤其在各类排行榜公开读者姓名、学号、学院等信息时，应征得读者的同意，妥善处理。

5. 拓宽宣传推广，增强社会影响。在图书馆网页的设置上，应将阅读报告放在醒目位置，给读者最直观的视觉导向，避免出现通过多级链接才能找到的现象。每年图书馆阅读报告公开以后，不仅要向校领导、主管部处、各学院等发送，还应利用微博、微信、BBS等网络媒体向社会公布以期推进馆务公开，接受读者监督，鼓励广大读者提出意见与建议，为图书馆阅读推广工作发展献计献策。

（武汉大学图书馆周燕妮）

大阅读活动实践

大阅读是指读者跳出传统对书籍的阅读，基于自己的亲身经历和体验，在对山水风景、人文古迹等实体景致、事物的鉴赏和游览中，获得内心知识素养的充盈和人生观、价值观的提升。中国阅读学研究会会长、南京大学信息管理学院徐雁教授认为，"智商、情商、胆商"和"知识、学识、见识"是人生发展的两翼，而该两翼离不开阅读，并提出了大阅读的四大原则：（1）读有字书，识无字理；（2）读万卷书，行万里路；（3）万物皆书卷，天地阅览室；（4）从无字句处读书，与有肝胆人共事。由此，大阅读观逐渐进入读者和阅读文化研究者的视野。

对于高校阅读推广而言，学生群体阅历较浅，因种种条件的限制，缺乏和外界的沟通，目之所及十分有限，因此以大阅读为理念的走读活动，能够较好地引导学生将书本知识和生活经验进行结合，走出读死书的困境。在此方面较为成功的案例首推香港中文大学的走读香港文学风景计划①。

走读香港文学风景计划由香港中文大学香港文学研究中心、大学图书馆系统及香港特别行政区政府教育局课程发展处中国语文教育组合办，是一次结合信息素养教育、文学阅读和实地考察的推广阅读活动。该项目实施的基础在于前期所开展的"指掌步履之间——香港文学资料搜集及作品赏览"的文学阅读和赏览活动，旨在为中学教师介绍搜集香港文学及中国语文网上教学资料的方法，让参加者能轻易掌握和运用网上资源，选取合适的篇章和教材，为学生开启广阔的阅读天地。基于此，香港文学研究中心与大学图书馆系统遂申请拨款推行为期 15 个月的走进香港文学风景计划，内容包括大型讲座、文学景点导赏、分区文学景点设计工作坊、走进香港文学风景专题网页等。

计划具体由两部分组成，第一部分为与小思老师对谈及香港中文大学校园文学景点赏览，第二部分为分区文学景点导赏设计工作坊。第一部分在香港中文大学校园内举行，首先由香港著名学者与学生进行现场对谈，就着"文学情怀与本土关注"的话题，分别畅谈阅读和写作的乐趣，以及对香港本土文化、文学教育和城市发展等议题的观察和思考。其次由导赏员分组引领参加者以实地考察的形式，走进香港中文大学校园的文学风景，感受作家的创作思想与地方情怀。活动共设有十二条赏览路线，每条路线分别选取两篇著名作家、学者的作品为导赏篇章，并从

---

① 马辉洪,陈露明.信息素养教育、文学阅读与实地考察——以"走进香港文学风景"为例[J].大学图书馆学报,2012(6):23—26.

中设定每条路线的文学景点。

活动第二部分分别以"九龙区""新界区""香港区"为主题举行工作坊。每场工作坊包括三项内容，第一项为主持人演讲，通过分析文学作品，以实例说明把风景和作品连缀成文学赏析线索的技巧，介绍文学景点赏览的原则和方法；第二项为作家演讲，由三位香港青年作家现身说法，分享他们的创作经验及推广文学的经历；第三项是老师分享，由任教中学的老师分享他们筹办校本"文学散步"的经验，以及学生参与散步的启发和心得。

在大陆地区，南京邮电大学图书馆也曾以大阅读理念来指导学生开展阅读活动。2015年5月，为加强该校留学生对中国文化的了解，促进中外文化交流，南京邮电大学图书馆联合校海外教育学院、纽约理工学院共同举办了走读南京文化的活动，鼓励留学生走出校园，通过游览南京著名人文景观，来感受南京的历史文化，从而逐渐加深对中国文化的认识，消除中外文化隔阂。通过两个月的行走，留学生们将他们的游览过程用文字和影像记录下来，保留了不少珍贵素材。因此，该校图书馆举办了南邮中外学生文化交流会暨南邮留学生走读南京文化照片展，将活动成果进行展示，并且将留学生聚集在一起，大家面对面地针对中外文化进行讨论和交流。

此外，南京邮电大学图书馆还将此活动进行延伸和拓展。2015年下半年，图书馆指导南京邮电大学读书协会的学生开展走读金陵书香的活动，走访南京知名的书店、图书馆和大学校园，后续据此举办金陵书香摄影展、主题沙龙等系列活动，学生通过前期的共同参观和后期的交流讨论，无形中拉近了彼此的距离，同时对于阅读文化、书店文化、图书馆文化，乃至南京文化都有更加理性的认识和了解，提升了书本知识并拓展了自身阅历。

由以上两校的案例可知，活动形式的主体部分以游览、观赏为主，但其均有明确的指导理念。走读香港文学风景计划在于对参与者进行信息素养教育，活动将文学作品和香港的人文风景进行紧密结合，通过实地赏览，让参加者近距离体会文学作品所表达的文哲思考及文化关怀。该活动由香港多个权威机构联合组织策划，有充足的资金和人力的支持，形式新颖，理念先进，是一次比较成功的文学推广活动。相比之下，南京邮电大学图书馆所开展的系列活动，由图书馆所发起，主要由学生社团自发参与，活动规模有限，形式单一，所产生的影响有限。尽管如此，南京邮电大学图书馆在活动中一以贯之的大阅读理念，值得大陆地区的高校图书馆予以借鉴。

徐雁教授强调，大阅读一定要结合"深思考"。所谓"深思考"，就是在有了一定知识积累和学识储备的基础上，刨根问底式的求索性思考。求索性思考贵在有问题意识，也就是前人所谓的"从不疑处生疑"。有疑然后求解疑，就是一个由"浅阅读"到"深思考"，进而跃升到"泛阅读，深思考"的良性互动过程。因此，图书馆在组织此类活动时，其工作重心除了策划理想的阅读路线之外，还应在游览之余，通过多形式的交流讨论，引导学生由浅入深地阅读。高校不应过多局限学生的思维和眼界，在条件允许的情况下，应鼓励学生脱离纯粹的书本阅读，适当地走出校园，走进大自然，在山光云影中开阔胸襟和视野。

（南京邮电大学图书馆蔡思明）

阅读推广队伍建设

在阅读推广工作开展过程中，人力资源是最核心的要素。《深圳市阅读推广人管理办法》中提出了"阅读推广人"的概念，指通过多种渠道、形式和载体向公众传播阅读理念、开展阅读指导、提升市民阅读兴趣和阅读能力的专业和业余人士。近年来，各高校形式多样的阅读推广活动如火如荼地开展，部分学校还形成了特色鲜明的活动品牌。但是，各高校阅读推广活动的开展普遍存在主体机构缺失、专业队伍匮乏等问题。对于高校图书馆而言，组建一支高素质的稳定的阅读推广队伍，往往能使阅读推广工作达到事半功倍的效果。这支队伍应该由专职阅读推广馆员、兼职阅读推广老师和学生阅读推广社团三方面组成。

一、专职阅读推广馆员

阅读推广是图书馆的常规服务之一，需要相对稳定的负责团队。有条件的高校图书馆应设立阅读推广部，从制度和机制上保障阅读推广工作的常态化。阅读推广部要合理选聘成员，其成员必须热爱阅读，乐意且有合适的专业技能从事阅读推广工作。如武汉大学图书馆于2012年成立了专业的推广服务组，配备专职馆员（由活动策划人员、艺术设计人员、网页技术人员和全媒体宣传人员组成），大家权责明确，协同一致，致力于全力宣传图书馆资源与服务，打造校园阅读推广中心。条件不够成熟的图书馆可设置一名专职阅读推广馆员，再从其他部门选派兼职阅读推广馆员，形成跨部门阅读推广小组。如北京大学图书馆2011年底成立跨部门的工作团队，由主管副馆长牵头，从多媒体部、咨询部、流通部、特藏部、馆长办公室、资源建设部、古籍部、系统部、文献典藏与分馆办公室等部门抽调组员，并邀请阅读推广方面的专家担当顾问，通过定期组会的头脑风暴，进行阅读推广活动的整体规划与设计。

二、兼职阅读推广老师

由于自身定位的局限性，高校图书馆的阅读推广工作要想取得更好的效果，还须在图书馆外的校园里寻求帮手。专职从事学生思想教育和行为管理工作的高校辅导员，普遍具有较高的综合素质，可作为高校开展阅读推广活动的得力助手。辅导员和学生联系密切，方便开展阅读活动，以阅读活动为载体，也可促进辅导员其他日常工作的开展，实现双赢。高校可把阅读推广作为高校辅导员日常工作中的职责加以制度化，完善考核激励机制。图书馆也要加强对辅导员阅读推广人员的培训和管理，提升他们的阅读能力和工作能力，并利用图书馆的资源为他们提供各种免费服务，充分调动辅导员阅读推广的积极性，让辅导员真正成为撒播校园书香的种子。

三、学生社团义务馆员

读者是图书馆阅读推广的对象，但同时也可以成为阅读推广的主体。学生社团作为学校开展文化活动的主体，能契合学生的多元文化需求推出系列主题文化活动，其参与到图书馆阅读推广工作中，能发挥大学生热情活跃、创新力强的特点，打造校园阅读文化品牌。如武汉大学图书馆在阅读推广中重视发挥学生组织的积极性，鼓励学生与图书馆合作交流。图书馆专门召开新春茶话会，邀请全校具有较大影响力且与图书馆服务相关的学生组织参会，探讨图书馆与学生组织的合作。图书馆与学生组织的合作方式主要有以下几种：（1）竞标，图书馆对中标者进行考评和奖励，如竞标举办读书会活动、讲座活动等；（2）学生组织协作管理，图书馆进行年度考评和奖励，如协作管理学习共享空间、多媒体阅览室等；（3）勤工助学，图书馆给予一定经费报酬，如设计海报、网站等。此外图书馆还可鼓励学生组织自创活动和提出申请。图书馆提供学生组织自我展示和宣传的平台，一方面为学生组织谋福利，另一方面也将校园文化生活聚集到图书馆，使图书馆成为校园文化的中心地，实现图书馆与学生组织的良性互动与合作双赢。

为充分调动阅读推广队伍的工作积极性，可考虑设立激励机制和竞争机制，从而在一定程度上刺激成员提高工作能力，通过考核集中量化其工作执行力度与完成质量。例如可考虑以工作时间、阅读推广力度、阅读推广效果及学生评价作为考核标准，按不同星级标准区分，并配套制定相应奖励政策。

（武汉大学图书馆周燕妮）

区域联盟阅读推广

图书馆联盟已被实践证明是促进图书馆之间合作、实现区域文献信息资源共享的有活力、具可行性的方式，如中国高等教育文献保障系统 CALIS 等。区域图书馆联盟在组建模式、合作模式、管理模式、资源建设模式、协作服务等方面均体现了联盟良好的运作态势，为高校图书馆基于区域图书馆联盟开展阅读推广活动打下了坚实的基础。

国内已有不少高校图书馆开展了联盟式阅读推广活动。

一、天津高校联合馆开展的馆际互借

2003 年，天津高校联合馆开展了馆际互借服务，并出台了《天津高校馆际互借服务管理办法》，天津各高校的教师、研究生及有特殊需要的本科生，可持有馆际互借证在各高校图书馆申请馆藏资源互阅服务。2006 年天津高等教育文献信息中心进一步出台了《天津市高校馆际互借服务管理补充办法》，规定天津各高校为其他成员馆免费办理 5—10 个馆际互借证，使更多的用户享受到馆际互借服务，使联合馆的文献资源进一步得到了充分、合理的利用。

二、南京城东高校图书馆联合体

南京城东高校联合体的建立已经有十年之久，现有五家成员馆。五所学校文献资源总量丰富，具有各自学科领域的馆藏特色，丰富了五校师生的阅读面。2009 年 11 月，南京城东高校图书馆联合体共同举办了主题为"资源共知惠读者，服务共享通三校"的读者服务月活动，推出城东高校图书馆图书通借通还服务和一站式资源统一检索和服务平台，并联合举办资源利用讲座。2012 年 4 月，南京城东高校图书馆联合体举办 2012 读书节，五校分别举办系列活动，推动全校性的读书活动，如人文读书系列讲座、品味书香中文图书优惠展销、图书馆资源推广服务等。

三、江西昌北高校图书馆联盟多元化阅读推广活动

昌北高校图书馆联盟于 2010 年 3 月正式成立，现有八个成员馆。昌北高校图书馆联盟树立现代图书馆联盟理念，非常重视阅读推广，利用世界读书日、图书馆服务宣传月、学校开放日等契机，先后举办专家讲座、主题读书、好书推荐、优秀读者评选等一系列的阅读推广活动，营造了良好的阅读氛围，强化了读者利用图书馆资源的意识，增强了读者的人文素养。同时注重联盟文化品牌建设，打造了知网杯、万方杯等一系列活动品牌，进一步加强联盟各成员馆之间的沟通交流，既宣传了联盟，密切了联盟与读者的联系，同时又提高了读者的信息素养和搜索能力。

四、海南桂林洋大学城读书节

海南桂林洋大学城自 2010 年首次开展大学城读书节活动，到 2011 年举办第二届大学城读书节时，已从原有的两校合作发展为六校合作。先后开展了"玩味阅读火拼寻书"知识竞赛、桂林洋大学城书画展、演讲比赛、特色新书展、各校社团图片展、兄弟院校联谊及参观等多项活动。大学城读书节除了宣传图书馆及其资源，推动校际校园文化建设交流之外，也搭建了良好的资源共享平台，带来了直观的效益，以主办方海南经贸职业技术学院图书馆为例，该馆读者到馆率、借阅率、馆际互借率等业务数据逐年稳步提高。

五、首都图书馆联盟"北京换书大集"活动

北京大学图书馆图书漂流活动已举办数年，2013 年北大图书馆漂流活动期间正逢首都图书馆联盟举办第三届北京换书大集活动，该活动由首都图书馆联盟主办，首都图书馆、国家图书馆、北京市区县图书馆联合承办，北京大学图书馆作为首都图书馆联盟第三届北京换书大集活动唯一的高校分会场特邀共同举办。读者把手头闲置书刊送到图书馆，领取换书券，到换书大集可以换得自己喜欢的好书。2012 年年底，首都图书馆还携手北京大学图书馆在北京大学图书馆阳光大厅举办"阅读的力量"大型图文展，以丰富、翔实的图片和文字为读者梳理了作为人类主要阅读对象的图书的发展史。

区域高校图书馆联盟通过整合各馆力量，合作开展阅读推广活动，节约了活动成本，实现了推广效益的最大化。联盟成员馆应发挥阅读推广联盟集体优势，多

开展一些突破时间、空间的局限，能够吸引各馆读者广泛参与的形式多样的活动，使读者开阔视野，提高阅读兴趣。 同时，高校图书馆基于区域图书馆联盟开展阅读推广活动，须注重以下三点策略。

1. 建立阅读推广联盟管理团队，指导阅读推广工作高效开展。 高校图书馆基于区域图书馆联盟开展阅读推广活动，应首先成立联盟阅读推广管理团队，作为联盟阅读推广工作的领导机构，统筹、规划与指导联盟成员馆科学地开展阅读推广活动。 阅读推广管理团队的主要工作职责是：协调好各成员馆之间的关系和利益，保障各个成员馆的权利和义务，保障阅读推广各项工作的顺利开展。

2. 健全阅读推广联盟管理制度，保障阅读推广工作顺利开展。 联盟阅读推广管理团队应对联盟内成员馆合作开展阅读推广工作做出明确规定，如活动的时间、内容、具体负责单位、所需资金的承担情况及场所提供情况等，使阅读推广工作从策划到具体实施都有条不紊地进行，使高校图书馆的阅读推广能够长效发展。 还应开展读者阅读状态调查工作，为开展阅读推广工作提供参考。

3. 完善阅读推广联盟评价体系，建立阅读推广工作长效机制。 在区域高校图书馆联盟阅读推广工作中，应重视和做好评价体系的建立与完善工作。 在每次活动结束之后，对其整体成败得失进行总结和分析，为后续同类活动的开展提供理论基础以及现实依据。 还要科学确立评价原则以及评价方法，评价原则包括科学性、客观性、系统性、发展性等，评价方法包括专家评估、统计分析、读者调研等。

（武汉大学图书馆周燕妮）

书香校园指标体系

目前，高校图书馆阅读推广工作已获得一定经验与成果，但仍然存在很多问题。 特别是投入一定的人力、物力、财力后，活动有没有效果、读者是否认可、对图书馆是否有益，是图书馆应该关注的问题。 建立科学的评价指标体系，梳理现有的高校阅读推广活动，总结成败得失并形成评估报告，根据评价结果开展阅读推广活动，既能增强阅读推广活动的成效，又能打造阅读推广活动的品牌，推动高校阅读推广活动不断完善和提高。

首先应建立健全科学的评价机制和完善的考核机制，构建科学的评价体系。评价体系具体指标的构建应遵循科学性、客观性、系统性、发展性的原则，立体、多点观测地考量阅读推广活动的效果。王波[1]指出，可先从两方面着手设计评价指标体系：一是基于图书馆的阅读推广活动评价指标，比如是否符合预算、是否节约经费和人力、是否影响其他业务、媒体报道量等，这是读者所不考虑的，但对图书馆来说却很关键或有意义；二是基于读者的阅读推广活动评价指标，比如活动是否有创意、宣传口号是否鲜明诱人、推荐书目是否合用、现场环境是否优雅、服务态度是否到位等，有时候图书馆的过度设计、过度服务也会引起读者反感，图书馆通常意识不到甚至自我感觉良好，却可以通过读者评价指标检测到。基于图书馆和基于读者的两个评价指标体系都完成后，再进行对接和整合，便是综合性的评价指标体系。

针对单一的阅读推广活动，岳修志[2]提出了评价阅读推广活动的14个具体指标：大学生方面，评价指标分为读者参与广度、读者参与深度、读者满意度三大方面，共8个指标，即读者参与数量是否增加、读者读书兴趣是否增加、读者到馆时间是否增加、是否需要（或培养了）专项知识或能力、读书的数量是否增长、读书的时间是否增加、是否增加了新的知识、满意程度是否提高；图书馆方面，评价指标为图书馆针对某一读书活动的重视程度，共6个指标，即投入的时间、人力、财力、物力以及图书馆与本单位其他部门或外单位的合作。

江苏省于2015年1月1日贯彻实施《江苏省人民代表大会常务委员会关于促进全民阅读的决定》，提出："省全民阅读活动领导小组应当制定'书香江苏'建设指标体系，建立全省全民阅读调查评估制度，并会同有关部门、单位或者委托有关中介机构每年开展一次全省全民阅读状况和全民阅读指数调查，调查评估结果向社会公布，并运用调查评估成果和公众评价机制，指导和推动全民阅读工作。"同样，高校图书馆可建立统一的书香校园指标体系，如司新霞[3]建议，由中国图书馆学会阅读推广委员会下属的大学生阅读专业委员会牵头组织筹划，出台针对高校图

---

[1] 王波.图书馆阅读推广亟待研究的若干问题[J].图书与情报,2011(5):34.
[2] 岳修志.基于问卷调查的高校阅读推广活动评价[J].大学图书馆学报,2012(5):89.
[3] 司新霞.高校图书馆阅读推广活动的评价问题[J].大学图书情报学刊,2013(2):58—60.

书馆阅读推广活动的评价机制和评价体系,在执行中可以先选择试点试行,然后再修正,直至最后全面展开。

书香校园理念首先由中国教育学会副会长朱永新教授提出,他认为,应通过创设浓郁的读书环境与氛围,推荐优秀的阅读书目,开展形式多样的阅读活动,培养师生强烈的阅读兴趣和阅读习惯,使阅读成为伴随人终身的生活方式,从而为建设书香社会奠定基础。书香校园指标体系的建设是时代发展的要求,指标体系将推动书香校园建设的发展,以评促建,评建结合,重在建设。

书香校园指标体系的构建应遵循以下原则[①]。(1) 全面性与系统性原则。一方面,构建的指标体系应包括影响书香校园建设质量的各主要因素;另一方面,构建的指标体系,其内部的各指标之间应具有一定的逻辑关系,系统地、相互联系地对书香校园建设质量做出全面的评估。(2) 可行性与可操作性原则。指标体系要做到简单明了,易于理解与操作,不过分追求全面,用尽量少的指标反映尽量多的内容。(3) 独立性与灵活性原则。指标体系中的各个指标,在内容上,既彼此联系,又有相对的独立性。不同高校的信息资源水平与教育水平互有差异,各高校图书馆在实施指标体系的时候,可根据本校的具体情况灵活地选用其中的指标。(4) 定性和定量相结合原则。由于评价问题的复杂性,有些因素很难量化,所以应将定性指标与定量指标结合起来使用。通过对每项因素指标设置权重值,在实现对定性指标定量分析的同时,也能对定量指标的数据进行定性分析,力求能系统客观地反映书香校园的内涵和本质。(5) 前瞻性与可持续性原则。在动态发展的基础上,指标体系应设计一些具有超前性和持续性的指标,使得指标体系不仅适用于现阶段,也能经得起一段时间的考验。

书香校园指标体系包含的因子极多,对它进行评价不可能包罗无遗,必须在其中选择若干因子作为评价指标。指标选择的原则应注意因子的综合性、代表性、层次性、合理性及现实性。以江苏省书香校园建设指标体系为例,该指标体系是一项涵盖了书香校园投入—产出—影响的多维度的评估指标体系。从书香校园资源投入角度评估活动成效,涉及组织领导、阅读设施、阅读资源、阅读服务、阅读活动、保障条件等多个维度。组织领导维度,下设健全组织(硬性指标)、阅读纳

---

① 邓春林,等.重构普通高等学校图书馆评估指标体系[J].大学图书馆学报,2003(4):18—22.

入教学课程、组建读书社团三个二级指标；阅读设施维度，有图书馆（硬性指标）、阅览室、电子阅览室、阅读空间、阅报栏（屏）校园网站（硬性指标）五个二级指标；阅读资源维度包括图书馆、阅报栏（屏）报纸种类两个二级指标；阅读服务维度，有图书馆（好书推荐为硬性指标）、氛围营造、知识产权保护（硬性指标）三个二级指标；阅读活动维度，包括读书节活动（硬性指标）、师生日常阅读活动、阅读志愿服务活动、品牌创建活动四个二级指标；保障条件维度，包括专业指导（硬性指标）、制度保障（硬性指标）、经费保障、人才保障（硬性指标）等。另有社会影响维度，从活动产出及可能的社会效益角度来评估活动成效，下设参与度、公共满意度、人年均阅读量、学校图书馆、阅读创作能力、阅读影响等六个二级指标。

（武汉大学图书馆周燕妮　南京邮电大学周笑）

社会阅读推广探索

　　高校图书馆是图书馆系统中的一个子系统，是社会知识与信息集散的重要枢纽之一，肩负着建设与传播先进文化的神圣使命。教育部 2016 年 1 月 4 日印发的《普通高等学校图书馆规程》第三十七条明确提出："图书馆应在保证校内服务和正常工作秩序的前提下，发挥资源和专业服务的优势，开展面向社会用户的服务。"虽然目前高校图书馆完全对外开放还存在很多困难，但是面向社会化服务是未来高校图书馆发展的必然趋势。纵观当今重要发达国家现状，美国、德国、日本等高校图书馆的社区阅读推广已发展成熟并深受欢迎。我国高校图书馆也应积极探索向社会进行阅读推广服务，实现资源共享，共建书香社会。

　　我国高校图书馆可结合已开展的面向校内读者的阅读推广活动，在了解社会公众的阅读现状与存在问题的基础上，探索适合社会公众的阅读推广活动。可从以下三个方面进行探索。

　　1. 有重点、分层次地向社会开放。浙江农林大学天目学院从 2013 年年底起"零门槛"向社会开放，校外社会人员进入图书馆不需要任何证件，直接入内免费阅读。如要借书，则须办理借阅证，并交押金。此模式被媒体称赞，但向社会完全敞开大门，大多数高校图书馆还难以做到。在技术、资金、人力等条件允许下，图书馆应量力而为，根据本馆馆藏特色有重点、分层次地对社会开放，如对校外科研人员、专家、学者等先有针对性地开放。不同的高校图书馆应根据所在城市、区域、社会读者群体的不同，建立以读者需求为驱动的反馈机制，更好地服务社会。南京师范大学110周年校庆时，在7、8、9月校庆季期间向公众免费开放图书馆，每天发放300张阅览证，市民可就近领取。在正常工作日，校外的成人读者可以凭本人有效证件，到该校3个校区的7个图书馆入口处登记换取阅览证进入图书馆阅览书刊。每天随园、紫金校区发放阅览证各50张，仙林校区200张。

2. 以周边社区为重点开展阅读推广活动。社区是建设文明社会的重要载体，社区群众对于阅读和文化的需求，是当前图书馆人需要关注并研究如何解决的现实问题。高校图书馆作为社会文化建设的重要组成部分，以地缘为基础，应努力拓展服务领域，融入社区文化建设。哈尔滨师范大学图书馆多年来为社区居民办理图书证，周边青少年和考研族可在图书馆自习、阅览、外借图书等。办证手续简便，只须携带有效证件，身份证、学生证、工作证均可，并缴纳部分押金和本人照片一张。武汉大学图书馆与学校附近的东湖村社区共建图书服务站，图书馆捐献图书期刊，并指派专门馆员担任阅读服务顾问，指导协助服务站做好图书管理的制度建设和服务工作，定期向社区居民推荐书目。

3. 联合其他机构共同开展阅读推广。高校图书馆在开展社会阅读推广工作时，可与其他机构合作，获得政策支持与资金支持。可与当地政府、公共图书馆、新闻媒体、文化企业及其他高校图书馆合作，使区域内尽可能多的公众参与到阅读推广活动中来，形成区域内的公共文化服务体系。武汉大学与武昌区政府签署共建读书之城协议，充分发挥武汉大学图书馆文献资源和文献服务中心优势，实现文献资源的社会共享。根据协议，双方确定将通过共建全民阅读示范基地、设立图书漂流站、开展经典图书推荐及专题书展活动等活动，共建读书之城。佛山广播电视大学、佛山社区大学与佛山市图书馆签署合作共建佛山社区大学图书馆项目协议书，联手为市民提供就近阅读服务，共同推动"15分钟阅读圈"的形成。此外，双方还将在开展公益讲座、文化交流、学术活动、技能培训等社区教育活动方面开展广泛合作。

我国高校图书馆目前在面向社会公众开展阅读推广时，多实行"引进来"的服务方式,即高校图书馆利用自身馆舍条件与馆藏优势,把社会公众吸引到图书馆来,提供参观导览、图书借阅、自主学习等服务。未来可探索更多"走出去"的服务方式,深入社会传播文化,引导阅读。

(武汉大学图书馆周燕妮)

第四篇　公共图书馆阅读推广

公共图书馆的诞生及其核心价值

一、公共图书馆的发端

近代最早的公共图书馆发端于19世纪的英国。产业革命需要大批掌握知识和技术的工人和普通民众，城市中的工人、中下层资产阶级和其他贫穷阶层的人数不断增加。科学战胜了神学，普通民众的文化水平得到提高，世俗图书发行量和民众的阅读需求快速增长。但此时英国的图书馆主要是为皇室成员、贵族、知识分子、神职人员等上层人士服务的，社会对面向普通平民的图书馆出现了强烈渴求。[1] 1850年，在当时的下议院议员尤尔特和图书馆学家E. 爱德华兹等人的大力推动下，英国议会通过了世界上第一部全国性的《公共图书馆法》，该法规定每万人区域设一所图书馆，地方政府应对本地区的成人和儿童提供图书馆服务，经费从房地产税中提取。[2] 爱德华兹希望通过这个法案建立一种由地方当局授权管理，由地方税收支出支持，对所有纳税人免费开放的真正的公共图书馆。依据这一法案，曼彻斯特公共图书馆于1852年在居住着大量下层社会人士的曼彻斯特建成，爱德华兹亲任馆长。此后，19世纪欧洲公共图书馆开始在数量上有了空前的发展[3]。爱德华兹设想的这种免费的机构使社会能够真正摆脱知识被少数人和少数阶层垄断的局面，为最需要知识的社会底层的人士提供了阅读求知的场所。在免

---

[1] 华薇娜.英国公共图书馆产生的背景及其历史意义[J].图书馆杂志,2005(1):4.
[2] 中国大百科全书总编辑委员会.中国大百科全书 图书馆学·情报学·档案学[M].北京：中国大百科全书出版社,2002:422.
[3] 蒋永福.图书馆学通论[M].哈尔滨：黑龙江大学出版社,2009:38.

费的公共图书馆中,没有教派、性别、贫富的区别,公共图书馆为公众服务而不为特权阶层服务的观念形成,知识面前人人平等,穷人和富人能够得到均等的图书服务。这种免费、平等、开放和平民化的价值观,构成了公共图书馆基本精神的一部分。①②③

美国的公共图书馆制度同先于其诞生的读书俱乐部、团体图书馆的形式十分相似。城市中一些需要图书资料的牧师、教师、律师和其他专业人员,按照自愿结合的方式将自己的私人图书集中在一起,或出资购买图书供团体中的成员使用。这些图书馆为某些特定目的而设立,形式各异,遍布全国。但这些团体图书馆只是为社会名流、学者以及爱好图书的个人设立的,成员须缴纳费用才能享受使用图书的特权。

二、公共图书馆概念的形成

随着19世纪公共教育的普遍施行,政府和立法机构逐渐认识到图书馆是推广教育、提高选民素养的重要场所,故主张建立学区图书馆,并对全体人民开放,这些观念推动了现代公共图书馆概念的形成。1833年新罕布什尔州彼得博罗镇议会通过一项决议,将州政府拨给的教育基金中的一部分用于创办一个镇立公共图书馆,以后每年由镇政府给以资助,该图书馆是美国公共图书馆的发轫。1848年马萨诸塞州议会制定了批准建立波士顿公共图书馆的法案,波士顿公共图书馆是美国最早的依法设立的公共图书馆,也是第一所规模较大的公共图书馆,它于1854年向公众免费开放,提供普及性和专业性的书籍。以波士顿公共图书馆为范本,辛辛那提、底特律、芝加哥等地分别设立了公共图书馆,至19世纪末期,公共图书馆已在美国各州和地区普及。19世纪末20世纪初,钢铁大王卡内基在全世界捐资建立起2509所图书馆,其中大部分是美国的公共图书馆,卡内基的捐助促使公共图书馆迅速扩展到美国各地。美国公共图书馆的普及满足了工业革命中的普通市民,特别是从农村涌入城市的大批青年求知学习、提升文化、自我奋斗的需求。④

---

① 范并思.维护公共图书馆的基础体制及核心能力——纪念曼彻斯特公共图书馆创建150周年.图书馆杂志,2002(11):3.

② 陈克杰.图书馆延伸服务[M].上海:上海科学技术文献出版社,2009:2.

③ 谢拉.图书馆学引论[M].张沙丽,译.兰州:兰州大学出版社,1986:30.

④ 杨子竞.外国图书馆史简编[M].天津:南开大学出版社,1990:97.

三、公共图书馆的黄金期

第二次世界大战结束后,世界经济高速发展,社会民主化的呼声不断高涨,公共性的福利政策在各国普遍推行,世界范围内的公共图书馆事业在20世纪中期进入了黄金时期。

按照美国图书馆学家谢拉的观点,图书馆作为社会工具,总要与其社会环境相符,满足社会需求是图书馆存在的原因,图书馆必须响应社会并对其负责。任何一种类型的图书馆的产生都是为了满足一定的社会需要,公共图书馆的问世是19世纪中叶西方社会发展到一定阶段的产物,它是现代社会民主、民权、平等、公正和公民社会的象征,也是社会民主、公民权利和社会平等等现代人文意识成熟的结果。现代社会既要求公民具备一定的知识素养和学习能力,又要为公民提供自由获取信息、接受教育的途径。公共图书馆正是为保障和实现公民的这项权利、维护民主制度而设立的,也就是说,公共图书馆通过免费和开放的方式,调节了知识和信息的分配,确保每一位社会成员都享有平等地获取信息资源、接受教育的权利,从信息和知识的角度为其生存和发展提供了均等的保障,改变了知识曾为特定人群所垄断的局面,维护了社会公正。因此,以免费、平等、开放、包容为核心价值,在公共财政的支持下实现公民文化权利,成为公民终身教育的学校,为建立公民社会和公平社会提供信息自由的保障,是公共图书馆自诞生以来便担负的使命和社会责任。

对此,联合国教科文组织、国际图书馆协会联合会(IFLA)等组织通过一系列指南和声明均对公共图书馆的性质、使命和宗旨进行了权威和准确的描述,一以贯之地确立和重申公共图书馆的核心价值和基本理念,为各国公共图书馆事业提供了发展指南,对于公共图书馆的发展起到了重大的推动和指导作用。

1.《图书馆与知识自由声明》(1999)[①]

人类享有获取知识表达、创造性思维和智力活动,以及公开表达观点的基本权利。

知识自由是图书馆和信息同行的核心责任。

IFLA呼吁图书馆和图书馆员坚持信息自由、不受限制地获取信息和表达自由

[①] 程焕文,潘燕桃.信息资源共享[M].北京:高等教育出版社,2004.

的原则，承认图书馆用户的隐私权。

图书馆为个人与团体的终身学习、独立决策和文化发展提供基本支持。

图书馆应尽全力发展和保护知识自由，帮助维护基本的民主价值和普遍的公民权利。

2.《公共图书馆宣言》(1994)①

公共图书馆是所在地区的信息中心，为用户提供便于获取的各种知识和信息。

从小培养和加强儿童的阅读习惯。

既支持各级正规教育，也支持个人和自学教育。

提供个人创造性发展的机会。

3.《公共图书馆服务发展指南》(2002)②

公共图书馆是由社区，如地方、地区或国家政府，或者一些其他社区组织支持和资助的机构，它通过提供一系列资源和服务来满足人们对知识、信息和形象思维作品的需求，社区所有成员都有享受其服务的权利，而不受种族、国籍、年龄、性别、宗教信仰、语言、能力、经济和就业状况或教育程度的限制。

公共图书馆的基本宗旨是通过提供各种形式的资源与服务来满足个人和团体在教育、信息和个人发展，包括娱乐和休闲方面的需求。它们向个人提供获得广泛多样的知识、思想和见解的途径，为民主社会的发展和维护起着重要的作用。

公共图书馆的一项最基本的原则就是它的各项服务必须对社区的所有成员开放，而不能因为社区的某个团体而排斥其他成员。

（国家海洋局第一海洋研究所马德静）

公共图书馆在中国的百年历程

一、近代公共图书馆的诞生和发展

中国的近代图书馆，包括公共图书馆，是西方思想文化传入中国的产物，是从

---

① 吴晞,肖容梅.公共图书馆读者服务案例[M].北京:北京师范大学出版社,2013:3—6.
② 菲利普·吉尔.公共图书馆服务发展指南[M].林祖藻,译.上海:上海科学技术文献出版社,2002.

接受西方图书馆思想和管理方法之后才开始的一种与古代藏书楼截然不同的发展路径。 鸦片战争后，中国闭锁的大门被迫向西方敞开，西方传教士最早为中国带来了西方近代图书馆思想和模式。 他们在中国创办了我国境内最早的新式图书馆，如 1847 年创建的徐家汇天主堂藏书楼、1849 年创建的工部局公众图书馆、1871 年创建的亚洲文会中国支会图书馆等。 这些新式藏书楼创办的目的是传教，并且主要对教会人士和西方侨民开放，但客观上带来了西方图书馆的思想、观念、管理方法和先进技术，起到了引进介绍西方新式图书馆的作用。①

19 世纪末维新变法前后，梁启超等维新派将兴办新式公共藏书楼、开发民智视为救国救民之道，热情地介绍和鼓吹西方式的图书馆，使兴办新式图书馆的思想日渐深入人心，为中国近代公共图书馆的产生奠定了思想和舆论的基础。

20 世纪初清末新政中，由于清政府的提倡，西方图书馆的观念得到了更广泛的传播，人们希望通过建立新式公共图书馆实现开放藏书和公开阅览，从而保存国粹，推行新政，启迪民智，培养人才，由此形成了一场自上而下的公共图书馆运动。② 在这场公共图书馆运动中，一些地方士绅首先认识到新式藏书楼的意义和作用，开始积极宣传和创办了我国第一批公共藏书楼，如 1901 年创办的皖省藏书楼、1902 年创办的古越藏书楼、1903 年创办的浙江藏书楼等。 清政府宣布预备立宪后，设立新式公共图书馆的活动从民间活动上升到官方提倡，从地方士绅的个人行为上升到清政府的国家行为，一些地方官吏以民间创办的公共藏书楼为基础，奏设了一批官办的公共图书馆，如 1906 年湖南巡抚庞鸿书奏设湖南图书馆，1907 年安徽巡抚冯煦奏设皖省官办图书馆，1908 年两江总督端方奏设江南图书馆等。 1909 年学部制订"颁布图书馆章程""京师开办图书馆"和"行省一律开办图书馆"计划后，设立公共图书馆成为政府自上而下统一倡导的行为。③ 这场公共图书馆运动，包括了公共图书馆观念的传播、公共图书馆的创办、图书馆管理体制和制度的建立，奠定了我国近代公共图书馆发展的基础。

尽管公共图书馆运动引发了在全国建立公共图书馆的热潮，但这些公共图书馆

---

① 吴晞.天下之公器[M].北京:国家图书馆出版社,2010:176.
② 谢灼华.中国图书和图书馆史[M].武汉:武汉大学出版社,2005:304.
③ 中国图书馆学会.中国图书馆年鉴 2005[M].北京:现代出版社,2006:30.

的运作仍带有封建藏书楼的特点，直到1910年韦棣华女士在武昌文华大学创立文华公书林，我国才产生了第一个名副其实的近现代公共图书馆，该馆完全按照美国公共图书馆的方式运作，免费向武汉三镇的市民开放，开办系列文化学术讲座宣传现代图书馆及其服务。此后以文华公书林为中心，又发生了一场抨击传统藏书楼陋习、倡导模仿欧美图书馆事业、建设新式图书馆事业的新图书馆运动。

辛亥革命后，图书馆界又产生了平民教育、公众教育、平等利用图书馆、图书馆的书籍要为公众所用等与公共图书馆基本精神一脉相承的观念。如蔡元培主张社会通俗图书馆以普及平民教育，使一般人均可平等地利用图书馆；刘国钧认为图书馆是公共教育的一部分，"图书馆在教育上的价值，有时竟过于学校"，图书馆要"用种种方法引起社会上人人读书之兴趣"；杜定友认为书籍为"天下之公器"，"自当公开，为世所用，使国民思想日益进步"；李小缘认为图书馆是"传播消息及智识之总机关"，"精神娱乐之最高俱乐部"，图书馆的功用在于"辅佐学校教育之不足"；等等。

二、现代公共图书馆的兴起

20世纪50年代中期起，新中国的图书馆事业开始得到重视。公共图书馆的服务仍具有"重藏轻用"的特点，1955年7月，文化部发布了《关于加强与改进公共图书馆工作的指示》，指出有些公共图书馆仍然侧重图书的整理与保管，图书借阅工作的开展重视不够，在图书补充中存在不问读者需要而盲目采购的现象，针对这些问题要大力开展图书流通工作，大力加强阅读指导工作，使图书"广泛地在人民群众中流通"，同时应了解读者需要和知识状况，熟悉馆内的优良图书，"在读者群众中广泛宣传优良图书"，"从各个方面指导读者阅读，如帮助读者选择适当的书刊，解答读者的询问，向读者介绍正确的读书方法"等，应"举办以宣传图书和指导阅读为内容的报告会、座谈会、朗诵会、图书展览和组织读者小组"。公共图书馆被定义为"以书刊对人民进行爱国主义与社会主义教育的文化事业机构，是党和政府进行宣传教育工作的有力助手"，图书馆在开展工作之外应当特别注意"积极配合宣传唯物主义、批判资产阶级唯心主义的思想斗争，利用各种方式大力宣传辩证唯物主义与历史唯物主义，反对资产阶级的唯心主义"。①

---

① 本书编写组.新中国法制研究史料通鉴[M].北京:中国政法大学出版社,2003:9902,9904.

50年代，公共图书馆提出了"面向工农兵，为工农兵服务"的口号，许多图书馆除扩大外借和阅览的范围外，还举办了各种图书宣传活动，将工农兵群众吸引到图书馆，同时采取流动站、流动书库等方式将图书送到工业生产一线，并开展了配合当时抗美援朝、土地改革、"三反"、"五反"等中心任务的图书宣传。[①] 1958年，在"大跃进"形势下，图书馆界提出了"一切为了读者""千方百计为读者服务"的口号，作为服务观念和服务态度，尽管这些口号在理念上推动了公共图书馆服务的发展，但在"左倾"路线的影响下，公共图书馆事业的实践中出现了一些缺乏科学态度的浮夸现象。

60年代后，人民群众的文化水平获得一定提高，公共图书馆的读者需求出现了层次，在"调整，巩固，充实，提高"方针指导下，图书馆提出了"最大限度满足读者要求"的口号，公共图书馆进行读者需求和藏书情况的调查，引进情报工作的一些方法，加强为科研服务的工作，开展配合工农业生产的书刊展览等活动。部分公共图书馆开始尝试开架借阅的工作，此后图书馆界一直存在着公共图书馆是否应开架阅览的争论，直至20世纪90年代开始，全开架的藏借阅一体化布局才为公共图书馆所广泛采用。这种布局通过大开间、少间隔的建筑格局，方便读者在馆内随意浏览和自由取书，最大限度地方便了读者利用图书。[②]

三、现代公共图书馆的停滞期

"文化大革命"的十年间，大批书籍遭到焚毁或破坏，图书的出版、发行、保存和社会阅读都遭到了破坏和阻隔，公共图书馆的建设也趋于停滞，完全失去了其开展社会阅读、促进个人发展和保障公民知识自由的社会功能。对于这段历史上罕见的"文革书荒"，各地的地方志资料中均有记载。

这些关于书籍被毁坏的记载，有的较为翔实，如江苏省徐州市丰县，"1966年6月，县红卫兵组织'破四旧、立四新'：一是烧书，丰县中学的藏书约烧10万册，新华书店也烧了不少书"。又如扬州市，"1964年10月，广陵刻印社受命停工。1965年8月复工。印刷《四明丛书》，但此书尚未印完，'文化大革命'开始，广陵刻印社撤销，工人遣散，版片封存。后版库被强占，版片遭到破坏"。

---

① 张德芳,金恩辉.张树华论文选[M].成都:成都东方图书馆学研究所,1988:84.
② 辽宁图书馆.我馆的开架借阅工作是怎样巩固和提高的[J].图书馆学通讯,1960(1):23.

再如江西省南城县,"1966 年'文化大革命'开始,大量文艺书籍被视为坏书,书店(国营南城书店,1952 年改名南城新华书店)销毁书籍 3152 册。全年销售额仅 6.7 万元,亏损 9 000 余元"。

而绝大多数的记载都极为简单含糊,如"图书、报刊散失殆尽,珍贵典籍被洗劫一空,损失惨重","1966 年 8 月,红卫兵和农村基层干部以破'四旧'为名,在城乡抄家 4 万余户,没收 5300 余户财物,烧毁大量书画,毁坏大批珍贵文物和古迹","'文化大革命'期间,图书严重流失",等等。遭损毁的书籍与文物数量庞大,具体的数据在事后已无力也无法再进行考察记录,但单从"散失殆尽""惨重""大量"以及"严重流失"这些词语的形容,可见当时损毁书籍情况之严重。

如此大规模的"文革书荒"直接导致了两个问题。其一,人民文化生活被迫单一化,但需求仍在。大量书籍被禁被毁,即使保存着的,也让人谈虎色变,避而远之。同时"文革"对大学教育造成了截断,高考的停止,全民性的罢读,也让人们在知识文化方面的自我认同有所迷失。其二,"文革"后出版工作的恢复需要一段相当长的时间,对"文革"期间的损失来不及补给。尽管中共十一届三中全会以后,出版事业受到了充分的重视,整个出版事业呈现出初步繁荣的景象,但依然难以满足民众对书籍的渴求。

在这样一种形势下,民众对阅读的渴望不是被消灭了,而是被压抑着,书籍反而因此在人们心目中提升了神秘感。民众对阅读的需求不断增强,由此在"文革"后激发了一场迅速升温的全社会的读书热潮①。

四、现代公共图书馆复苏和繁荣

1978 年以后,伴随着改革开放和思想解放的潮流,公共图书馆事业迎来了复苏和繁荣时期。

面对民众从长期压抑中解放出来的文化需求,公共图书馆开始密切配合社会需求的变化,积极主动地开展读者服务。80 年代开始,不少图书馆改变了单纯依照读者提出的索书条被动提供图书的局面,转为主动流动图书,根据工农业生产的需要主动送书上门。在社会读书风气由停滞进入复兴和转型的过程中,阅读辅导成为公共图书馆一项重要的服务内容。许多图书馆开始利用新书书目、新书陈列等

---

① 许琳瑶.从"振兴中华"读书活动到全民阅读推广工作:1982—2012[D].南京大学,2013:13.

方式，主动报道和推荐科技书刊、文艺书籍等类型的文献，开展对读者的培训，向读者介绍图书馆馆藏和布局方法、各类文献的特点和使用方法、工具书的利用和查找文献的途径等。公共图书馆的服务更加社会化，各地的公共图书馆之间和各类型的图书馆之间广泛开展了馆际互借，以实现信息资源的共享。一些公共图书馆配合学校教育、自学考试、函授教育等开展了为社会教育服务的工作，开辟儿童阅览室促进儿童阅读，举办科学知识报告会，开展科普宣传等。

80年代中期开始，书价开始大幅上涨，我国图书馆中出现了普遍的发展经费短缺的问题，公共图书馆中开始出现有偿服务的服务形式，甚至将收费与图书馆的创收、图书馆馆员的待遇挂钩。1987年2月，文化部、财政部、国家工商行政管理局联合发出《文化事业单位开展有偿服务和经营活动的暂行办法》，肯定了过去几年一些图书馆开展有偿服务以文养文的方式在"补充文化事业经费的不足"中的作用。同年10月，中宣部、文化部等部门在《关于改进和加强图书馆工作的报告》中指出："在国家政策、法令规定的范围内，结合图书馆自身条件，本着更好地为社会服务的原则，开展一些必要的、合理的有偿服务，这对于搞活图书馆工作，补充图书馆事业经费的不足，发挥图书馆工作的积极性是完全必要的。"此后，有偿服务就"由少到多，由点到面，由窄范围向大范围"地在全国公共图书馆中推行开来[①]。

尽管有偿服务在一定程度上缓解了某些公共图书馆的经费危机，但对整个公共图书馆事业来说却是杯水车薪。更重要的是，有偿服务不仅不能从根本上解决公共图书馆的经费问题，也背离了公共图书馆的基本精神和核心价值。维护信息获取的公平，竭尽所能消除用户使用信息的各种障碍，原本是公共图书馆履行社会责任，实现其基本精神的题中之意，公共图书馆一旦实行有偿服务，便限制了那些经济能力处于劣势的社会成员平等享受信息的机会，失去了公共性和公益性。有偿服务的支付者可以比其他社会成员获得更多、更有价值的信息，许多有保存和阅读价值的书刊会被能产生最大收益的书刊排挤出图书馆的收藏范围，使公共图书馆丧失保存"人类文明成果和文化遗产"的基本功能；出租馆舍门面等收益较大的经营活动则有可能是以牺牲公共图书馆的业务工作和文献服务为代价的。

---

① 张占国.现代图书馆服务创新与服务评价[M].北京:知识出版社,2006:474.

在公共图书馆有偿服务的同时,还出现了一些拒绝公平服务的现象和理由,如控制借阅是为了保护文献遗产;拒绝"三无"人员进馆是为了社会治安;区别服务是为了保障副处、副研以上的"重点读者";为领导服务是为了全体人民的"根本利益"等。知识的殿堂被设立了多重门槛,令读者望而却步,这样的公共图书馆失去了在全体社会成员中共享信息和知识的精神,也失去了在社会存在、获取社会支持的基本理由。

(国家海洋局第一海洋研究所马德静)

公共图书馆的全民阅读推广之路

一、回归公共图书馆核心价值

我国公共图书馆先天不足、后天压抑、精神缺位这些问题引发了21世纪初的图书馆界对公共图书馆精神的讨论和反思。深圳图书馆率先取消对读者的限制,免证进馆,不分户籍敞开办理借书证,向所有人开放所有阅览室,对有偿服务项目进行逐步调整,杜绝未经批准的乱收费,直至取消了所有基本项目的有偿服务。此后,开放、平等、免费等成为业界内外热议的焦点,许多家省市级公共图书馆也相继宣布实行免费服务或减少服务收费。

2004年湖南图书馆张勇馆长在中国图书馆事业百年馆长论坛上首次提倡21世纪新图书馆运动,随后《图书馆》和《图书馆建设》分别开设了《21世纪新图书馆运动论坛》和《走向权利时代》的专栏,引发了理论界对公共图书馆精神的讨论。这场讨论以弘扬图书馆精神、填平信息鸿沟和捍卫图书馆权利为宗旨,倡导公共图书馆回归免费、开放、包容、平等的基本精神,取消基本服务项目的有偿服务,将公益性和公共性还给图书馆。[1]

2011年文化部和财政部联合发布了《关于推进全国美术馆公共图书馆文化馆(站)免费开放的意见》,指出"美术馆、公共图书馆、文化馆(站)是政府举办的公益性文化事业单位,是开展公共文化服务的重要场所,是保障人民群众基本文化权益的重要阵地",要求与公共图书馆职能相适应的基本公共文化服务项目免费向

---

[1] 刘意,文庭孝.我国21世纪新图书馆运动研究综述[J].图书馆,2012(4):47.

群众提供,"一般阅览室、少年儿童阅览室、多媒体阅览室(电子阅览室)、报告厅(培训室、综合活动室)、自修室等公共空间设施场地免费开放;文献资源借阅、检索与咨询、公益性讲座和展览、基层辅导、流动服务等基本文化服务项目健全并免费提供;为保障基本职能实现的一些辅助性服务如办证、验证及存包等全部免费"。公共图书馆免费开放,明确了公共图书馆服务投入的主体应该是公共财政,对于20世纪80年代后期开始流行的所谓以文养文、以文补文可以说是在政策上的"拨乱反正"[1],使公共图书馆逐渐回归了其核心价值和基本精神。

回顾我国公共图书馆发展的历程可以发现,一脉相承的观念是注重教育职能,认为公共图书馆是一种向平民大众开放的教育机构,而在一定程度上忽略了图书馆的基本精神和社会意义,同时各时期公共图书馆的服务观念受到当时政治、经济思想的深刻影响,这使得公共图书馆精神的实践经历了艰难的过程。公共图书馆的建立最初是西方图书馆思想传入的结果,图书馆的创办者认为公共图书馆是开启民智、普及教育、实现救国图存的场所;1949年至1976年间,公共图书馆开展了一系列配合政治运动的社会教育,虽然提出了"一切为了读者""千方百计为读者服务"等服务口号,但具有强烈的意识形态色彩,在传播知识、促进社会阅读和个人发展、提升公民素养方面的作用不足,真正意义上的公共图书馆精神仍然缺失。改革开放后,面对公众强烈的文化需求,公共图书馆开始改变服务方式,由封闭走向开放,由被动服务转向主动服务,但有偿服务和不平等的服务方式违背了公共图书馆的基本精神和社会责任。21世纪对公共图书馆精神的思考和实践,是我国公共图书馆基本精神和核心价值的回归,也是对民主、平等、开放、包容的时代潮流的积极响应。

二、努力走向阅读社会的时代潮流

联合国教科文组织第16届大会把1972年确定为国际图书年,其宗旨在于宣传图书在社会发展中的巨大作用,促成人们读书习惯的养成,以协力建设一个人人爱书、个个爱读的阅读社会。而后又在1995年将每年的4月23日确定为世界书籍与版权日,以此向那些给社会带来知识与力量的书籍及其作者致敬,并鼓励人们,

---

[1] 陈力.关于我国公共图书馆事业发展若干问题的思考[N].中国图书商报,2012-08-28(59).

尤其是年轻人在生活中积极发现读书之乐。① 此后,开展全民阅读,建立全民学习、终身学习的社会便成为世界各国文化发展的时代潮流。

在国际组织、政府、社会组织、大众传媒和出版机构等多元化的阅读组织中,公共图书馆作为社会阅读的主要场所是倡导和推进全民阅读最主要、最有力的组织者和实施者。 全民阅读推广的首要内涵,是各行各业、各阶层的人员都应成为阅读推广的对象,对于每一个社会个体而言,阅读是一种人生全过程的阅读,是"活到老、学到老"的终身学习精神。 公共图书馆的使命正是不论年龄、性别、职业、阶层地向所有社会成员开放,提供平等、免费、普遍的服务,从而促进社会阅读和个人发展。 这种开放和包容的精神为全民阅读推广的实现提供了保障,公共图书馆也通过全民阅读推广实现了自身的核心价值,成为公民实现文化权利的场所和终身教育学校。

我国公共图书馆经历了从封闭到开放、从对部分人开放到对全体社会成员开放、从被动地接受服务到主动地推广服务的演进过程。 从其发展演变的历史来看,阅读推广活动的出现和普及,是公共图书馆图书馆发展到一定层次、一定水平的产物。

图书馆服务适应社会需求而生,是对某一阶段社会需求的响应。 回顾1978年以来我国大众的阅读需求,出现了三次变迁。 1978至1989年为知识补给型的阅读时期,这是由"文革"十年书荒导致的阅读需求的超常规增长的时期,人们处于一个有书就读、饥不择食的状态。 1989年至1994年为知识给养型,这一时期随着我国从计划经济转向市场经济,人们的价值取向产生了变化,经商热取代了文化热,大众不问书的文化内涵和深层价值,而只在乎阅读是否能带来物质上的帮助。

1994年以后民众的阅读进入多元化视野的阅读时期,社会新兴阶层和群体怀着对未来的好奇和渴望,乐于通过阅读打开一扇通向世界的窗。 互联网技术开始发展,网络读物和电子出版物为人们提供了更具趣味性的体验。 进入21世纪以后,这个时代的多元化特征充分地展现,具体表现有阅读内容的包罗万象、阅读终端的日新月异、图书出版的产业多元化改革等,以读者和市场为导向成为现代阅读的最基本特征。 这一时期阅读有选择而缺乏引导,选择过剩和阅读方式的变革引

---

① 徐雁.书爱众香薰:全民阅读推广的时代使命[J].图书馆杂志,2011(11):34.

发了社会上的许多忧虑和担心。

在这样的社会背景下，公共图书馆的阅读推广工作已由一项"可做可不做、可多做也可少做的业务"转变为必不可少的带有根本性的任务。因它体现了公共图书馆一以贯之的根本精神，是实现其自身价值、满足社会需求、完成时代使命的途径，带有宗旨和圭臬的性质。

我国的全民阅读推广活动正式开始于1982年的振兴中华读书活动，20世纪80年代末引入了公共图书馆的力量。1989年起，文化部规定将每年5月的最后一周作为公共图书馆服务宣传周，有意识地引导读者走进图书馆，认识图书馆，利用图书馆，图书馆开始成为全民阅读推广工作的一个舞台。20世纪90年代初广西壮族自治区首先发起一项知识工程，该项工程在创建之始即明确以发展图书馆事业为手段，以倡导读书、传播知识、推动社会进步为目的。1997年中央宣传部、文化部等部门联合发出通知，号召在全国组织实施知识工程，这标志着全民阅读推广工作已经上升到了国家文化政策的层面，公共图书馆在阅读推广活动中获得了扶持和鼓励。此后，公共图书馆以个性化为价值取向，重视特殊群体阅读，兼顾传统阅读与新媒体阅读，开展了异彩纷呈、参与主体多样的全民阅读推广活动，逐步确立起在阅读推广中的主体作用。

（国家海洋局第一海洋研究所马德静）

全民阅读立法

我国党和政府对全民阅读非常重视，自2007年8月起，全民阅读就上升为国家的文化战略和重点工作。全民阅读也被多次写进党的全国代表大会报告和政府工作报告中，党的十八大即把全民阅读作为社会主义文化强国建设的基本内容；李克强总理在2014年、2015年和2016年政府工作报告中连续三次明确提出"倡导全民阅读"，这意味着这项事关全民族发展的事业在全社会得到了深刻的关注和广泛的认可。通过顶层法律制度设计推动全民阅读的可持续发展，既是响应党和政府工作要求、深入开展全民阅读活动、建设学习型社会的重要举措，也是提升国家和地区文化软实力及竞争实力、增强文化认同、建立核心价值、凝聚民心、弘扬人文精神、淳化社会风气的国家战略需要。

2013年至今，阅读立法在国内受到了中央和地方各级政府及相关部门的高度重视。国家层面，全民阅读立法在2013年已被列入国家立法计划。历届两会代表就全民阅读问题多次提案，尤其是2013年两会期间，115位政协委员联名签署《关于制定实施国家全民阅读战略的提案》，明确建议政府立法保障阅读，设立专门机构推动阅读。国家新闻出版广电总局在2013年3月底成立全民阅读立法起草工作小组，启动草拟《全民阅读促进条例》工作，目前条例草案已经过数次修改，并于2016年2月15日向社会公开征求意见。

在省市级层面，江苏、湖北等省以及深圳等城市在2014年都启动了全民阅读立法工作。其中，江苏省人大常委会《关于促进全民阅读的决定》在2014年11月27日获人大常委会通过，作为全国首部促进全民阅读的省级地方性法规，于2015年1月1日起正式实施。2014年11月24日，湖北省人民政府常务会议对《湖北省全民阅读促进办法》进行了审议并原则通过，并于2015年3月1日起正式实施。《深圳经济特区全民阅读促进条例》于2014年11月19日获市政府常务会议审议通过，并提交市人大常委会审议，条例经市第六届人民代表大会常务委员会第四次会议于2015年12月24日通过，自2016年4月1日起施行。这些充分显示了全民阅读地方政府规章制定工作的脚步正在加快。

相较于国外发达国家，国内的阅读立法尚处于起步阶段。国内阅读立法是在充分吸取和借鉴国外的优秀立法成果的基础上，结合自身实践，总结国内阅读推广实践基础上的进一步升华，是从法制层面对公众阅读权利和阅读推广活动的保障，可保证全民阅读活动开展的系统性、长期性和有效性。立法的出发点不是对公民阅读权利和自由的约束，而是为公民阅读权利的实现创造更好的法律制度保障；立法的重点不是约束公民个体，重点在于规范政府及相关机构的权利、责任和义务。

国内已出台的阅读促进法规，在框架设定和条款内容上部分借鉴了国外发达国家阅读立法的相关精髓。不管是国家层面的还是地方层面的阅读条例，都彰显了全民参与共促阅读的原则，明确提出要坚持政府引导、社会力量广泛参与的协同原则，调动相关机构组织及个人等各方力量来共同推动全民阅读；均提出各级政府应将全民阅读工作纳入国民经济和社会发展发展规划，建立全民阅读工作统筹协调机制，如成立全民阅读指导委员会等，来统一协调和组织行政区域的全民阅读工作；各促进条例或促进办法中都提出了设立阅读日、读书月、阅读节等全民阅读法定节日，如"4·23"世界读书日、"9·28"孔子诞辰日、深圳读书月、江苏全民阅读日、江苏读书节等；同时还鼓励并支持成立全民阅读公益基金，接受公民、法人或者其他组织的捐赠，或提出将全民阅读服务所需经费纳入政府年度财政预算，在经费和人力方面予以法律保障等。但也不乏创新型的条款，如深圳地区将近年来深圳阅读推广的创新实践上升为法律条文予以肯定，并规定了阅读推广组织、阅读推广人的相关职责；江苏省将书香江苏建设指标体系的建立列为全民阅读活动领导小组的职责之一，建立全民阅读调查评估制度，开展全民阅读状况和全民阅读指数调查等。

以上阅读促进法规的制定和出台，加快和推动了中国的全民阅读法治建设，为建立、巩固和保障全民阅读的长效机制奠定了坚实的基础，但仍存在不足和待完善之处。如部分条款停留在倡议和鼓励的层面，没有法律约束力，实施仅靠自觉；某些法律条文较为宽泛化，没有与相应的规划计划相结合，也没有制定具体的针对性细则，落地实施有一定难度等。

（深圳图书馆蔡箐）

世界读书日

桃花吐妍的三、四月，亦是书香四溢的季节，因为每年的 4 月 23 日前后，世界各国均会举办形式多样的读书活动，以庆祝世界读书日。

1995 年 11 月 15 日，联合国教科文组织根据西班牙的提议，将 4 月 23 日正式定为世界书籍和版权日，并呼吁："希望散居在全球各地的人们，无论是年老还是年轻，无论是贫穷还是富有，无论是患病还是健康，都能享受阅读的乐趣，都能尊重和感谢为人类文明做出巨大贡献的文学、文化、科学思想大师们，都能保护知识产权。" 1996 年世界书籍和版权日更名为世界读书日（又名世界图书日、世界书香日）。2016 年 4 月 23 日，是世界读书日在全球落地推广二十周年纪念日。

为什么要将 4 月 23 日定为世界读书日呢？有一个美丽的传说。

4 月 23 日是加泰罗尼亚地区大众节日圣乔治节。传说勇士乔治屠龙救公主，并获得了公主回赠的礼物——一本书，象征着知识与力量。以后，每到这一天，加泰罗尼亚的妇女们就给丈夫或男朋友赠送一本书，男人们则会回赠一枝玫瑰花。

同时，4月23日还是英国文豪、戏剧家威廉·莎士比亚出生和逝世的纪念日，及西班牙文豪塞万提斯·萨维德拉在马德里的逝世纪念日，也是美国作家、小说《洛丽塔》(Lolita)作者弗拉基米尔·纳博科夫及法国作家莫里斯·德鲁昂、冰岛诺贝尔文学奖得主哈尔多尔·基里扬·拉克斯内斯等多位文学家生辰日。

自世界读书日诞生以来，已有超过100个国家和地区参与此项活动。很多国家在这一天或者前后一周、一个月的时间内都会开展丰富多彩的读书宣传活动，社会各机构，如图书馆、媒体、出版商、学校、商店、社区等都会参与进来，举办书展、演出、游戏等鼓励人们阅读的活动。

每年4月23日，欧洲大街小巷布满书摊和玫瑰摊，售出的每一本书都附赠一枝玫瑰。此外，亚洲国家也有特色鲜明的读书日活动。

一、英国

英国世界读书日始于1998年。如今，英国往往将世界读书日庆祝活动提前到3月6日举行，每年学校、图书馆、书店都开展故事人物模仿大赛、午间故事时间、各类型的书展等活动。部分教育机构和书店还向小朋友发出面值1英镑的读书日代用券，让他们到读书日成员书店换购一本喜欢的书。此外，出版社有价格仅为1英镑的世界读书日文集出售。

二、牙买加

牙买加的世界读书日官方启动日是4月5日，活动分为儿童和成人两部分，参与开幕式的孩子们被邀请写下他们对牙买加作家的印象，部分作家还应邀以自己的著作为基础做相关的演讲。活动期间还会放映联合国教科文组织制作的反盗版影像片段，行政区图书馆还会组织一系列主题展览。

三、墨西哥

在墨西哥，与世界读书日最密切相关的是成立于20年前的瓜达拉哈国际图书博览会，它是以西班牙语为母语的国家中最大的图书市场。每年集中于此的大量出版商、文学经纪人、阅读公关、翻译家、图书馆员等，都会进行商业性或是专业性的交流。

墨西哥城市政府会在城市主干道两侧举办世界读书日——自由阅读活动，每一位到场参加活动的人都能获赠一本书。整个活动包括高声朗诵、音乐欣赏、诗歌解析以及一系列主题讲座。这一系列活动，激发了人们对阅读的兴趣，也为爱书人提供了交流的机会和平台。

自 2002 年开始，每年的 4 月 23 日，墨西哥西部城市瓜达拉哈都会举办马拉松阅读活动，数学家、艺术家、学者、体育明星、文学爱好者和民众一起，朗读胡安·何塞·阿雷奥拉的《种种虚构》、胡里奥·科塔萨尔的《跳房子》、聂鲁达的《一百首爱的十四行诗》等。

四、日本

日本的阅读活动，是一项全民运动，其形式多样，有读书周、杂志月、儿童读书周、敬老日读书推荐、推荐给年轻人的书籍、野间读书推进奖项等。

日本儿童在世界读书日期间会受到特别的优待。2001 年 12 月，日本公布了《儿童读书推进活动法》，规定每年的 4 月 23 日为儿童读书日，培养儿童在语言、想象力和敏感度各方面的能力，帮助儿童更深刻地体验人生。

五、韩国

韩国政府会在世界读书日期间发行世界读书日纪念邮票，宣传阅读和版权，并鼓励本国的小孩子，通过一枚枚精美的邮票，将阅读和写作的风气随信件传递到世界各国。出版社会在 4 月 23 日当天寄出图书，免费送给当地学校。当天还会举办艺术家作品慈善拍卖会，所得收益将用于推动青少年阅读，此外还有新书或旧书的捐赠活动。

（杭州图书馆聂凌睿）

图书馆服务宣传周

1988 年 5 月 23—29 日，天津市文化局在全市范围内率先举办首届图书馆服务宣传周活动，为图书馆走向社会，并向社会展示图书馆树立了成功范例。1989 年，文化部、国家教委、新闻出版署、共青团中央等八部委联合发起全民阅读宣传活动，将每年 5 月的最后一周定为全国图书馆服务宣传周，这是国家行政部门第一次明文规定的全国性的、统一时间的集中宣传活动。图书馆服务宣传周旨在向公众大力宣传图书馆，增强全社会的图书馆意识，提高图书馆利用率，从而进一步发挥图书馆在公益性社会教育、文化传播、促进学习型社会建设和构建和谐社会等方面的作用。作为传承优秀传统文化，倡导全民阅读的领航者，图书馆肩负着培养全社会阅读习惯的重要职责,宣传周也是图书馆宣传自我,展示服务职能的重要窗口。

图书馆宣传周活动注重全国联动性,文化部和全国"知识工程"领导小组办公室每年都会与时俱进,发布当年宣传周活动主题。如1991年的适逢建党70周年,宣传主题为"热爱共产党,热爱社会主义";2011年主题为"庆祝中国共产党成立90周年""推进公共图书馆免费开放";2012年的主题为"文化强国——图书馆的责任和使命""推进公共图书馆服务规范化";2013年的主题是"书香中国——阅读引领未来";2014年的主题为"图书馆——传承优秀传统文化,建设民族精神家园";2015年的主题为"让阅读引领未来"。

图书馆宣传周的活动形式体现了鲜明的时代特征。在刚开始的几年,图书馆多采取"走出去"的方式,大张旗鼓地走向街头、社区、公园等民众集中的地方。拉上大幅的标语、竖起展板、现场办证、散发文字资料、整理折旧图书低价向读者出售、流动宣传队等是最常见的宣传形式,这和当时民众对图书馆缺乏了解有一定的关系。之后借助报纸、广播、电视媒体进行宣传也逐渐兴起。甘肃省图书馆从1989年第一届图书馆宣传周开始,坚持每年都举行相关宣传活动,对民众深入持续地了解、走进、利用图书馆起了积极的促进作用。

近几年的图书馆宣传周活动更加贴心和具有创意性,受到了读者的喜爱和欢迎。如2015年第27届图书馆宣传周期间,首都图书馆举办了第二届北京市中小学生"我的藏书票"设计获奖作品展,专家们在380幅参赛作品中评选出了59幅题材多样、制作精美、内涵丰富的获奖作品,读者可以免费欣赏这一趣味展览;上海图书馆突显贴心服务,在宣传周期间推出了公益伞出借服务,今后只要凭读者证就可以在上图借到公益伞,"凭证借伞,一证一伞;有借有还,再借不难";浙江图书馆举办"携几帙典籍,沾一衣书香"古籍修复技艺展示与体验活动,让读者真切感受古今交融的氛围,亲自体验修复古籍书页的过程,同时读者可以带走一本亲手装订的仿真样书;深圳全市图书馆联动推出少儿智慧银行计划,建立可长期保存和定制输出的少儿读者阅读历史档案,鼓励小读者累积自己的智慧财富,培养良好的阅读习惯。

图书馆宣传周是图书馆向社会展示和宣传自己的重要节点,各级图书馆要重视这一周的活动,精心策划宣传活动,发挥图书馆在建设学习型社会和构建和谐社会中的作用，让读者爱上阅读，崇尚知识，收获快乐。

首先，图书馆要重视宣传周活动，最好全省或全市图书馆联动举行，形成规模效应。图书馆要统筹协调，精心策划，围绕主题，结合地方特点，广泛开展知识讲座、展览展示、阅读推广等社会教育活动，让人们在丰富多彩的文化服务中学习传统文化知识，享受更富内涵的精神生活。同时，要善于利用电视专题片、微信、微博等直观生动的宣传方式。

其次，宣传周活动要面向特殊群体。各级各类图书馆要以服务宣传周为契机，拓展服务范围，积极开展针对残疾人、老年人、未成年人及进城务工人员等特殊群体的服务活动，提高服务水平。深圳图书馆在宣传周期间注重残疾读者的阅读推广，2014年举行了深圳图书馆视障八周年服务展和残障人士图书馆之旅活动，2015年举行了"假如给我三小时黑暗"视障生活体验活动，让社会各界进一步了解了视障群体的文化需求，从而将更多的关注目光投到残疾群体上。

再次，要与读者零距离接触，倾听读者心声。宣传周不是走过场，图书馆要与读者加强互动，真正了解读者需求。召开读者座谈会、设立馆长接待日、读者创意活动征集等形式给读者面对面表达自己对文化和图书馆的理解的机会，有利于进一步提高图书馆服务效能。

（深圳图书馆陈艳伟）

公共图书馆阅读推广工作概述

国内的阅读推广活动起步较晚。受英美等发达国家影响，港台地区的阅读推广活动于20世纪80年代起步发展，迈入新世纪形成兴旺发展之势，而大陆地区的阅读推广活动则兴盛于21世纪初。从20世纪末开始，国家相继出台了推广全民阅读的相关文件，各地陆续开展读书月、图书馆服务周、阅读节等活动。鉴于公共图书馆在全民阅读中的影响力，2006年中国图书馆学会成立了以全国各大公共图书馆为主力、专门推广阅读的组织机构——科普与阅读指导委员会，后于2009年更名为阅读推广委员会，开展全民阅读活动。

在各级政府倡导、中国图书馆学会大力推动、各图书馆努力实施下，阅读推广工作具有成效。第一，在政府和行业组织的推动之下，各级公共图书馆普遍认识到阅读推广活动是图书馆的一项重要的基本业务,并且开展了形式各异的阅读推广活动。 第二,国内公共图书馆开展阅读推广活动之初,多注重的是非常规化的阅读推广活动,比如在世界读书日举行大型读书活动,在"六一"儿童节这天举行面向儿童的阅读活动等。 这些针对某些特定时间节点举行的非常规化阅读活动扩大了图书馆的影响,但仅有这些活动是不够的,阅读习惯和阅读兴趣的培养是一个长期持续的过程。 在诸多学者的倡导下,目前公共图书馆阅读推广活动也越来越多地呈现常规化的态势,一些常规的阅读服务逐渐开展起来,比如馆藏推荐、故事时间等,取得了良好成绩。 第三,国内公共图书馆开展阅读推广的方式丰富多样。如江苏省地市级公共图书馆阵地活动内容包括各类读书活动、展览、讲座、经典影片播放、免责还书、读者荐书、读者代表座谈会、表彰以及针对中老年读者的免费电脑培训等,针对少儿读者有绘本阅读比赛、"红读"征文、英语沙龙、少儿暑期辩论赛等。

同时,公共图书馆阅读推广工作也存在一些问题,包括:(1) 专业人才的缺失直接导致目前公共图书馆在进行阅读推广时缺乏科学规划,不规范。 据一项基于德尔菲法的研究结果,专家认为目前我国的阅读推广活动"从前期的需求调研,到实施、到效果评估,缺乏整体性的规划和科学的流程管理"①,这就严重制约了阅读推广的效果。(2) 尽管随着国家对公共文化投入的增加,公共图书馆经费情况有所改善,经济落后地区的图书馆能够有足够的经费购置一定数量的书籍,开展一定的阅读推广活动,但因为原来欠账太多,目前的经费仍不足以支撑公共图书馆高效地开展阅读推广活动。(3) 我国的全民阅读由新闻出版署牵头,相关政策文本中多次提到各地新闻出版政府部门要承担全民阅读工作的组织领导工作,主导全民阅读工作。 在这样的背景下,尽管在政策文本中会提到图书馆,但其重要性没有突显出来。

公共图书馆阅读推广工作整体发展策略应包括以下几方面。

1.继续加大培训力度。 严格的职业准入和选拔机制是图书馆阅读推广人专业化、职业化发展的人才资源保证。 要把理论知识过硬、文化素养高、组织策划能

---

① 刘媛.中国公共图书馆阅读推广发展趋势研究——基于德尔菲法的调查报告[J].农业图书情报学刊,2014(6):88—92.

力强、酷爱阅读等条件作为选人标准，实行先培训、后上岗的准入制度，并通过专题研讨、短期在职培训、到阅读推广工作出色的图书馆观摩、进修等形式对在职人员进行全员培训。建立阅读推广活动的评估机制，并以此作为对阅读推广人正面激励的依据，让那些会策划、善推广的人才脱颖而出。

2. 健全政策法规保障体系。健全的政策法规保障体系，将为阅读推广活动长期有效持续地开展保驾护航。我国公共图书馆界需要形成行业合力，一方面通过大量的阅读推广活动使社会上形成普遍的认知，那就是公共图书馆是阅读推广的专业机构；另一方面需要公共图书馆界在国家层面和地方层面的全民阅读政策或者立法制定过程中发挥重要作用，发出自己的声音，从而使公共图书馆更深入地参与到全民阅读中。

3. 建立有效运作工作机制。上下贯通、联动各方的有效运作工作机制，是阅读推广活动顺利开展、做强做大的前提。以日本为例，其开展阅读推广活动，实行的是举国体制，即国家引导发动，制定法律，编制计划，提供资金，以图书馆为主轴推动执行，社会团体积极参与。如此，读书周、儿童读书日、国民读书年、晨读运动等，具有了法定性与规划性，能在全国范围内推行，全民投入，造成声势与影响。美国的一城一书活动所产生的效应，与美国图书馆协会的组织运作能力、国会图书馆阅读中心及其附属的州阅读中心的大力推动密切相关。回观中国，缺乏的就是这种能联动各方、一呼百应的有效协调机制，各行业各自为政。深圳市读书月组委员会的成立，提供了一个地方层面政府协调各方力量开展活动的范例，每年读书月期间，由深圳市政府主导，集结新闻出版、传媒、图书馆、学校、行业协会、民间团体等，共同开展活动。但这只是举一个城市之力，无法推展到全国。中国图书馆学会阅读推广委员会的成立，网罗了八方人才，包括全国图书馆界、教育界、出版传媒界等各类跨界专家学者。但由于仍受限于行业内组织，在运作过程中，始终无法克服行业障碍，全面而深入地开展工作。只有建立有效运作的工作机制，才能形成社会合力，共同推进全民阅读。

4. 加快阅读评估指标体系的研究。当前全民阅读推广蔚然成风，阅读推广活动不断创新，层出不穷。而如何科学而客观地评判一场活动是否有价值，值得推广与发展，目前则无章可循，这大大制约了全民阅读推广的健康发展，也造成学科研究和具体工作上的缺陷和空白。鉴于此，构建一个全民阅读建设评估指标体系就成了阅读推广委员会当前的重要任务。在此之前，各种适用于图书馆和相关公益服务的评估体系或建设指标已相继出台，如文化部的公共图书馆评估定级标准、张家港市书香城市建设指标体系、深圳市的图书馆之城建设指标体系、杭州市公共图书馆建设评估标准等，有的已经取得很好的效果，可资借鉴。如2012年11月张家港市出台的书香城市建设指标评价体系，是国内第一个以全民阅读为抓手、覆盖城乡的综合建设指标，它使书香城市建设的评价变得量化可考，将进一步促进全民阅读由模糊型推动向制度化约束转变，对江苏省乃至全国的全民阅读推进产生了示范作用。而中国图书馆学会阅读推广委员会自2006年成立以来，每年开展了大量的阅读推广理论研究与实践活动，获得了丰硕的研究成果和实际经验，为构建这样的建设评估体系奠定了稳固的基础。全民阅读建设评估指标体系的出台，将阅读推广活动的开展引入规范、科学、健康发展之路。因此学术界应尽快开展全民阅读建设评估指标及阅读推广效果评估指标等方面的研究。

5. 提供全民阅读专项经费保障。全民阅读关乎民族未来，推动全民阅读是一项公益事业，要保障其长期有效发展，政府的专项资金投入则是十分迫切而又必要的。从前面所述国外阅读推广活动开展情况来看，国家在推动全民阅读时给予经费支持是十分重要的。英国为阅读起跑线计划设立图书信托基金，为1998年和2008年两个国家阅读年投入总计1.52亿英镑。美国国家人文艺术基金会和美国中西部艺术基金会等机构，资助了1 000多个机构开展大阅读计划项目。日本政府即使在战时财政困难的情况下，仍然采取了读书会设置奖励的措施，用财政补贴的方式鼓励各地成立读书会。目前我国尚无专为推广阅读而设立的专项基金，各地开展活动主要从宣传文化发展专项经费、文化产业引导资金等经费中支出。阅读推广委员会开展全民阅读活动，也主要依靠各地图书馆财政经费的支持。经费充裕的地区开展活动就相对较多，且规模较大，能有效持续发展，而经济相对落后的地区则活动较少，这造成了地区间的不平衡。因此图书馆界应呼吁相关部门设立专项公共图书馆阅读推广基金，保证图书馆阅读推广活动的开展。

(深圳图书馆窦英杰)

公共图书馆特殊人群阅读推广

公共图书馆范围内的"特殊人群"是一个针对正常读者主体而言的相对概念。IFLA将特殊群体划分为年轻群体、政府群体和弱势群体。结合国内公共图书馆读者服务的现状,现将我国公共图书馆的特殊人群分为6大类,即残疾群体、阅读障碍群体、老年群体、外来务工人员及其子女、监狱犯人和医院病人群体。这部分特殊读者由于自身或环境的原因在利用图书馆的过程中存在不便,较难正常享受图书馆的文化服务,更易沦落为社会弱势人群。公共图书馆要将服务特殊群体作为重要任务,要利用自身优势为他们创造免费教育和继续教育的机会,帮助其解决享受社会文化方面的困难,为他们提供良好的无障碍服务环境,共促全民阅读。

据2006年第二次全国残疾人抽样调查,全国(未包括香港、澳门和台湾地区)各类残疾人总数为8 296万,占全国总人口的6.34%。我国图书馆面向残疾群体的服务可追溯至20世纪30年代,但直到21世纪初,图书馆残疾群体服务才从设想变为现实。《2010年中国残疾人事业发展统计公报》显示:截至2010年年底,全国省级和地市级公共图书馆设立盲文及盲人有声读物阅览室已达到47和394个。当前我国公共图书馆为残疾群体服务的主体是视障读者,肢残读者大都在无障碍环境构建较好的情况下被当成了正常读者对待,对聋哑和智障读者的服务还处于理论探讨和初步尝试阶段,没有大规模地开展。

图书馆的阅读推广活动在更大层面上起到了鼓励残疾读者走出家门、融入社会的作用。图书馆首先要重视培养残疾读者的阅读技能,可开展盲文、盲用计算机和手语培训,为文化水平不高的人扫盲,提高他们的文化素养。其次,举办丰富多彩的阅读活动,如专题讲座、读书竞赛、有奖知识问答、讲电影、手语故事会、给智障读者讲故事等。同时,要走出去,主动送阅读到残疾读者比较集中的社区和学校,鼓励和欢迎他们使用图书馆等。再次,注重个性化服务。为了方便残疾读者,图书馆可扩大残疾读者的借阅册数、延长借阅时间;可接送视障读者到图书馆附近的公交地铁站;要为残疾读者免费邮寄图书或者送书上门,提供复印、扫描资料和文献资料传递等服务;有条件的图书馆可为视障读者提供面对面朗诵服务;遵循智障读者的身心发展规律,通过多沟通、多表扬,增加他们的自信心;为聋哑读者准备好笔和纸，以便和他们交流；在图书馆的检索界面上增添汉字手写输入系统，方便聋哑读者无障碍检索馆藏。 最后，注重先进技术产品的引进和应用。DAISY 数字有声书、彩色视频放大镜、屏幕扩大软件、语音合成器、音频描述性视频、文本电话等先进技术产品在国外非常流行，有条件的图书馆可加强这方面的产品配置。 同时，残疾读者阅读推广要注重加强图书馆残疾群体服务立法工作和无障碍环境建设，同时要组建专业的服务队伍，当然，也要与时俱进，努力推进无障碍网站建设，建立多方合作的联动机制。

阅读障碍作为一种隐形的残疾，更容易被人忽视。 阅读障碍（dyslexia）又称读写困难、读写障碍，是一种源于神经系统的特殊学习障碍，其特点是无法准确流利地识别单词，拼写与解码能力存在困难。 阅读障碍表现在识字、阅读和行为等三个方面。 美国、英国、日本、瑞典等国公共图书馆都为阅读障碍群体提供了优质的服务，如延长借阅期限、提供大字本文献、建设语音资料库等，值得我们借鉴。 国内图书馆界对阅读障碍群体的服务理论上稍有涉及，实践上刚刚起步。 深圳图书馆、广州图书馆少儿部、东莞图书馆少儿分馆、安徽省岳西县图书馆等都已积极关注阅读障碍儿童，进行了积极有效的探索。 图书馆为阅读障碍读者服务可从以下几个方面着手：做好角色定位，中立，不干预不治疗，作为补充机构，尽可能营造良好的适宜阅读障碍读者学习的文化氛围，吸引他们来使用图书馆；充实资源建设，采用以听代看的阅读方法，有意识地建立特有馆藏和善于利用现有馆藏，开设专架，内容包括易读物、大字本、绘本、有声图书和杂志、带有易读字幕的视频等；加强专业的组织建设，和阅读障碍研究机构、学校、家庭及相关政府机构建立亲密的联系，组成完善的结构关系网；重视宣传和推广，如通过图书馆网站宣传、印刷关于阅读障碍的折页、发布相关活动公告等，促进公众、政府对阅读障碍群体的理解，并争取社会的支持。

2010 年全国第 6 次人口普查数据显示，我国 60 岁以上老龄人口已达 1.77 亿，占全国总人口数的 13.26%。 随着人口的老龄化，老年读者群日益庞大，成为公共图书馆不可忽视的一支读者队伍。 公共图书馆要积极主动地为老年读者开展优质服务，使他们老有所学，老有所乐，老有所为。 国内为老年读者服务的主要做法有以下几种。 一是设立老年读者阅览室，提供文献免费阅览服务，如山东省图书馆、辽宁省和平区图书馆、湖北省襄阳市图书馆、天津市静海县图书馆等在馆内设立老年读者阅览室，配置了老年读者喜爱的各种读物和阅读设备，成为老年人休闲活动之家。二是成立读书会，吸引老年读者参与阅读活动。如浙江省平湖市图书馆、深圳市盐田区沙头角图书馆、江苏省靖江市图书馆、大连市西岗区图书馆、河北省沧州市图书馆等组织成立各种老年读书会，经常开展读书活动，让老年读者在阅读团体中享受到阅读的快乐。三是举办老年读者学习成果展，如举办各种主题的书画展、书法作品展等，在活跃了老年人的精神文化生活的同时，提高了图书馆的社会知名度。四是开办讲座，提供面对面的信息交流机会。五是开展培训活动，提高老年人利用图书馆资源的能力。深圳图书馆、合肥市图书馆、济南市图书馆、西安市图书馆、海口市图书馆等为老年读者举办电脑、书画和摄影等公益培训课程，提高了老年读者网络技术水平，激发了老年读者学习信息技术的积极性，培养了他们获取、分析和利用信息的能力。六是开展送书上门活动，提供人性化服务。上海市金山区图书馆、北京市宣武区图书馆等积极开展为孤寡老人、高龄老人送书上门服务活动，及时为老年读者送去他们急需的精神食粮，受到老年读者的一致好评。对老年读者的阅读推广要注重提高服务意识，要完善服务设施和资源，为老年读者提供零障碍阅读空间。当然，也要创新老年读者服务方式，举办形式多样的老年特色活动，运作成熟的图书馆也可考虑成立老年读者委员会，实现老年读者的自我管理。

农民工以80后和90后为主，对社会保障、技能培训、子女教育、创业理财和求职招聘比较关注。公共图书馆应在充分开展调查分析的基础上，提供有针对性的具体而明确的个性化服务，如：合理规划图书馆的网点布局，扩大图书馆为农民工服务的覆盖面；加强宣传力度，消除农民工对图书馆的敬畏感和陌生感；深入了解农民工的信息需求，完善馆藏信息资源；举办个性化的文化活动，使图书馆成为农民工的精神家园；等等。对农民工子女的知识援助包括了流动儿童和留守儿童两个方面。对流动儿童，要大力宣传图书馆，吸引他们走进图书馆，延伸服务触角，丰富服务内容，要重视流动儿童的心理健康，为流动儿童提供补充教育等；对留守儿童，要建立农家书屋、乡镇图书馆和学校图书馆联合的服务模式，并加强寒暑假期的阅读关爱活动。

为监狱犯人服务的图书馆主要有隶属于监狱的监狱内部图书馆，以及监狱联合公共图书馆合建的监狱图书馆。研究发现，公共图书馆面向监狱犯人的阅读推广规模不断扩大,受众更多,服务形式更加多元化,服务方式和服务资源更加先进和丰富,但也存在提供的图书资料陈旧、在为监狱犯人服务上仍处于观望状态、深层次的文化服务极少开展、缺少一套完整且切实有效的监狱图书馆管理政策、图书馆界对监狱图书馆的研究不够重视等弊端。公共图书馆要从严把文献质量关、开展丰富多彩的阅读活动、建立监狱图书馆服务体系、保持知识援助的持久性和稳定性等方面对监狱犯人群体进行阅读推广。

国外病人图书馆的研究历史已很悠久,美国麻省总医院、英国皇家红十字、德国医学图书馆协会等是病人图书馆的大力提倡和推动者。从1960年开始,IFLA相关专业组曾先后出版了一系列针对病人图书馆的备忘录、标准和服务指南,为我们提供了国际图书馆界服务病人群体的经验。我国图书馆为病人群体服务目前还处于探讨阶段,公共图书馆要重视阅读对病人群体的重要性,文化服务方面可从病人图书馆的形式、病人读者的阅读推广、病人图书馆的管理三个方面进行探讨。

(深圳图书馆陈艳伟)

公共图书馆数字阅读服务

1997年由国家图书馆、上海图书馆等6家公共图书馆参与建设的中国试验型数字图书馆项目是我国数字图书馆建设开始的标志。1998年10月,文化部与国家图书馆启动了中国国家数字图书馆工程,2002年起文化部启动全国文化信息资源共享工程。其后,部分省、市的数字图书馆项目也开展起来,如辽宁省数字图书馆项目、上海市数字图书馆项目等。高等院校、中国科学院、党校、军队院校等系统的数字图书馆项目建设也纷纷推出。经过十多年的规划和发展,我国图书馆数字化建设已经初具规模。数字资源建设的根本目的是为了服务,我国数字图书馆的建设也逐渐从注重系统建设、数字化资源建设转移到数字阅读服务领域。2012年两会期间,国家数字图书馆首次进驻人民大会堂为两会代表服务,与会代表、委员可登录到国家数字图书馆门户系统,享受国家图书馆丰富的中外文文献和数字化信息资源。另外,一些省市公共图书馆纷纷推出市民数字阅读计划。这些都表明公共图书馆数字阅读服务已经真切地走进我们的工作与生活。

随着数字信息技术的不断发展,数字阅读服务在公共图书馆阅读服务中将发挥越来越大的作用。2012年初国家发布《"十二五"时期文化改革发展规划纲要》,明确提出了"加快现代科技应用步伐,提高公共文化服务的数字化、网络化水平"的要求,指出要"发挥文化和科技相互促进的作用,深入实施科技带动战略,增强自主创新能力",实施文化数字化工程,设立文化资源数字化、文化生产数字化、文化传播数字化等规划项目。根据中国互联网络信息中心2014年1月发布的第33次《中国互联网络发展状况统计报告》,截至2013年12月,我国网民规模达到6.18亿,互联网普及率为45.8%,手机网民规模达到5亿。在政策和市场的双重推动下,公共图书馆将迎来一个新的数字阅读服务时代。

1. 公共图书馆对数字阅读服务的认识更加全面深刻。数字与网络信息技术正在重新定义信息服务业,它的发展不仅给信息服务业带来了新的工具,也给信息服务业带来了结构性的变革。数字阅读服务并非只是简单地将纸本文献上的内容移植到数字平台上。它是一种新的信息服务模式,是将多媒体服务、移动服务、社区化互动服务、个性化服务、微服务、多屏融合服务、即时服务等多种服务特色集于一体的数字化、网络化服务,是一种新的信息服务思想。公用图书馆将不断突破传统思维的局限,积极适应数字信息环境的变化,拓展、深化各类数字阅读服务。

2. 在服务对象上,公共图书馆将以广大读者迅速增长的数字阅读需求为依据,以青少年群体为重点,兼顾不同层次的读者群,开展数字阅读服务。同时,关注弱势群体读者的数字阅读需求,为其提供引导与帮助。

根据中国互联网络信息中心2014年1月发布的《中国互联网络发展状况统计报告》,目前我国的网民的年龄结构以10—39岁为主,10—19岁占24.1%,20—29岁占31.2%,30—39岁占23.9%;网民的学历结构以初高中为主,初中占36%,高中/中专/技校占31.2%;网民的职业结构中学生、个体户/自由职业者、企业职员相对更多。可见,当前及今后一段时间内,公共图书馆开展数字阅读服务要以青少年为主要服务对象,要注意读者的层次性,尤其是要顾及基层读者群体。

3. 在服务技术上,公共图书馆将充分利用互联网、移动互联网、云计算、大数据、Web2.0等信息技术进一步完善公共电子阅览室、数字图书馆的建设与服务,尽快普及移动数字图书馆服务,不断探索各种社会化服务、智能服务,为拓展、推进数字阅读服务搭建便捷的平台,并不断改进和优化。

（1）应用数字资源发现与整合技术，将各种分散、异构的数字资源集成到一起，建立数字资源统一检索平台，通过简单易行的操作界面对外发布，使读者能更便捷地获取各种数字化信息。

（2）顺应移动互联网的发展大趋势，全面建设移动数字图书馆，通过各种移动终端和浏览器、客户端阅读软件等为广大读者提供移动阅读服务。

（3）充分利用微博、微信、SNS等各种社会化服务平台，设立公共图书馆读者互动社区，即时互动，宣传推广、交流分享各种数字阅读精品。

4. 在服务内容上，不断加大数字内容建设力度，提高数字内容建设的系统性、科学性、针对性，提高公共图书馆数字阅读服务的质量。

（1）加快馆藏资源数字化，推进数字图书馆的建设。加强数字资源的采购工作，将购买数据库和自建数据库有机结合起来，充分利用公共图书馆优势资源，建立特色数据库。

（2）加强知识管理，对馆藏数字资源进行深度加工、聚合，开发简约的、高质量的二次或三次信息资源，满足读者深层次阅读需求。围绕重点需求，对国内外的新观点、新思潮、新动向进行跟踪，提供专题报告和汇编等服务。

（3）通过馆际互借、文献传递、联合参考咨询、联合建库、集团采购等方式实现公共图书馆界数字信息资源的共建共享。

（4）利用公共网络信息资源，加强网络信息资源的整合与开发，将其与馆藏数字信息资源相融合，统一为读者提供数字阅读服务。

5. 在服务策略上，公共图书馆将从注重数字化资源建设逐渐转移到注重数字资源的服务领域，以读者为中心，立足实用，开展读者自助、个性化服务、主动服务、移动泛在服务、社会化互动等服务，不断提高读者的满意度。

（1）建立以读者为中心的数字阅读服务机制。数字时代，读者获取内容的渠道越来越多元化，面对竞争，图书馆将不断强化读者驱动的服务机制，基于数字服务平台，运用数据挖掘等手段，即时跟踪、分析读者的数字阅读需求与行为特征，开展读者自助、个性化、智能化等阅读服务。

（2）从被动服务逐渐转向主动服务。通过人工或自动化技术手段将丰富多彩的知识内容主动送至读者面前。在日常的公众服务中，利用个性化主动推送技术，捕捉读者的兴趣爱好，即时将可能引起读者兴趣的信息推送给读者。同时，围绕社会热点需求、主流读者的核心需求，主动开展专题阅读服务，通过送上门等多种手段吸引读者。

（3）不断拓展移动阅读服务。随着越来越多的读者向移动互联网迁移，公共图书馆将逐渐普及移动数字图书馆的建设与服务，利用智能手机、平板电脑、电子阅读器等移动终端为读者提供随时随地的阅读服务。公共图书馆尤其可以通过移动图书馆为平常难得有时间到馆阅读的中青年读者提供移动阅读服务，扩大读者群，提高影响力。

（4）不断普及社会化阅读互动服务。通过公共的社会化媒体或自建的读者互动平台，加强与读者之间的阅读互动，既可为读者提供交流阅读心得、反映阅读需求的平台，又可从中了解阅读者的阅读动机、阅读兴趣，有针对性地进行阅读指导，向读者推荐有价值的阅读内容。

6. 在数字阅读服务推广方面，公共图书馆将加强建设数字图书馆协同推广平台，建立专业的数字阅读服务推广队伍，通过信息导航、专题服务、知识推荐、社会化媒介宣传、举办数字阅读推广活动等方式，更好地满足广大读者对数字阅读的需求。

（1）不断推进国家数字图书馆推广工程。数字时代图书馆的传统渠道优势不再，公共图书馆需要在注重数字内容资源建设的同时，不断加强服务推广工作。面对众多新兴数字信息服务机构的强力竞争，公共图书馆界需要联合起来，对各级公共图书馆的数字阅读资源进行全面整合，协同建立统一的数字阅读推广平台，利用全媒体传播渠道，形成覆盖全国公众读者的数字阅读服务网络，在国家、省、市、县等层面全方位开展数字阅读推广工作。由于数字信息技术打破了传统行业与地理的局限，公共图书馆的馆际合作除了传统的系统内合作、区域内合作外，要更多地鼓励馆藏数字内容结构相同与相近的公共图书馆的馆际合作。

（2）成立专业的数字阅读服务推广队伍。公共图书馆应不断创造条件，建立数字阅读服务推广队伍，以熟悉数字阅读的年轻馆员和推广经验丰富的骨干馆员为核心，利用各种理论与实践方式全面培训推广馆员，积极发挥学科馆员的专业优势，努力提高数字阅读服务推广的专业化水平。

（3）加强策划，运用多种方式推广数字阅读服务。建设基于网络的知识导航系统，对馆藏数字资源与互联网上的知识资源进行收集、加工整理、聚合，加强数字内容营销推广，通过网络推荐书目、网络文摘、网络书评、专题或热点知识推荐和链接等方式为读者提供积极、有益、健康的知识推荐与导读。推荐内容要聚焦于大多数读者的需求，主题要集中而具体，内容要简约而直接，以便有效吸引读者，形成较大影响力。要积极利用各种新兴的公共与专业阅读社区，开展与读者的交流互动，利用社会化平台的传播力大力推广数字内容。要进一步推进网络书香·全国数字阅读推广活动、全民掌上阅读活动等数字阅读推广活动，促进公共图书馆的数字阅读服务。

7. 在管理上，数字阅读服务与推广是一个系统工程，为了持续有效地开展数字阅读服务，公共图书馆应建立相应的管理体制，制定数字图书馆建设与服务规划，将其纳入整个图书馆阅读推广的总规划，在技术平台、数字内容、专业人才、资金保障等方面进行设计，同时建立日常服务制度和管理制度，建立读者互动机制，根据读者的反馈意见及时调整，不断改进数字阅读服务的水平。

8. 在国家层面上，加强顶层设计，拟定公共图书馆全民阅读规划，统筹阅读活动策划、阅读宣传推广等工作；大力组织、推广重点数字文化工程，包括公共电子阅览室计划、全国文化信息资源共享工程和国家数字图书馆推广工程等；建立全民阅读推广的绩效考核指标体系，加强对各级公共图书馆全民阅读工作的指导、督查和考核；积极组织各级公共图书馆参与国家、地方举办的全民阅读推广活动，建立与新闻出版部门、教育部门、新兴数字内容服务机构等合作的协同推广机制。

（南京农业大学茆意宏）

公共图书馆新媒体阅读推广

"新媒体"概念是1976年由美国哥伦比亚广播电视网（CBS）技术研究所所长戈尔德马克率先提出的[①]。新媒体是相对于传统媒体而言的，是在报刊、广播、电视等传统媒体之后发展起来的新媒体形态，它是利用数字技术、网络技术、移动技术，通过互联网、无线通信网等渠道以及电脑、手机、数字电视、移动设备等终端，向用户提供信息和娱乐服务的传播形态和媒体形态。

---

① 陈一茜. 试述新媒体与图书馆信息服务[J]. 图书馆工作与研究,2013(02):45—47.

而近年来，随着移动互联网及智能移动终端的快速普及，更加便捷的移动设备成为人们日常生活中必不可少的新媒体终端。中国互联网络信息中心发布的《第37次中国互联网络发展状况统计报告》[①]显示：截至 2015 年 12 月，我国手机网民规模达 6.20 亿，较 2014 年底增加 6 303 万人。网民中使用手机上网人群的占比由 2014 年的 85.8％提高至 90.1％，手机成为拉动网民规模增长的首要设备。同时，专门针对移动设备开发的移动即时通信工具，如微信、微博、手机 QQ 等用户群较多的移动终端即时通信软件，成为新媒体传播的重要形态。面对着现代信息技术的发展，新媒体的服务模式不断冲击着图书馆传统服务模式，但同时也为图书馆利用新信息技术发展、创新服务提供了契机。

一、概况

近年来，各大公共图书馆都在利用新媒体开展读者服务，如参考咨询、阅读推广、书目检索、在线借阅等。而微博、微信两大代表性移动社交应用 APP，是现在各公共图书馆开展新媒体服务的主要阵地。

（一）微博

以全国公共图书馆中认证账号粉丝数量靠前的国家图书馆、上海图书馆为例。国家图书馆官方认证账号粉丝数量为 19 万人，提供的服务包括通知公告、图书推荐、业界动态、经典诵读。而上海图书馆官方认证账号"上海图书馆信使"粉丝数量达 16 万人，提供的服务功能涵括了通知公告、图书推荐、参考咨询、查找图书、生活休闲等。

（二）微信

以公共图书馆公众号开通较早、服务功能较多的图书馆如广东省立中山图书馆、南京图书馆为例，微信服务主要包含自定义预设回复、信息推送、读者证绑定、书刊续借、书目查询、参考咨询与文献传递、数字资源推荐等。

二、公共图书馆开展新媒体服务出现的问题

（一）服务模式比较单一

虽然很多公共图书馆都开通了自己的微博认证账号及微信公众号，但仍有部分公共图书馆尚未开展此类服务。相对欠发达地区尤其是西部地区，受移动网络普

---

① 第 37 次中国互联网络发展状况统计报告[R].中国互联网络信息中心,2016:39.

及率相对较低、经济投入有限等因素制约,发展缓慢。① 同时,开展相应服务的公共图书馆中,也不乏诸多功能单一的服务模式。部分公共图书馆只将微博、微信账号作为信息公告发布平台,并未开发新媒体服务的优势,而例如读者个人信息绑定、书目检索、阅读推广平台接入等功能,才应作为大多公共图书馆发展新媒体服务的基本内容。

(二)服务对象不够精准

现阶段公共图书馆不论是微博还是微信服务,都较缺乏面向用户的精准服务,无法针对不用户群提供不同的服务内容,大多图书馆利用新媒体开展服务都是面向所有用户提供无区别的信息推送。真正对各条信息都有需求的用户群体相对较少,处理这些每日发送的无用信息,容易让用户产生厌倦心理,甚至因此取消关注。

(三)缺乏阅读推广专业人才

通过对各公共图书馆服务类型的统计发现,利用新媒体进行阅读推广服务是大多公共图书馆都在开展的一项业务。但是,由于我国还未建立图书馆从业资格认证制度,进入门槛较低,馆员素质参差不齐,同时图书馆待遇普遍不高,也很难吸引到高素质、高学历的人才,这直接导致图书馆阅读指导专业人才的短缺,影响了阅读推广的整体推进。

三、公共图书馆开展新媒体服务的建议

(一)利用软件功能,拓展服务方式

微信、微博等作为移动通信软件,都在不断地研发新的功能。公共图书馆也应积极利用微信开发的新功能,拓展多样化的服务方式。例如,图书馆可以利用微信开发的支付功能,开通滞纳金微信支付通道。读者只须通过手机即可支付超期书刊的滞纳金或其他需要读者支付的费用,省去了图书馆收取滞纳金找零的烦琐。

(二)发展不同应用,扩大服务范围

微信、微博、QQ等作为发展较快的新媒体应用,已经成为公共图书馆发展的

---

① 孙雨. 我国公共图书馆利用微信公众平台开展服务的现状调查及创新模式研究[J]. 图书馆学研究,2014(15):78—83.

主要阵地。而随着"互联网+"理念的发展,图书馆应拓展服务思路,不局限于这几种实时通信软件。例如,上海图书馆在2015年4月份,将图书馆服务纳入由蚂蚁金融服务集团和阿里巴巴集团启动的"互联网+城市服务"体系。读者在使用支付宝钱包手机客户端、淘宝手机客户端的同时,就可以方便无跳转地直接从城市服务入口查询全市255个图书馆的馆藏信息。①

(三)开展阅读推广,主动提供服务

手机阅读、移动阅读等新媒体的应用是近期公共图书馆研究的热点。② 现在社会工作压力较大,阅读时间已经寥寥无几,而手机阅读、移动阅读则尽可能地让读者利用碎片化的时间享受阅读。图书馆服务平台可以定期发送阅读推荐书目到用户客户端,让读者从接收的推荐书目中挑选感兴趣的读物,读者只须输入书名或刊名,便可获得书籍或者刊物的在线阅读链接,利用自己的碎片时间来阅读。而这样的阅读推广项目,需要图书馆具有主动提供服务的意识,能够做到为读者阅读找时间。

(四)针对不同群体,提供精准服务

图书馆应对加入其公共平台的用户进行分组,根据不同的组别,推送不同的消息,以此让每个微信用户接收感兴趣的消息,实现更精准的信息传播。例如,检索图书的用户中,可以根据其关注图书的类别进行分组,这样进行书目推荐就更有指向性、准确性。又如,可以将利用参考咨询功能较多的读者进行集中分组,以将数字资源相关信息即时、定向地推荐给他们,而不用打扰其他从没有相关需求的用户。

在互联网科技与信息结合的微时代,微信、微博等新媒体应用已经成为很多人生活中不可缺少的工具,其强大的点对点社交功能和精准的信息推送方式,为公共图书馆提供多样化的信息服务提供了广阔的创新空间。如今,越来越多的公共图书馆意识到利用新媒体开展服务的重要性,主动地、精准地为广大读者提供服务是维系并扩大新媒体服务的关键。

(金陵图书馆孙雨)

---

① 施晨露,诸葛漪. 上图读者可在支付宝钱包使用"书目查询"[N]. 解放日报,2015-04-22(004).

② 杨新涯. 图书馆:更主动,更精准[J]. 中国教育网络,2014(01):26.

阅读推广委员会[①]

阅读推广委员会全称为中国图书馆学会阅读推广委员会,前称为科普与阅读指导委员会。

阅读,是中华民族的优秀传统,也是世界文明的发展根基。20世纪90年代后期至21世纪初,由于社会、经济、科学、文化的高速发展,出现了世界范围内的全民阅读热潮,建设学习型国家、书香型社会成为时代发展的潮流。在此背景下,为了更好地发挥图书馆界在推动全民阅读活动中的指导作用,于2005年7月19日在广西桂林召开的中国图书馆学会第七次全体代表大会上,中国图书馆学会新一届常务理事会正式通过决定,筹建科普与阅读指导委员会,由第七届中国图书馆学会副理事长、北京大学教授王余光担任委员会主任,2006年4月23日在东莞图书馆召开成立会,使之成为继学术研究委员会、编辑出版委员会和对外协作交流委员会后成立的第四个学会专业委员会。2009年,正式更名为阅读推广委员会,由深圳图书馆馆长吴晞担任新一届阅读推广委员会的主任。

阅读推广委员会的宗旨和使命是:一、加强阅读文化和阅读服务的研究,让阅读回归图书馆学的主流领域,让图书馆学重新审视阅读在学科中的重要位置,这是一代学人的责任,更是图书馆工作的迫切需要;二、推进全国图书馆和各界阅读服务工作和阅读活动的开展,注重实践,关注实际,推进工作,促进发展。委员会的要求是:倡导阅读理念,保障公民阅读的权利;注重委员会的阅读职责、社会使命和教育职能。

阅读推广委员会作为中国图书馆学会致力于阅读推广、研究的专门工作委员会,承担着理论创新和实践推动的双重重任,在引领阅读事业发展、开展研究、造就人才、推进阅读、创建学习型社会等方面担负着重要的使命和责任。委员会以"保障阅读权利,享受阅读快乐"的人文关怀精神为指针,充分创意和积极创新阅读推广工作,充分发挥图书馆和各界有志于阅读推广人士的社会作用,扩大在传播知识、增益智慧、引领文化创新方面的社会影响力。阅读推广委员会前身科普与

[①] 主要参考中国图书馆学会阅读推广委员会会刊《今日阅读》第28期第1—3、24—44页。

阅读指导委员会成立初期，下设阅读文化研究委员会、推荐书目委员会、家庭藏书读书委员会、图书馆与社会阅读委员会、媒体与社会阅读委员会等5个专业委员会。如今，阅读推广委员会下设的专业委员会已经扩充到15个，分别是阅读文化研究委员会、推荐书目委员会、藏书文化研究委员会、图书馆与社会阅读委员会、媒体与阅读委员会、青少年阅读推广委员会、大学生阅读委员会、经典阅读推广委员会、网络与数字阅读委员会、阅读与心理健康委员会、图书评论委员会、图书馆讲坛推广委员会、社区与乡村阅读委员会、图书馆与科学普及阅读委员会和残疾人阅读专业委员会。

依托于丰富专业的委员会组织和各行各业的委员会专家、成员，阅读推广委员会设立了全民阅读奖，激励同行不断创新阅读推广方式，不断提高阅读推广效果；创建了全民阅读网，使全国图书馆阅读推广工作有了交流平台和对外宣传阵地；创立了品牌项目全民阅读论坛，每年在不同的城市举办一次，设立不同的主题，并且不间断地开展此项活动，收到了良好而广泛的社会影响。每年在中国图书馆学会年会上都要举办丰富多彩的阅读分会场，成为年会上精彩的亮点。

阅读推广委员会下设的各个专业委员会在各地还举办了多种多样的阅读推广活动，丰富多彩，不胜枚举，有：广东中山的"中山杯"纪念辛亥革命100周年全国青少年故事大赛、山东泰安的"图书馆阅读的影响因素"学术研讨会、河北承德的"图书馆与经典阅读"征文活动和研讨会、深圳的全国少儿阅读峰会；河南南阳的"悦读青春"专题研讨会；福建厦门的海峡两岸图书馆讲座研讨会。

作为学术研究组织，阅读推广委员会还取得了一系列重要学术成果，例如：出版阅读推广委员会会刊《今日阅读》（由苏州图书馆主编，每年四期），以及各委员会和各地图书馆办的诸多阅读刊物；出版了《中国阅读报告》《书与阅读文库》《阅读推广丛书》等一系列论著；各专业委员会出版了一系列著述和文集，如《辛亥革命百年纪念征文优秀作品集》《四地共读一本书》《播撒阅读种子，守望少儿幸福——青少年阅读推广理论与实践》等；推荐书目委员会编撰了《中国基层图书馆基本藏书推荐书目》，成为基层图书馆藏书建设的参考工具书。

纵观阅读推广委员会十年来的发展，它推动了阅读推广事业迅猛发展，促进了全国图书馆的阅读推广工作的开展，创造了良好的社会阅读环境，加快了阅读推广工作自身的建设和提高。骄傲的同时，还须理性思考阅读推广委员会的不足，阅读推广委员会吴晞认为主要表现在以下四个方面：理论研究不足，推广后劲不足，专业人才不足，人员水平不足。阅读推广工作越是发展，规模越是扩大，内容越是丰富，这些不足就会愈加突显，愈加掣肘，解决好这些问题也就愈加迫切。

中国图书馆学会副理事长、国家图书馆副馆长陈力从五个方面阐述了未来工作导向：第一是继续加大宣传阅读的力度；第二是服务阅读，将书目的推荐和导读作为一项重要工作；第三是促进阅读大环境的改善；第四是加强阅读理论与方法的研究工作，他重点强调了调研工作，指出图书馆界可以每年或定期发布一个阅读报告，提交给文化部及国家有关部门做决策参考；第五是注重新媒体和阅读的关系。北京大学教授王余光强调今后阅读推广的首要问题是引导人民回归经典阅读。南京大学徐雁教授认为今后阅读推广工作要重视以下三点：第一，阅读的起点永远是娃娃；第二，家庭是社会的细胞，让书香进入家庭；第三，校园是精英人才的孵化器，书香校园是未来发力的重点。以上观点，均具有借鉴意义。

十多年来，阅读推广委员会给全国图书馆带来了巨大的影响、冲击和改变，也对整个学习型国家、书香社会的建设做出了有口皆碑的贡献。十几年前栽种的幼苗，经过各级领导和社会各界大力支持、悉心扶植，委员会同仁们的精心栽培，现在已大树参天，恰如北宋诗人黄庭坚诗云："万卷藏书宜子弟，十年种木长风烟。"阅读推广委员会顺应潮流，生逢其时，随之又当仁不让，推动潮流，引领潮流，加速事业的发展。

（南京大学信息管理学院曹娟）

"阅读推广人系列教材"

"开展全民阅读活动是一项社会文化系统工程，需要集合全社会的力量推行。图书馆承担着传承社会文明、传播知识信息的重要职责，尤其在推动全民阅读，提高人民群众思想道德素质和科学文化素质，推动社会进步中发挥着重要作用。"中国图书馆学会理事长、国家图书馆馆长韩永进说，"图书馆界开展阅读推广工作由来已久，可以说，提供阅读场所和读本的图书馆自诞生之时就以阅读推广为自身的天然使命。图书馆员是图书馆阅读推广活动的策划者、组织者和实施者，其相关能力直接影响着图书馆阅读推广活动的成果与实效。图书馆阅读推广活动的开展离不开高素质的阅读推广人。"

为了更加规范有效地开展阅读推广活动，进而从根本上促进我国全民阅读事业的发展，中国图书馆学会于2014年年底在江苏常熟举办的全民阅读事业推广峰会上，正式启动了阅读推广人培育行动，计划培育一批专业的阅读推广人，在图书馆、学校以及更广阔的空间里发挥更大的作用，为推进全民阅读工作和书香社会建设做出更大的贡献。中山市图书馆馆长吕梅结合实践经验指出图书馆阅读推广工作主要面临以下两个问题：一是重视阅读推广活动，但阅读推广理念传播不足；二是阅读推广活动缺少针对性和持续性，不能细分读者对象，提供更具针对性的服务。

为了配合阅读推广人培育行动的开展，为了从理论上多做建树，指导阅读推广工作更加科学地进行，也为了细分服务对象，提供具有针对性的阅读服务，"阅读推广人系列教材"应运而生。2015年2月4日上午，中国图书馆学会阅读推广人培育行动教材编写会第一次会议在深圳图书馆召开。2015年12月，北京朝华出版社出版发行由中国图书馆学会策划主编的图书馆"阅读推广人系列教材"（共六册），并在2015年广州中国图书馆学会年会上正式与读者见面。

"阅读推广人系列教材"是国内第一套系统的图书馆阅读推广人培训教材，它由中国图书馆学会组织编写，由北京大学信息管理系教授王余光和中国图书馆学会秘书长霍瑞娟共同担任总主编，邀请图书馆阅读推广的领军人物担任分册主编，由中国图书馆学会理事长、国家图书馆馆长韩永进先生作序，首期推出六册，分别是《图书馆阅读推广基础工作》《图书馆阅读推广基础理论》《图书馆经典阅读推广》《图书馆时尚阅读推广》《图书馆数字阅读推广》《图书馆儿童阅读推广》，按照基础工作、基础理论及专业实践分类编写。

《图书馆阅读推广基础工作》，由苏州图书馆副研究馆员、中国图书馆学会阅读推广委员会副主任邱冠华，苏州图书馆副馆长、中国图书馆学会阅读推广委员会推荐书目委员会委员金德政主编，以国际化的视野、严谨的专业精神、丰富多样的优秀案例，为阅读推广基础工作提出了切实可行的指导意见。全书共计23万字，除却总序和延伸阅读分为八讲。开篇阅读推广工作概述，从理论视角宏观概述阅读推广的含义与作用，介绍目前国内阅读推广工作的现状；随后的第二讲到第七讲分别介绍阅读推广项目的策划、推荐书目的类型与编制、阅读节与书香城市建设、图书馆讲坛的设计、读书会的运营和培养、阅读推广类导刊导报的策划编辑与传播,以专题形式从实践层面分析探讨具体的阅读推广工作;最后一讲为阅读推广工作管理,以点睛之笔道出阅读推广工作管理的重要性和规范性,具有深刻、专业的指导意义。

《图书馆阅读推广基础理论》,由深圳图书馆原馆长、研究馆员,中国图书馆学会阅读推广委员会主任吴晞主编,共计20万字,除却总序、延伸阅读和后记之外编成八讲。第一讲、第二讲和第四讲梳理了我国阅读推广活动及其研究的发展历史、现状及未来方向;第三讲介绍了海内外图书馆阅读推广实践的经验,为我国图书馆事业提供了理论、方法和实践上的指导;第五讲对阅读立法进行了综述;第六讲着重关注残障群体的阅读推广;第七讲将目光投向了阅读推广的民间力量;第八讲则颇具实用性地从专业的角度对阅读推广活动的专业研究与论文撰写进行了指导。

《图书馆经典阅读推广》,由山东图书馆副馆长、研究馆员,中国图书馆学会阅读文化研究委员会主任李西宁和深圳图书馆馆长、历史学博士、副研究馆员张岩联合主编,共计25万字。除却丛书总序、延伸阅读和后记之外,另含八讲,分别围绕经典阅读推广概述、经典阅读的意义和经典的选择、经典阅览室及设计、工具书与经典阅读、经典版本与经典阅读、乡邦文化与乡邦经典阅读、经典阅读推广的方法与实践、经典导读这八个主题展开论述,从图书馆经典阅读推广理论与实践双重角度,揭示图书馆经典阅读推广的实践现状,总结其理论经验,具有重要的参考价值。

《图书馆时尚阅读推广》,由北京大学图书馆副研究馆员、《大学图书馆学报》副主编、中国图书馆学会阅读与心理健康委员会主任王波主编,遴选出近年来在图书馆领域,特别是高校图书馆中出现的影响广泛的阅读推广新案例。全书共计20万字,除却丛书总序、导论《图书馆时尚阅读推广概述》和后记之外,共有十二讲,介绍十二个图书馆时尚阅读推广案例,分别是:北京大学图书馆的密室逃生阅读推广,上海交通大学图书馆的"鲜悦(Living Library):以书为人,分享智慧",阅读·融入生活——杭州图书馆的阅读疗愈项目,湖南省高校图工委在全省37所普通高校组织的一校一书——经典、精读、经世阅读推广活动,北京大学图书馆推出的摄影展和年度好书推荐相结合的阅读推广,浙江师范大学图书馆的读书·阅人——真人图书馆阅读推广,北京大学图书馆的书脸阅读推广,郑州大学图书馆的读书达人秀,北京大学信息管理系主办的出版与阅读文化读书沙龙系列活动之香氛、手作书籍与时尚阅读,南阳师范学院图书馆的书模表演——视听文化相结合的阅读推广,"以书为媒,读去心病"——泰山医学院图书馆的阅读疗法,以及南京理工大学图书馆的"让身心灵书籍做你的保健医生"等。

《图书馆数字阅读推广》,由东莞图书馆馆长、研究馆员,中国图书馆学会图书馆与社会阅读委员会主任李东来主编,共计20万字,专门介绍图书馆数字阅读推广的相关理论与实践。除却丛书总序、延伸阅读和后记之外,全书主要有八讲:第一讲,《数字阅读:"滑"时代的阅读转型》,立足于整个人类社会的阅读史介绍了数字阅读的产生与发展,图书馆在数字阅读时代下的坚守和思考;第二讲,《解密数字阅读》,详细介绍了人类阅读方式的转变,并且从数字文献的生成、利用和保存以及数字阅读用户行为特征等方面解密数字阅读;第三讲,《电子书阅读器》,介绍了重要的数字阅读载体——电子阅读器的产生与发展,特别介绍了阅读器在图书馆的应用情况;第四讲,《移动阅读的世界》,全面介绍了电子阅读器、手机、平板电脑三类移动阅读载体,以及图书馆利用移动阅读开展服务的实践;第五讲,《儿童数字阅读——教育与阅读的新起点》,分析了儿童数字阅读的利弊,介绍了图书馆儿童数字阅读服务现状,以及儿童数字阅读产品;第六讲,《大学生数字阅读那些事儿》,分析了大学生数字阅读现状,并总结了高校图书馆针对大学生开展数字阅读推广的实践,特别提出要培养大学生数字阅读素养;第七讲,《"e时代"的网络阅读资源》,给读者提供了丰富的网络阅读资源,值得参考;第八讲,《数字阅读推广活动组织与策划》,重点介绍了几个典型的数字阅读推广活动,具有很强的实践指导意义。

《图书馆儿童阅读推广》,由天津少年儿童图书馆馆长、研究馆员,中国图书馆学会未成年人图书馆服务专业委员会副主任李俊国,以及合肥市少年儿童图书馆馆长、书记、副研究馆员,中国图书馆学会未成年人图书馆服务专业委员会委员汪茜主编。全书共计25万字,除却总序和延伸阅读,共分为八讲。第一讲从儿童阅读推广的概况谈起,接着第二讲对儿童读物的分类和选择进行介绍,随后第三讲和第四讲系统地阐述了国内外儿童阅读推广理论与实践,并在第七讲和第八讲对优秀的儿童阅读推广案例进行了深度的剖析与展示。第五讲和第六讲则重点介绍了儿童阅读推广活动中常用的两种形式：故事会活动和暑期阅读活动。全书系统地对公共图书馆在儿童阅读推广中的地位和作用进行了阐述，并从理论与实践两方面给予读者指导。

"阅读推广人系列教材"的编写汇聚了图书馆领域的权威专家和具有实践经验的一线工作者，以前沿的视角、专业的理论高度和生动翔实的案例为广大阅读推广人提供集实用性、知识性、趣味性于一体的理论与实践指导。丛书总的设计原则是先定大纲，从图书馆的实际需要和图书的系统性要求出发，确定各分册的主题和分册各分讲的主题，然后"因题找人"，邀请在这一方面有研究成果和实践经验的人来编写。除此之外，丛书部分分册还附有延伸阅读资料，即与该书主题密切相关的已有成果的摘录，具有重要的参考价值。

这一系列教材已经被国家文化部门确认为阅读推广人指定用书，为中国图书馆学会阅读推广人培育行动唯一指定教材。尽管如此，阅读推广人培育行动仅靠这一系列教材、六个分册是远远不够的，还需要大量更加专门、细分的业务指南，比如针对儿童阅读推广工作，要依照其推广对象的年龄，提供更加专业的、细致的指导，待同仁们继续完善。

（南京大学信息管理学院曹娟）

阅读推广人的培育

我国的阅读推广人来自社会的各行各业，有专业人士，也有业余从事阅读推广的人士，有个人，也有机构组织。他们可能是图书馆员、作家、独立书评人、阅读推广研究者、民间图书馆创办者、阅读爱好者、朗读义工，等等。对于何谓阅读推广人，目前尚未产生一个统一的概念。中国图书馆学会对阅读推广人的定义是："阅读推广人是指具备一定资质，能够开展阅读指导、提升读者阅读兴趣和阅读能力的专职或业余人员，培育对象包括各级各类图书馆和科研、教学、生产等相关企事业单位人员及有志参与阅读推广事业的其他社会人员。"[①]《深圳市阅读推广人

---

① 中国图书馆学会.中国图书馆学会召开第六届青年学术论坛和阅读推广人培育行动记者会[EB/OL].[2016-01-30].http://www.lsc.org.cn/c/cn/news/2014-11/06/news_7571.html.

管理办法》将其定义为"通过多种渠道、形式和载体向公众传播阅读理念、开展阅读指导、提升市民阅读兴趣和阅读能力的专业和业余人士"[①]。无论怎样对阅读推广人进行定义,毫无疑问的是,一个合格的阅读推广人必须具备良好的阅读能力、组织策划能力、沟通表达能力和亲和力[②],必须具备阅读推广的基础知识,知晓其阅读推广目标群体的特征。

在培育阅读推广人的实践方面,深圳市较早地做出了探索。2012年6月,由深圳读书月组委会、深圳市文体旅游局主办,深圳少年儿童图书馆承办了深圳首期阅读推广人公益培训班。这是国内首个由政府牵头组织的阅读推广专业化培训。培训为期三个月,培训内容分为课程授课、观摩实践和水平测试三个环节,由国内知名出版人、作家及资深阅读推广人授课,参与首期培训班的正式学员共54人,旁听学员50人。[③] 最终有34人通过了学员现场能力测试,获得阅读推广人资格聘书,成为深圳首批官方正式认可的、具有明确阅读推广人身份的阅读推广工作者。根据《深圳市阅读推广人培训计划》,深圳将从2012年起用五年的时间培养500至800名阅读推广人,依据《深圳市阅读推广人管理办法》对阅读推广人进行系统培训和管理,并对其阅读推广工作提供必要资助。[④]

此后又有多地政府、图书馆、行业组织等将目光投向培育阅读推广人这一全新领域。浙江省图书馆学会主办,温州市文化广电新闻出版局、温州市图书馆等单位承办了温州亲子阅读推广人公益培训,160余位图书馆员、40余位亲子阅读推广志愿者参加了培训。[⑤] 江苏常州、镇江、张家港、湖南益阳等城市均在政府主导下开办了阅读推广人公益培训。

2014年11月,上海市图书馆学会成立阅读推广人工作组,专门探索阅读推广人培育工作,开展培训,建立阅读推广人制度,将浦东图书馆作为示范性试点单位,并将阅读推广管理中心设立在浦东图书馆,以阅读推广人工作组为领导小组,负责阅读推广人管理办法、认证细则、培训课程方案等制度设计,以及阅读推广人

---

① 谯进华.深圳阅读推广人的实践及发展[J].特区实践与理论,2013(02):64—66.
② 陈晓梅.阅读推广人专业能力构建的理论探讨[J].兰台世界,2015(35):125—126.
③ 赵艺超."深圳首期阅读推广人培训班"在深少图开班[J].公共图书馆,2012(03):89.
④ 聂灿.首批34位阅读推广人诞生[N].深圳商报,2012-10-11(C01).
⑤ 直击"温州亲子阅读推广人公益培训"[J].图书馆研究与工作,2015(02):12—13.

培训计划的实施、阅读推广人认证等具体管理协调工作。试点成功后，培训工作将在其他区县、高校馆等陆续推进。课程体系采用"3+X"模式，其中"3"为固定课程模式，包括理论课程、实践课程与教学展示。理论课包括必修课程与选修课程两部分，必修课程主要包括图书馆服务理念、教育学、心理学、人文素养、阅读与方法、活动策划与推广等，选修课程以图书馆开展的各种阅读推广活动为主。"X"为根据具体培训对象灵活设计的其他类型的课程模式。根据服务对象及需求，阅读推广人可划分为幼儿阅读推广人、少儿阅读推广人、青年阅读推广人、老年阅读推广人、盲人阅读推广人、数字阅读推广人等，并逐步开发设计相应的培训内容。目前"X"类型课程中已开发了幼儿阅读推广人、数字阅读推广人的培训内容，并将进一步拓展。①

2014年12月，作为全民阅读推广工作的主要行业组织，中国图书馆学会在2014年全民阅读推广峰会上启动了阅读推广人培育行动。学会以图书馆界、教育界、新闻出版界相关专家为基础，组建指导委员会，开展阅读推广人培训。培训课程体系分基础级、提高级和研究级三级，学员须逐级培训与考核，通过者由中国图书馆学会授予阅读推广人基础级、提高级或研究级培训证书。② 2015年年初，阅读推广人行动培训教材编写工作启动，分基础教材、专业化教材、理论教材三个梯级进行。首批六册教材《图书馆阅读推广基础工作》《图书馆儿童阅读推广》《图书馆经典阅读推广》《图书馆时尚阅读推广》《图书馆数字阅读推广》《图书馆阅读推广基础理论》已于2015年12月出版。这是国内出版的第一套阅读推广系统培训教材，填补了图书馆阅读推广专业人才培养的一项空白，也为其他行业的阅读推广人提供了专业的学习材料。③

同时，民间阅读推广组织也在培育阅读推广人方面发挥了重要作用。例如，在亲子阅读推广中具有广泛影响力的悠贝亲子图书馆成立了中国民间亲子阅读专业

---

① 杨飞.构建专业化的阅读推广人队伍——上海市图书馆学会阅读推广人培育工作实践[J].新世纪图书馆,2015(07):38-42.

② 中国图书馆学会.中国图书馆学会召开第六届青年学术论坛和阅读推广人培育行动记者会[EB/OL].[2016-01-30].http://www.lsc.org.cn/c/cn/news/2014-11/06/news_7571.html.

③ 窦英杰."阅读推广人"培育行动教材编写会在深圳图书馆召开[J].公共图书馆,2015(01):81—82.

培训机构悠贝阅读学院,组织阅读专业培训 300 余场,上万人次参与培训。悠贝亲子图书馆通过专业培训和挑选组成阅美妈妈讲师团,推出故事达人训练营和阅读陪伴指导服务,借此将阅读理念传递给更多家庭,培育更多会讲故事的人,提升家庭亲子阅读陪伴的质量。①

(国家海洋局第一海洋研究所马德静)

公共图书馆馆办阅读刊物

自 2007 年以来,为了更好地推动全民阅读,上海、浙江、江苏和广东等地公共图书馆先后自编自印,办起了馆办阅读刊物。这类公共图书馆馆办阅读刊物,属于非正式出版物,多数没有公开刊号(有的是内部准印证),没有定价,同时也没有向书刊市场发行的逐利企图,仅在图书馆界和阅读界内赠阅、流转、阅读和收藏。

2007 年至 2015 年近十年间,公共图书馆馆办阅读刊物从最初的萌芽到逐渐走向成熟,其目的由最初的馆藏资源推荐,延伸为业务宣传和读者沟通,其导读性和阅读推广作用日臻完善,业已成为公共图书馆开展全民阅读推广工作的重要载体,并在开展人文经典导读活动,发掘、推荐好书佳作及乡邦文献,激发读者阅读情意,培养读者阅读兴趣,提升读者获取知识和信息的能力上,起到了积极作用。

2014 年 4 月 2 日,阅读推广内刊内报专题座谈会在苏州图书馆召开,会上表彰了 2014 中国图书馆阅读推广类十佳内刊内报,其中属于公共图书馆所办的有以下八家。

一、《水仙阁》

《水仙阁》,季刊,创刊于 2007 年,由浙江海宁市图书馆编印,刊名来源于 110 年前海宁市图书馆的诞生地——水仙阁。该刊注重办刊品位,图文并茂,集地域性、学术性和史料性于一身,又融知识性与可读性于一体,在众多馆办阅读刊物中别具一格。主要栏目包括《会议专辑》《紫薇讲坛》《馆情动态》《图书馆论坛》《图

---

① 陈雨欣.我自豪,我是阅读推广人——悠贝亲子图书馆的阅读推广之路[J].出版参考,2015(14):32—33.

书推荐》《要闻传真》《藏书春秋》《网络文摘》《野史钩沉》《人文地理》《文史随笔》《海宁人物》《海昌风情》《艺海泛舟》等。

二、《文澜》

《文澜》，季刊，创刊于 2007 年，由杭州图书馆与华宝斋合作创办。作为一本与文脉渊源、物华天宝的历史古都杭州互为映照的人文类刊物，其宗旨是反映杭州深厚的历史积淀和人文传统，传承独特的杭州文脉，修复杭州人文生态，推动全社会阅读之风。

刊物内容主要分为两大部分，一是与杭州相关的各类文章，二是不限地区的有关于读书的文章。共设置了十一个栏目：《吴山天风》《孤山听雨》《湖畔小酌》《南屏晚钟》《蕉石鸣琴》《天放一角》《笕十八味》《仲夏夜梦》《柳浪闻莺》《十里琅珰》和《文澜书话》。

三、《尔雅》

《尔雅》，双月刊，创刊于 2008 年，由江苏太仓图书馆编印，是一本地域文化特色鲜明的杂志，被中国图书馆学会阅读推广委员会指定为书香园地期刊之一。

全刊紧紧围绕太仓地域符号，所收录的文章主要以与太仓相关的地方文献为主，以太仓的历史文化为轴心，刊登娄东乡土民俗人情的回忆性散文，太仓历史文化的随笔性文字、研究性文章等，兼及名人谈论读书的文章，以及部分导读书目，可读性、思想性与文艺性俱佳。

四、《阅微》

《阅微》，季刊，创刊于 2008 年，是金陵图书馆创办的阅读指导与图书评论小刊物。刊名源自清朝名士纪晓岚为他的阅微草堂写的诗："读书如游山，触目皆可悦。千岩与万壑，焉得穷曲折。烟霞涤荡久，亦觉心胸阔。所以闭柴荆，微言终日阅。""微"即微言大义，微中有妙，也是人生冷暖，微小如尘，这是纪晓岚的悟道，也是该刊创办的初衷。

《阅微》的主要栏目有《访问》《文笔》《人物》《赏读》《回放》《观点》《行旅》《荐书》等，刊登文章不拘一格，形式多样，与书有关的人、事及周边种种，都有一席之地，同时注重发掘南京本地文献，主张文本的延伸阅读。

五、《今日阅读》

《今日阅读》，创刊于 2008 年，是由苏州图书馆承编的中国图书馆学会阅读推广委员会会刊,旨在倡导全民阅读,沟通图书馆界与阅读界、书业界的交流。

杂志着眼于全民阅读的整体研究,设有《阅读讲演堂》《阅读数字化》《晒书大家乐》《品茗书话室》《书香环球风》《说书可园亭》《导读书目簿》《天地阅览室》《亲子阅读坊》《新书推介榜》等栏目。

六、《读读书》

《读读书》,季刊,创刊于2009年,由江阴市图书馆编印。设有《在读书》《在书房》《在写书》《在生活》等栏目,系阅读文化专业委员会会刊,致力于为读者与阅读架起一座桥梁,通过这座桥梁传达阅读的美好。

七、《易读》

《易读》,季刊,创刊于2011年,由广东东莞图书馆、中国图书馆学会图书馆与社会阅读委员会共同推出。栏目内容涉及图书导读、学习方法、数字阅读、藏书出版、阅读活动各方面。本刊既关注阅读的现实话题,也追寻阅读的历史脉络;既有原创的书人、书事、书话、书评文章,也有利用图书馆丰富的文献资源和独有的检索工具提供的大量信息,雅俗共赏。

八、《温州读书报》

《温州读书报》,月报,创办于1997年,由温州市图书馆主办,8开4版。以"立足温州,面向全国,瞭望域外"为旨趣,报虽不大,文章短小耐读,内容丰富,紧贴时代,注重信息量,更注重思想性;注重可读性,更注重可靠性。

一版《文讯》,反映书界新闻和出版动态;二版《书窗》的《精品书廊》和《书刊选摘》子栏目开拓读者视野;三版《书香》分享读书体会;四版《瓯风》细数温州历史。该报重视推介温州历史文化,以抢救挖掘区域文化资源为己任,并公布温州图书馆每月捐书者的姓名和所捐书目,成为展现温州图书馆人精神面貌的一个窗口、介绍区域历史文化的一张名片。

除了这八份广受业界和读者好评的馆办阅读刊物,活跃在阅读推广一线的刊物还有许多,如成都图书馆的《喜阅》、慈溪市书馆的《上林》、宿迁市图书馆的《阅读文化》、上海徐汇区图书馆的《满庭芳》等。

(杭州图书馆聂凌睿)

馆员书评与阅读推广

说到书评，很多人认为是评论家的事，是出版界的事，和图书馆没有什么关系，其实，书评一直与图书馆有着深度关联，自民国以来，馆员写书评也一直是图书馆界的传统，但因种种原因未能发扬，20世纪90年代初期起，图书馆员与书评再度得到关注。

关于书评概念，《中国大百科全书》认为①，图书评论是对图书的内容与形式进行评论，并就图书对读者的意义进行研究的社会评论活动，简称书评，而萧乾认为②，书评是一种为一般读者所写的一般书籍的批评。书评的基本内容包括版本、内容、特点、作者及作者其他作品等。书评具有通报、激励、控制、导读等四大功能。③ 书评的独特之处在于它的信息指向性以及它在图书、读者、作者、编辑的传播链中所发挥的重要作用，有着重要的功能意义。

书评写作没有简单的公式可以照搬和遵循的，必须按照读者、发布媒介和评论对象的不同来加以区别对待，但是书评的写作还是有规范可循的。书评艺术是一个综合体，大至立意、谋篇，小至修辞、标点，无所不包。

书评需要有基本的形态，这些是读者所需要的最基础内容，比如，书的作者、编者、译者，书的版本、内容、样貌、特点，这个作者还写过什么书，等等，横向纵向相结合，以便读者对图书做出判断。同时，应确定好文章的结构和布局，使得书评能够为读者轻松读懂，对文章内容、文辞加以提炼和剪裁。

在撰写中，须注意以下几点。第一，选择写书评的对象，必须是自己所熟知的学科，或者是有感而发，才能真的打动人。第二，建立书评的公共立场。书评既不能媚俗，充斥商业化的元素，也不能纯粹作为文人雅士之间的一唱一和，应对书的价值做出理性的倾向性分析，切实地对大众的阅读起到作用。第三，书评中的溯源和比较。"若要做出评论，那么还得再多读些书，横向上应包括其他作家的同类

---

① 中国大百科全书光盘1.1版[EB/CD].中国大百科全书出版社,2004.
② 萧乾,李辉,等.书评面面观[M].人民日报出版社,1989:8.
③ 刘宏源,汤美玲.论书评的性质和职能[J].图书馆,2001(4):47—48.

之作，纵向上凡对此书有影响者皆应涉猎"，在与其他的作品比较之中，发现作品之间的关联，这样有利于读者发现更富吸引力、更具挑战性的作品。

馆员书评是指图书馆员通过对馆藏书籍进行精读之后，对书籍进行描述和评论，达到向民众荐读、导读的目的。馆员书评的功能主要是导读、评价、发现、反馈、提升，通过内容和信息的介绍、倾向性评价，引导、辅助读者在阅读中有所发现，实现读者与书的反馈交流。相对于其他书评，馆员书评具有自己的优势：独立的立场、强大的资源、馆员与读者的交互等。这些优势使得发展馆员书评，深度推进阅读推广成为图书馆界书评工作的重要抓手。

近年来，我国馆员书评取得一些发展，学界大力倡导，图书馆勇于探索，形成了多元的馆员书评发表平台，包括图书馆网站、馆办阅读报刊、专业杂志和大众媒体。杭州图书馆于2010年10月在网站上创设"心随阅动·书评随笔"栏目，由文献借阅中心负责，刊登馆员书评，记入馆员月度绩效考核，截至2015年2月4日刊登馆员书评逾500篇。《图书馆报》于2011年3月设立《馆员书评》版，截至2015年1月刊登156篇书评。《水仙阁》《今日阅读》《悦读时代》《读读书》《阅微》《书林驿》等馆办刊物是馆员书评较为集中的发布平台。另外，在专业杂志上发布的馆员书评多围绕学科专业知识展开。在大众媒体上，馆员书评尚未形成规模。此外，还建成了一些馆员书评交流平台。比如，由中国图书馆学会阅读推广委员会主办，图书评论委员会、《图书馆报》、成都图书馆、大连图书馆、金陵图书馆、南京邮电大学图书馆、厦门市图书馆承办的馆员书评征集活动，连续三年举办，共征集到文章千余篇，涌现了一批兼具思想性、趣味性的优秀馆员书评作品，前两季的作品由李海燕主编，结集成《书读义见》，于2015年由华龄出版社出版。

馆员书评的发展也存在着一些问题。一、未得到足够的重视。当下馆员书评往往被视为非常规的读者活动手段，馆员书评未得到足够的重视。比如，虽然近年阅读推广成为图书馆核心业务之一，但图书资料专业技术职称评审标准中的专业技术能力及业绩条件未涉及馆员书评。再如，图书馆未将馆员书评纳入馆员业绩考核范围，更未将馆员书评视为专业研究成果。二、整体质量有待提高。馆员书评存在一些通病，比如：未掌握书评的基本结构，没有将基础信息传递给读者；就书论书，浮于表面；有些文章存在堆砌、拼凑现象。究其原因，主要是缺乏理论指导、实践培训，以及馆员知识结构存在缺陷。三、均衡发展不够。《书读义见》选编了47篇书评作品，从年龄看，资深馆员、年轻馆员各显神通；从性别看，女性馆员撑起大半边天；从地区看，只覆盖了20个省份；从图书馆类型看，高校馆和公共馆平分秋色，其他类型的图书馆少；从所评书籍学科看，社会科学、自然科普、军事法律等门类几乎没有，经典和畅销作品重叠严重。 四、无法检索回溯。 馆员书评的发布渠道多种多样，比较分散，缺乏系统的收集和整合，不能系统性地进行检索、回溯。

馆员书评的独特之处在于它是一种站在知识传播的出发点，面向大众进行的公益性、义务性的阅读指导和读物推广文体，出自图书馆馆员之手的书评作品，体现的是"为人找书，为书找人""每个人有其书，每本书有其读者"的图书馆存在价值和服务理念。① 在馆员书评推广要注意以下几点。

一、重视馆员书评

一是将馆员书评纳入馆员职称评审和业绩考核体系；二是组织各具特色的馆员书评活动；三是建立馆员书评数据库；四是组织专业培训，培养书评馆员；五是强化馆员书评平台建设，扩大馆员书评的影响力。 这些举措要取得实效，需要进行顶层设计，并且图书馆界要形成合力。 比如，书评与荐书紧密相连，可以利用图书馆现有品牌借力打力。 文津图书奖是2004年由国家图书馆发起、全国图书馆界共同参与的公益性图书评奖活动，若在公布获奖名单后，辅之以馆员书评的介绍、评介，再以此为基础开展读者沙龙、书友会活动，就能产生更大的社会效益。

二、创新馆员书评

在网络时代，馆员书评平台和书评形式须推陈出新。 比如，微书评以短小精悍的评荐、一语即中的分析等优势，往往能在当前"关注力稀缺"的时代让读者迅速了解一本书，并在社交媒体上产生互动，使相关书籍及其内容广为人知，提升相关作品的阅读率。 再如，可以结合热点开展书评活动。 2014年美国科幻片《星际穿越》放映后，有网友就辨认出小女主角房间书柜里的书，图书馆员可迅速跟上，就这些书写作书评，读者的认可度和关注度便能提升。 美国布鲁克林图书馆推出人工推荐书目服务BookMatch，在算法盛行的大数据时代，这似乎是逆流之举，但

---

① 徐雁.书海慈航:馆员书评与阅读推广:在2013中国图书馆年会"馆员书评与全民阅读推广"分会场上的主旨报告[R].上海浦东,2013.

图书馆发给读者的是经过深思熟虑的、人与人之间生息相闻的书单，体现了图书馆的人文情怀，深受欢迎。

三、从读者视角切入

倡导图书馆员撰写书评，是要更好地发挥图书馆专业馆员了解图书、阅读视野开阔、阅读量大、"动之以情，晓之以理"、持之以恒的优势，在被称为"主持式"的导读推广服务中，尽可能地向读者提供广泛而全面的读本和选择，把判断、选择阅读的权利交给读者本人。馆员书评要实现与读者声息相通，就必须与读者更多地互动，切中读者需求。读者在接受、采取阅读的同时，也会被导读者的意识与观点所感染，自觉和情愿地接受导读者的观点和推荐。①馆员书评是连接图书馆与读者的桥梁，这要求馆员书评的第一要义是从读者角度出发。

四、提升书评馆员的素养

馆员书评的质量取决于书评馆员的素养。书评馆员需有良好的阅读观念和阅读方式，这是撰写书评的基础。汪丁丁认为，宽带时代学生阅读方式分为三类：一是追随社会时尚的阅读；二是随机阅读；三是老师让读什么就读什么。还有一类可称为"正确的阅读方式"，正确的阅读旨在开发正确知识的判断力，在任一领域首先追随作者或知识的权威阐释者，学习大师的判断力。②书评馆员要正确阅读，在某一领域构筑自己的知识结构；针对学科与主题不同层级的图书，能识别并提供不同的书目与荐读服务。只有大量阅读，才有可能贯通，输出，也才能从自己开始营造阅读氛围；只有拥有熟悉的知识领域，才有可能针对某个群体进行导读。将自己的发现与读者分享，服务读者，为读者提供书目及导读，应成为书评馆员的职业素养。

（金陵图书馆 李海燕）

暑期阅读项目

为了培养儿童和青少年的阅读兴趣，减少暑期可能带来的阅读或学习技能的缺

---

① 严峰.从馆员书评开始,引领全民阅读的深入[J].新世纪图书馆,2014(1):18.
② 汪丁丁.互联时代的阅读与思维[EB/OL].[2015-03-22].http://www.aiweibang.com/yuedu/dushu/1725244.html.

失，并养成终身阅读的习惯，国内外众多公共图书馆都将暑期作为儿童和青少年阅读推广的黄金季。

一、英国"暑期阅读挑战"活动

每年暑期，英国阅读协会（The Reading Agency）都会开展暑期阅读挑战活动。此活动始于1999年，以4—11岁儿童为主要活动对象，目前已经成为英国规模最大的阅读推广活动，旨在鼓励孩子们在暑期期间从图书馆任意挑选阅读自己喜欢的6本图书进行阅读。为保证项目的创新性，每年选取不同主题，比如2015年"打破纪录者"、2014年"神秘迷宫"、2013年"令人毛骨悚然的房子"等。想参加的儿童可就近到当地公共图书馆报名，获得一个资源包，每年资源包中的物品依主题不同而有所区别。每个儿童读完一本书就能免费获得一张贴纸和相关奖励，并在阅读完6本图书后获得证书和奖牌。参与挑战的儿童能在暑期阅读挑战网站上在线记录自己的阅读进度，分享阅读书目，并通过一个图书选择的小程序（Book Sorter）获得下一部图书推荐建议，同时还能玩与主题相关的在线游戏和智力测验。

2011年，此活动吸引了全国97%的图书馆和78万的少年儿童（其中44%为男童），80%的活动参加者认为自己的阅读能力已有明显提高，有5.5万人成为图书馆新增持证读者。2015年超过80万儿童参与了暑期阅读挑战，除了76万4—11岁儿童响应外，有些图书馆甚至将活动对象推广到学龄前儿童，共吸引了22万4岁以下学龄前儿童参与，较之2014年增加55.4%。暑期阅读挑战活动还招募12—24岁青少年志愿者，2015年共招募9 366名，2014年有8 126名志愿者参与其中。此外，英国阅读协会与英国皇家盲人协会（Royal National Institute of the Blind，简称RNIB）一起协作设计大尺寸阅读材料，提供给特殊群体（如有阅读障碍儿童和盲童），做到每一个孩童都有参与并享受此次活动的权利。

全英各个小学以不同方式积极参与其中，学校与公共图书馆联动宣传暑期阅读挑战活动，提供招贴画、发布公告栏信息、幻灯片演示以及图书馆特别印制的宣传册等方式来吸引少年儿童到馆阅读；其次鼓励孩子们使用学校网站交流心得，了解阅读进度，激发阅读兴趣；同时向家长宣传暑期阅读挑战活动的重要性，以期获得家长的配合与支持。更重要的是，由于是全国统一的活动，参与活动的图书馆可以共享很多在线资源（如活动主题、海报设计、推广网站以及其他资源），因此对单个图书馆来说,既方便又节省活动经费,对于全国图书馆来说,也很容易在成本控制方面达到规模效应,活动的效果也更容易进行统一口径的统计或测量。

二、美国公共图书馆"暑期阅读项目"

美国公共图书馆暑期阅读项目(Summer Reading Program)始于19世纪90年代,经过百年的发展已较为成熟,逐渐演变成为美国的全国性明星活动。活动从6月持续至8月,主要开展对象为儿童与青少年,近些年越来越多的图书馆也开始为成年人量身定做相关阅读活动。暑期阅读项目以防止暑期阅读能力缺失为重要目标,以培养人们终身阅读为最终目标。2001年,时任美国教育部部长的佩吉先生和当时的副总统夫人切尼发起暑期阅读运动(Summer Reading Campaign),提出"前所未有的阅读假期",以此鼓励父母在暑期里与孩子一起阅读,关注儿童的阅读能力。此项运动也使得美国公共图书馆年复一年的暑期阅读活动进入黄金发展时期。

此项目获得了联邦图书馆基金《图书馆服务和技术法案》(*The Library Services and Technology Act*,简称LSTA)的支持,另有私人基金会提供实物或资金捐助。暑期阅读项目的组织者暑期图书馆合作项目(Collaborative Summer Library Program,简称CSLP),是民间非营利组织,CSLP每年会制定一个阅读主题,并分别对儿童、青少年、成年人提供不同的暑期阅读计划。CSLP的会员图书馆可以以最优惠的价格购买与儿童、青少年和成年人活动项目相关的高质量推广材料,如印有主题插画的海报、阅读日志、书签、证书以及各类奖品,有效减轻了图书馆员设计活动所耗费的人力、物力。同时CSLP每年组织活动培训,编制详尽的活动指导手册,进一步保证了暑期活动的顺利进行。各个州也会对州内图书馆的暑期阅读项目有所指导。各公共图书馆就围绕每年主题,利用州图书馆和CSLP提供的材料,加上本馆的创意,开展别具一格的暑期阅读项目。

针对学龄前儿童,美国开展的活动类型主要是讲故事(Storytimes)和读给我听(Read to Me),由家长为自己的小孩登记注册参与活动。以俄勒冈州蒙诺玛郡图书馆为例,其讲故事活动分别针对0—12个月、1岁、2岁、3—6岁儿童开展,都需要家长的陪同。这个活动向孩子介绍书籍并为他们大声朗读。针对青少年,从早期的暑期阅读至今,一直保留着的传统项目是阅读日志(Reading Logs)。图书馆开列一份清单,或者由未成年人自己选择图书,定期将自己的阅读成果记录在阅读日志上。青少年在活动时间内阅读了一定数量的书籍或达到了一定的阅读分钟数，则图书馆颁发相应的证书。许多图书馆在暑期为青少年提供志愿者项目。除此之外还有针对青少年和儿童开展的一定主题的折纸活动、手工艺品制作、填色活动、参观活动等。许多公共图书馆还为有视觉障碍和身体残疾的未成年人，及偏远地区和低收入家庭的孩子提供暑期阅读活动。

三、香港公共图书馆"阅读缤纷月"

自 2002 年开始，香港公共图书馆每年在暑假期间均会举办大型儿童阅读活动——阅读缤纷月。香港公共图书馆有 68 个固定图书馆和 12 个流动图书馆，香港中央图书馆和其他公共图书馆每年围绕不同的主题开展为期一个月的活动，以丰富有趣的主题展览和多样化的综艺阅读活动，推动并鼓励儿童和青少年进行暑期阅读和亲子共读，这些活动包括亲子阅读讲座、综艺表演、互动故事工作坊、亲子工作坊，以及亲子演绎比赛等。此外，图书馆也会出版与主题相关的馆藏推介，让家长、老师与小朋友了解如何利用图书馆的书籍与其他馆藏资源，进一步探索相关的阅读课题。每年暑期前，香港公共图书馆都会在网站上传阅读缤纷月的活动小册子，内有香港中央图书馆和其他公共图书馆详细的活动安排和参赛表格，并附有活动一览表，便于家长与儿童了解每天各图书馆开展的活动。

阅读缤纷月的重头戏是亲子工作坊，活动完全按照小朋友的兴趣编排，十分强调亲子共读。故事工作坊环节中，通过不同绘本、图片、文字说故事等，从欣赏、观察、猜测、想象、答问、扮演角色等活动和游戏中，发掘说故事和创作故事的乐趣，而这个过程也进一步加深了亲子感情。另一特色活动是阅读约章，这是一项承诺阅读的活动，旨在通过自发性承诺，制定暑期个人的阅读目标，如承诺暑期阅读 6 本图书（可含电子书）。提交阅读约章后，就可获得一份纪念品。

四、江苏省公共图书馆"七彩的夏日"暑期系列活动

从 2005 年开始，江苏省文明委组织开展七彩的夏日——未成年人暑期系列活动，省内各大公共图书馆也抓住暑期这一有利契机，陆续开展七彩的夏日系列读书活动，并成为市、县图书馆开展少年儿童服务的品牌活动，受到广大中小学生和家长的欢迎。该活动主要以读书征文、诗词朗诵、名家讲座、电影展播、读书会、知识竞答、小小志愿者等形式为载体，鼓励未成年人走进图书馆，亲近书籍。

南京图书馆从 2007 年起开始推出七彩的夏日大型暑期系列活动。2015 年的

暑期少儿活动主要包括书香童年俱乐部活动、名家讲座、主题展览、古书探秘 4 大项共 23 个小项的活动。书香童年俱乐部品牌活动有"我是南图小管理员"体验活动、南图之旅、走进魔方世界、少儿动漫绘画培训等互动活动,以及书香影视、少儿阅读书目推荐等;名家讲座共有 7 场,主要围绕与未成年人生活息息相关的主题展开,诸如儿童阅读的策略与选择、儿童音乐能力发展的规律;展览方面,"剪纸、泥塑和三角插纸艺"的主题展览让孩子们了解多彩的民间艺术;古书探密则带领孩子们参观南图古籍部,亲近古籍的同时体验古籍修复。这一系列丰富多彩的活动为孩子们暑期畅游知识海洋提供了一个重要平台。

五、深圳少儿馆"暑假读一本好书"活动

为丰富中小学生们的暑假生活,深圳少年儿童图书馆从 2012 年起推出了暑假读一本好书品牌阅读活动。针对中小学阶段孩子的阅读需求,聘请国内知名阅读专家,为不同学龄孩子精心制定暑期"阅读菜单"。每份都包含 3 本风格迥异、特色鲜明的畅销图书,力求帮助孩子们养成一种"不偏食"的阅读习惯。

围绕这些推荐图书,7 月至 8 月,少儿馆在每周三下午三点都会举办阅读指导讲座,邀请名家名师为孩子讲解这些书应该如何读懂读透。讲座场场爆满,受到家长和孩子们的热烈追捧。此外,为了鼓励孩子们在阅读中把自己的感想表达出来,孩子们可以选择符合自己年龄段的任一本书,写下读后感参赛。获奖者不仅可以获得少儿馆阅读积分、图书大礼包,还可参加下一年的省外夏令营活动。2015 年活动形式进一步创新,推荐抗战专题图书,可以学校为单位报名参赛纪念抗日战争胜利 70 周年的主题讲故事活动。

(闽江学院图书馆唐曦)

阅读推广效果评价

中原工学院图书馆馆长张怀涛认为,阅读推广有六大要素(如下页图 1 所示):阅读推广主体基于一定的阅读推广目的,面向一定的阅读推广对象,选择一定的阅读推广内容,开展一定的阅读推广活动,达到一定的阅读推广效果。其中,"目的"表达了阅读推广的主导思想和目标取向;"主体"是阅读推广的能动要素和直接力量;"对象"是阅读推广的目标群体和服务归宿,其他要素必须围绕对象而实现价值;"内容"规定了阅读推广的实质内涵和运行核心,是联系主体和对象的内容媒介;"活动"展现了阅读推广的外在样式和规模范围,是联系主体和对象的形式媒介,也是其他阅读推广要素发挥作用的平台;"效果"反映了阅读推广的社会效应和文化成果,是其他要素共同作用的结果。阅读推广效果是整个阅读推广系统的最终目的所在,是整个阅读推广活动成败的最终体现,因此,在进行一项阅读推广活动之后,对阅读推广效果的评价必不可少。

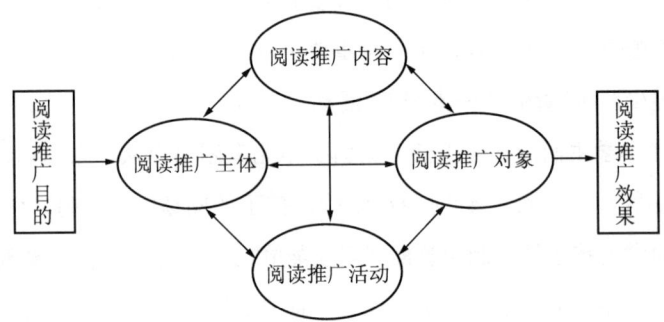

图 1:阅读推广要素及其逻辑关系①

目前,我国图书馆领域阅读推广效果的评价主要从读者和图书馆两个方面展开:从读者角度考虑的是活动内容是否受欢迎、宣传口号是否吸引人、推荐书目是否合用、环境布置是否优雅、馆员服务是否到位等;从图书馆角度考虑的是活动是否达到预期效果、推荐书目流通次数是否提高、图书馆网站访问量是否上升等。

上海立信会计学院图书馆馆员姚小娇和吴恒忆以其所在馆为例,详细介绍了高校图书馆阅读推广效果评价实践,具有重要的参考意义。两人以上海立信会计学院图书馆 2013 年开展的阅读推广活动为例,通过分析阅读推广活动对图书馆业务数据的影响,并在此基础上结合 2013 年 4—5 月及 2014 年 6 月进行的两次读者使用情况及满意度调查,客观地评价了图书馆阅读推广活动效果。其中,从图书馆业务数据角度出发,两人统计对比了阅读推广活动实施前后图书馆特定藏书流通次数、文献借还人数、文献借还册次、到馆人数、网站访问量、电子资源利用情况、特定读者借阅情况等七个方面的业务数据;从读者反馈角度出发,两人调查分析了

---

① 图片来源:张怀涛.阅读推广的要素分析[J].晋图学刊,2015,147(2):1—6,11.

读者参与广度和读者满意程度。① 综合两个方面可发现阅读推广活动能够有效地刺激读者使用图书馆，这两次调查也为图书馆下一步进行阅读推广活动提供了经验参考。

除了像上海立信会计学院图书馆这样，对图书馆所有阅读推广活动的效果进行总的评价之外，有的图书馆还对单个阅读推广活动效果进行评价。比如，上海交通大学图书馆"'鲜悦'（Living Library）：以书为人，分享智慧"活动，通过在活动现场发放问卷调查、评价表以及活动结束后回访，从读者角度评价阅读推广效果。北京大学图书馆将摄影展和年度好书推荐相结合的阅读推广活动，通过分析线上和线下活动的观展人数、媒体的反馈、OPAC统计的借阅数据，以及活动的获奖情况综合评价阅读推广效果。②

通过解析我国图书馆领域阅读推广效果评价的实践，可以发现：一，既有对图书馆单个阅读推广活动的评价，也有对图书馆所有阅读推广活动进行的整体性评价，评价体系具有系统性；二，阅读推广评价指标具有多样性，多达十几项，主要又可分为两大类，一类是从图书馆角度的效果评价，一类是从读者角度的效果评价；三，评价阅读推广效果具有重要的现实意义，它不仅能够帮助馆员了解阅读推广活动的成效，还能在此基础上激发馆员的工作热情，提高工作积极性。

欢喜的同时，令人不免担忧的是阅读推广效果评价还存在许许多多问题。第一，如何选择评价指标的问题。上海立信会计学院图书馆馆员以图书馆特定藏书流通次数、文献借还人数、文献借还册次、到馆人数、网站访问量、电子资源利用情况以及特定读者借阅情况这7个图书馆业务数据的对比分析以及读者满意度这些指标来评价阅读推广活动效果，有待商榷。第二，如何确定评价指标体系的问题。正如北京大学图书馆副研究馆员王波所说，评价阅读推广活动的效果不能停留在参加开幕式领导的级别高低、人数多少，场面是否宏大壮观，参与人数是否众多，发放材料是否海量，媒体记者是否云集等表面指标，而应该设计一套科学的、多点观测的评价指标体系，来立体、全面地考量阅读推广活动的得失。

---

① 姚小娇,吴恒忆.高校图书馆阅读推广有效性评价——以上海立信会计学院为例[J].科技情报开发与经济,2015,25(5):58—61.

② 王波.图书馆时尚阅读推广[M].北京:朝华出版社,2015:45,93—97.

王波认为，阅读推广效果评价指标体系的设计可先从两方面着手：一是基于图书馆的阅读推广活动评价指标，比如是否符合预算、是否节约经费和人力、是否影响其他业务、媒体报道量等，这是读者所不考虑的，但对图书馆来说却很关键或有意义；二是基于读者的阅读推广活动评价指标，比如活动是否有创意、宣传口号是否鲜明诱人、推荐书目是否合用、现场环境是否优雅、服务态度是否到位等，有时候图书馆的过度设计、过度服务也会引起读者反感，图书馆通常意识不到甚至自我感觉良好，却可以通过读者评价指标检测到。基于图书馆和基于读者的两个评价指标体系都完成后，再进行对接和整合，便是综合性的评价指标体系。①

综上所述，我国图书馆阅读推广效果评价的理论层面与实践层面均有不足，前者表现在，国内研究阅读推广效果的文献量少，并且大部分都是作为总结性文字，建议在开展阅读推广活动之后要加强对阅读推广效果的评价。后者表现在，有的图书馆进行阅读推广活动之后，直接忽略了对阅读推广效果进行评价这一环节；有的图书馆虽然意识到需要评价阅读推广效果，但心有余而力不足，往往缺少有意义的、成体系的阅读推广效果评价指标。因此，关于阅读推广效果评价这块，还需要广大同仁的持续关注和继续努力，需要有价值的、能为阅读推广实践提供有力指导的研究成果。

（南京大学信息管理学院曹娟）

公共图书馆阅读推广品牌举隅

自1995年联合国教科文组织将每年的4月23日定为世界读书日以来，我国将全民阅读作为建设和谐社会的重要措施，公共图书馆在推动全民阅读的进程中，责无旁贷地充当着引领者的角色。公共图书馆开展阅读推广的形式众多，主要有举办各类阅读推广活动、开展读书周或读书月活动、设立阅读节等。

2015年，华文领读者大奖评选活动在深圳启动。该活动由中国阅读学研究会、深圳读书月组委会办公室、宝安区委宣传部、深圳市阅读联合会等单位联合主办，原国家新闻出版广电总局副局长、中国出版协会常务副理事长、中国图书评论

---

① 王波.图书馆阅读推广亟待研究的若干问题[J].图书与情报,2011(5):32—35,45.

学会会长邬书林担任活动总顾问,以"传媒视角、民间评价、专家意见"为特色,在全国范围内挖掘并表彰优秀的华文领读者、阅读组织、阅读空间、阅读项目和书评人。其中,金陵图书馆、张家港市少儿图书馆、杭州图书馆、深圳图书馆、深圳宝安图书馆入围阅读空间·图书馆奖项。经历岁月的洗涤,公共图书馆的阅读推广活动办得愈加求真务实,不仅有人情和激情,还有创意和创新,现举例数家有益来者、惠及公众、深入人心的公共图书馆阅读品牌,以供借鉴参考。

1. 首都图书馆:阅读之城——市民读书计划[①]

阅读之城——市民读书计划是在首都图书馆联盟的指导和支持下,由首都图书馆和联盟兄弟馆共同承办的、惠及在北京生活、工作、居住的所有人的大型阅读推广公益活动。活动旨在依托首都图书馆联盟成员馆,引导、带动广大市民分享阅读体验,通过填写荐书卡或登录活动网站(http://bjreading.clcn.net.cn),提交图书信息,撰写书评,或以为他人荐书投票的形式向身边的市民诚意荐书。主办方结合广大市民的荐书排行榜、北京市公共图书馆的借阅排行榜、各阅读推广机构的好书榜,并组织专家评审,评选出市民最喜爱的书,最终形成一份最具民意的"请读书目"。目前,活动成果《2014年请读书目》及《2015年请读书目》均可在活动网站上查询。

2. 台州图书馆:童萌汇小书坊

童萌汇小书坊是台州市图书馆举办亲子共读活动的公益组织,主要以阅读绘本、游戏互动等多样化的阅读形式,服务于台州市内3到6岁亲子家庭,旨在传播亲子阅读文化,搭建家庭成长平台,让阅读逐渐浸润到每一个家庭。由于童萌汇小书坊举办的阅读活动深受家长和孩子的喜爱,2015年,台州图书馆相继推出子品牌童萌汇音乐坊、童萌汇手工坊活动。

童萌汇小书坊积极营造多方位、立体阅读氛围,让家长和孩子共同成长,孩子们在志愿者老师的引导下,一起阅读和分享故事,家长也会和孩子一起阅览,聆听。绘本故事与音乐、美术、手工制作结合的形式,受到孩子们的广泛欢迎。

---

① 阅读之城——市民阅读计划[EB/OL].[2016-02-02]. http://bjreading.clcn.net.cn/channel.php?channelId=56.

3. 深圳图书馆：南书房经典阅读推广系列活动①

康熙十六年（1677年）十月，清政府设立南书房，康熙皇帝常在此与入值者吟诗作画，剖析经义，讨论时政。世易时移，2013年11月11日，深圳图书馆设立家庭书房式阅读空间——南书房，赋予了其新的时代内涵：推广人文阅读、经典阅读、系统阅读、深阅读。

300平米的经典阅读空间，典雅、时尚，配置有中外文史哲经典书籍6 000余册，全年365天，每日7—23时开放，集阅读引领、思想交流与图书馆服务宣传等功能于一体，是一个具有经典藏书示范功能的公共人文阅览空间，是深圳市一张安静的"心灵书桌"。

2014年，深圳图书馆与中国图书馆学会阅读推广委员会联合策划启动南书房家庭经典阅读书目推荐项目，依据家庭、经典、深圳个性三项标准，于每年4月23日世界读书日发布着眼于指导家庭经典阅读，集人文性、经典性和可读性为一体的书目30种。

依托南书房的经典书目，2013年，深圳图书馆启动"国宝诗经十年耕读计划"，以《诗经》为开篇，年均举办30场品鉴活动，由专家和市民共同精读细品一首，拟用10年时间完成《诗经》305首诗的赏析分享。品读方式有诵读、吟唱、演奏、舞蹈等形式。

此外，南书房创办深圳学人·南书房夜话文化沙龙，以深圳本土学人为主体，由嘉宾主讲或由其邀请同道开展对话，读者自由参加并参与互动交流，打造贴近市民的学术品牌，实现理论与实际、历史与现实、学者与大众的融合，进一步兴盛鹏城求学问道之风。

4. 金陵图书馆：朗读者活动、书香光影电影文学书评征文活动②

金陵图书馆朗读者活动自2012年发起组织，至今已连续举办四年。四季分别以"用声音点亮生命的光""让我们一起为爱朗读""全民朗读 凝聚你我""我们都

---

① 张岩.从经典阅读到返本开新的文化建设——以深圳图书馆"南书房"经典阅读空间为例[J].图书馆论坛,2016(1):61-64.

② 书香·光影[EB/OL].(2015-05-11).http://www.jllib.cn/nt/2015/20150511/shuping/,2015-5-11.

一样,我们不一样"为口号,秉承服务读者、融合社会的理念,召集志愿者,选取阅读书目,组织各类活动。活动开展得有深度,有规模,有声色。在朗读者活动中,录制了《现代名家名篇》等多部音频作品,受到残障人士特别是盲人朋友、城市新移民小朋友等群体的欢迎。

文学是电影的母本与源头,文学也因为电影得到了某种重生。2015年是世界电影诞生120周年,中国电影诞生110周年,金陵图书馆联合南京市各区图书馆联合举办书香光影电影文学书评征文活动。读者可以就活动推荐书目中的一本书写作书评,撰写时可以结合观影心得,但必须以书评写作为主。

5. 杭州图书馆:华文领读者·阅读空间奖(公共文化空间)

杭州图书馆遵循"平等、免费、无障碍"的办馆理念,以"平民图书馆、市民大书房"为办馆目标,努力打造市民最想去、最愿意去的公共文化空间。该图书馆构建起覆盖城乡、全民共享的城乡四级图书馆服务网络;建有少儿、音乐、生活、佛学、科技、运动、电影、棋院、盲文、印学等主题(专业)分馆,开展讲座、展览、培训、沙龙、体验活动等多元文化活动,向读者提供更专业、更便利、更多样的服务;建设数字图书馆,提供"用户在哪里,服务就在哪里"的"泛在化"信息服务。

2015年11月29日,"领读者 创时代"——首届华文领读者大奖揭晓,杭州图书馆最终荣获华文领读者·阅读空间奖(公共文化空间)。颁奖词如下:

"公共图书馆界的先进者,全民阅读的领路人。多年的'平等、免费、无障碍'的办馆理念构筑起覆盖城乡的网络,挑灯寻旧路,何处是归途?杭州市民的答案是,杭州图书馆,市民最想去的地方是图书馆,这就是最好的褒奖。"

6. 宝安图书馆:华文领读者·阅读空间奖入围馆

以"开放、平等、免费"为服务宗旨的深圳市宝安图书馆,开设有20余个全开架式文献阅览室以及数字服务与体验区、美术书画室、视听室、报告厅、多功能活动室和自修室,为市民读者提供综合性文献借阅服务及信息服务。目前,宝安图书馆已形成以区图书馆为龙头,以街道图书馆为骨干,以全区众多就近服务居民的社区图书馆为节点的三级公共图书馆服务网络。此外,图书馆举办公益性文化活动,如宝图星期讲座、公益心理咨询、宝图英语沙龙等为广大市民普及了文化知识,其所承办的宝安区首届群众文化艺术节、深圳宝安区读书月等大型主题活动,扩大了图书馆的影响,丰富了市民群众的文化生活。

7. 张家港市少年儿童图书馆:华文领读者·阅读空间奖入围馆

实践"读者第一、服务至上"服务宗旨的张家港市少年儿童图书馆,以学龄前儿童至中、小学生以及老年读者这两类人群为主要服务对象,努力打造全市少年儿童阅读示范基地、未成年人思想道德建设示范基地、中小学生素质拓展示范基地和老年朋友学中求乐的基地,同时兼顾成人读者,开辟有文学借阅室等,实行全方位、多层次服务。

该图书馆通过设立红领巾读书点、出刊《少图导读》等,积极引导广大读者多读书,读好书;开展"红读"征文、青少年读书节等形式多样的读书活动,积极培养广大未成年人阅读兴趣,增强阅读能力,其中彩虹行动——红橙黄绿青蓝紫七色主题读书活动,被评为苏州市未成年人思想道德建设创新案例;开设沧江讲坛,举办文学欣赏、科普知识、心理健康等各类讲座,提高学生科学文化素质;建立老年读者协会,以"快乐读书、健康人生"为宗旨,定期开展读书活动,引导老年读者"老有所学,老有所乐,老有所为"。

(杭州图书馆聂凌睿)

第五篇　阅读推广的文化创意与活动创新

绘本阅读推广的创意与创新

绘本，英文称 Picture Book，是指以绘画为主，兼附有少量文字的图书。绘本是儿童在接触纯文字图书之前的过渡读物，而这个过渡需要父母与孩子的双向互动才能获得最大的收益，因此绘本与漫画和连环画之间又有所不同。绘本图为主、文为辅的特点，给予了小读者无限的阅读空间。同一绘本，不同的父母和孩子，会有不同的收获。经常阅读绘本，孩子之间、家庭之间，彼此分享阅读的喜乐，不仅会获取知识，也会有情感上的满足。绘本阅读推广常在公共图书馆或在阅读推广组织的领导下展开，并成为儿童绘本阅读推广的主要平台。

一、公共图书馆和阅读推广组织在绘本阅读推广中的角色

从公共图书馆到社会公益组织，都逐渐开始认识到亲子阅读对于家庭关系和儿童成长的重要性。在早期亲子阅读中，对儿童进行适当的绘本导读，有益于他们的身心发展。那么，在儿童绘本阅读推广中，公共图书馆和阅读推广组织应扮演什么样的角色呢？我们认为应该扮演三种角色：绘本收藏者、阅读指导者和组织推广者。

虽然现在很多家庭都有藏书，甚至专门为孩子购置各类型的图书，但绘本的定价比一般的图书要高，对于一般家庭来说，可能是一项比较大的家庭支出。因此公共图书馆和阅读推广组织可利用自身专项经费购置绘本，既能扩大数量，又能确保质量，如江阴市图书馆儿童绘本馆目前收藏各类型绘本 4 000 多册，并且针对儿童的语言、身心和阅读特点，特设借阅区和活动区。相比家庭藏书，绘本馆为儿童提供了良好的阅读环境，也满足了儿童不断增长的阅读需求。

儿童在不识字或识字不多的情况下，只能依靠对图画的理解进行阅读。然而，限于每个人理解力的差异，会遇到各种阅读障碍。此时公共图书馆和阅读推广组织应该发挥专业优势，在了解绘本的基础上，选择合适的绘本进行阅读指导。比如，有些孩子讨厌读书，不爱阅读，馆员可以向他们推荐绘本《我讨厌读书》（[美] 利塔·马歇尔著），让其和主角维克多一起克服讨厌读书的情绪；若有些孩子因为找不到朋友而产生孤独感，可以推荐阅读绘本《没有人喜欢我》（[奥地利] 罗尔·克利尚尼兹著），和巴迪一起探究没有朋友的原因……绘本的种类很多，如医生对症下药一般，只要进行适当的辅导，一定能让小朋友发现阅读的快乐。

同时，图书馆和阅读推广组织应扮演起组织推广者的角色，适时地向父母和儿童推荐优秀的绘本。例如，图书馆可以选择优秀的绘本，定期制作推荐书目，以海报的形式张贴在馆内，供家长参考；还可以组织诸如读书会之类的活动，号召家长和孩子一起参与，借助现代多媒体技术，将绘本生动地展现出来。

二、绘本阅读推广的创意与创新

绘本阅读推广应从绘本推介开始，这一举措是最基础的，也应是持续不断的。图书馆或绘本馆可以定期向父母和儿童推荐一批优秀绘本，以手册或者海报的形式进行发放，推荐时可以附上必要的书目信息和简短的书目提要，以及配有绘本的书影图片。更进一步地，在书目推荐的基础上，可以让馆员为某些绘本撰写书评，以馆员书评的形式进行重点推介。由此，父母和儿童可以开始接触绘本，认识绘本。

除了推荐优秀绘本外，还可以围绕某一部绘本开展讲演结合的绘本演绎活动。绘本演绎可以让儿童将绘本故事搬到舞台上，通过自己的理解，配合自己的肢体动作和语言表达，将绘本所要表达的内容进行传播。通过讲演结合的方式，孩子们可以身心合一地融入绘本。

通过绘本推介和绘本演绎的积累，可引导儿童开展绘本制作活动。绘本制作是激发儿童想象力、锻炼儿童动手能力的活动。馆员可以引导他们为自己喜爱的一部绘本制作续本，或者让他们自由地发挥天马行空的想象力，进行独立的绘本制作。在此阶段，儿童从绘本的内容转而开始观察和认识绘本的形式，这有助于儿童心智开发和全面发展。如广州图书馆在2009年以"由绘本爱上阅读——公共图书馆少年儿童阅读推广实践研究"为题，成功申报了广州市哲学社会科学规划课题的科研项目,并在儿童绘本阅读推广上开展了一系列的实践活动。该项目课题组由四个专门研究小组组成:绘本理论研究组、精品案例组、绘本制作组、大型主题活动组。其中绘本制作组自行研制出多种形式的绘本手工制作方式,让父母和孩子一起体验绘本制作的快乐。

通过以上循序渐进的推广形式,儿童经历了从开始认识绘本,到亲自演绎绘本,再到最后自己动手制作绘本的过程,充分了解和认识了绘本的内容和形式,从此踏上阅读之路。

(南京邮电大学图书馆蔡思明)

图书漂流活动的创意与创新

图书漂流活动源于20世纪60年代的欧洲,该活动是指书友将自己不再阅读的书贴上特定的标签投放到公共场所,如公园的长凳、咖啡馆的座位等,无偿地提供给拾取到的人阅读。拾取的人阅读之后,根据标签提示,再以相同的方式将该书投放到公共环境中去。相较于图书馆,它没有借书证,不须付押金,也没有借阅期限,是一种相对自由的借书形式。

互联网的出现加速了图书漂流活动的普及,2001年4月,在美国Kansas市附近的一个小村庄,罗恩·霍恩贝克(Ron Hornbaker)开设了一个图书漂流网站(www.bookcrossing.com),从此图书漂流活动得以迅速发展,在不足4年的时间里遍及欧美。截至2011年3月6日,注册漂友人数超过90万,登记的放漂图书约780万,涉及全球132个国家。

一、图书馆和阅读推广组织在图书漂流活动中的角色

图书漂流的核心就是给书真正的自由,其宗旨包括分享、信任和传播三个方面,是一种基于道德诚信的非常浪漫的阅读活动。它的目的就是要所有参加者实现资源共享,这也是图书馆为之奋斗的目标。

从图书漂流的组织形式上来看,它是建立在没有责任和义务约束基础上的个人自觉自愿的行为。之前我国民众自发形成的图书漂流活动,往往存在很多问题,且在后期经常出现图书丢失或者被私藏的情况,使得漂流被迫终止。而图书馆组织图书漂流活动具有得天独厚的优势。

首先，图书馆丰富的图书资源为漂流的可持续进行奠定了深厚的基础，而专业馆员对于漂流图书的筛选保证了整个活动的质量。通过漂流，可以提高一些有价值的图书的流通率，使其为更多读者所知晓。

其次，在图书馆开展图书漂流活动，管理成本相对较低。在图书馆门厅的一角放上一排书架，制定漂流规则，图书漂流站即可启动。图书馆大多有保安全天值守，且安装有摄像头，因而能杜绝漂流站图书的非正常流失的情况。

最后，图书漂流在丰富读者文化生活、掀起读书热潮的同时，也倡导了社会文明与诚信。因为图书漂流是一种群体自发的阅读大串连，活动全过程没有硬性的制度约束，也缺少外在的监督，活动的成功与否完全取决于读者的社会公德、诚信和共享意识。

二、图书漂流活动的创意与创新

从漂流活动举办和持续时间来看，图书漂流有三种形式：长期漂流、定期漂流和不定期漂流。长期漂流指的是专门辟出地点或书架，长期开设图书漂流站供读者漂流图书。定期漂流指的是在每年的世界读书日或是其他特殊的日子，协会、出版社、图书馆等机构开展图书漂流活动。不定期漂流指一次性的或者临时性的图书漂流活动。从各地图书漂流活动效果来看，长期漂流效果最好。

相对于公共图书馆来说，高校图书馆具有高素质读者群体、资源优势等有利条件，更加适宜持续开展图书漂流活动。高年级同学的教材教辅类图书，内容相对比较稳定，而毕业生大多不愿将这些书打包带走，所以，图书馆或者院系资料室大可在学生毕业的时期组织这样的捐赠活动，来年开学进行放漂。长此以往，有的书甚至可以累年参与漂流活动。

在漂流站管理方面，首先应该成立专门的组织机构，包括宣传策划、图书管理、网络等不同部门，保证活动可持续发展。还要建立相关的规章制度，使整个活动程序化，规范化。如毕节学院图书漂流站成立了图书募集与管理委员会，负责图书漂流站的书刊募集与日常管理工作（主要由大学生读书协会管理），并且发布《图书漂流站管理规章》《借书须知》等以规范日常管理。

奖励制度往往能提高读者参与的积极性，可以定期评选出诸如漂流行程最长、漂流故事最精彩的十本图书，进行展示和推广。还可以通过定期举办图书漂流的阅读感言征文活动，进行评比，让更多人分享自己的阅读乐趣。

同时，还可以在图书馆网站上开辟一个漂书专栏，读者可在网站上留下自己阅读的感悟和寄语，也可通过论坛、电子邮件或匿名留言，随时交流书籍本身及其衍生出的观点，使读者间有更多的互动。图书馆也可将精选的读书心得、推荐感言以及最新放漂书目、最多放漂书目等排行榜发布在该专栏中，方便读者选择图书，获取最新漂流信息。

通过图书漂流，倡导读者进行广泛阅读，提高其阅读兴趣，对于阅读推广有重大的意义。

（南京大学信息管理学院 王碧蓉）

晒书活动的创意与创新

晒书（曝书）是我国传统习俗中的重要组成部分，是我国藏书史上具有重要意义的文化活动，指的是通过将文献置于干燥的环境中晾晒，降低文献的湿度，从而防止害虫和霉菌滋生，使文献保持干爽，是去蠹、防虫蛀与霉变的非常有效的物理方法。因其效果显著，简单易行，得到广泛推行。

随着时间的推移，晒书又有了不同的含义。"晒"为英语单词"share"的音译，意为"分享"，即将个人的图书、学说和思想，通过"晒"这种形式，与他人交流与分享，是展示才学、交流文化的一种方式。

一、公共图书馆和阅读推广组织在晒书活动中的角色

晒书会在国外很普及，举办形式多样。在美国，很多图书馆定期为被剔除的图书举办晒书会。如芝加哥大学图书馆会定期整理出一批馆藏书籍，放在图书馆大门外的两台书车上，供学生自由取阅。这一方式不经过图书馆登记借阅的过程，方便了部分有需求、爱好阅读的读者，同时也提高了图书的使用率。图书漂流可以认为是另一种更高层次的晒书活动。

一些图书馆组织的晒书会，会邀请藏书家提供珍藏图书参与展示，或组织专家对古籍版本进行鉴定。读者参与这样的晒书活动能够开阔视野，见识到名家珍贵藏书，为自己以后藏书、选书提供借鉴。晒书过程中的互相交流，也能引导读者形成正确的阅读方向，有助于提高其鉴赏水平，并让读者体会到更多的阅读之乐。

晒书会不仅协调了图书馆与读者的关系，也为两者建立了良好有效的交流机

制，打破了图书馆服务的封闭性，实现了资源共享、互利互惠。

二、晒书活动的创意与创新

晒书会的目的，是鼓励大家把自己喜欢的书籍拿出来，晒一晒书中的精华，晒一晒我们对书的理解与思考，通过知识分享的形式，彼此推荐喜爱的图书，互相交换各自的观点。其形式多种多样，如苏州图书馆的晒书会，包括荐书换书区、书评讲座区、爱心捐书区、优惠图书区、展销区、智慧树区、双语阅读交流区、猜书名谜语、图书漂流瓶等一系列活动内容。

从2008年开始，每年苏州阅读节举办期间，苏州平江历史街区、苏州独墅湖国际教育园图书馆和苏州科技学院都会如期开展晒书会活动，为市民提供晒书（图书交换、图书漂流、图书推荐、评选十大古籍图书等）、晒思想（发布荐书感言、现场交流、开展名人讲座等）、以书交友（以荐书卡形式，公布联络方式，结识志同道合的书友）的平台。晒书会活动中，市民纷纷晒出自己珍藏的书籍，与书友换书，交流，共享阅读的乐趣。晒书会使广大读者真正成为阅读节活动的主体，促进了书友间的交流，也让更多的市民关注和了解苏州阅读节。

在实用性、技术性书籍所占比重较大的情况下，图书馆可以组织分区、分主题晒书，提升活动的层次和深度。还可建立一个网上分享平台，在现场活动结束后，读者可以在该平台上继续实现交流和沟通。

深圳图书馆就建立了一个晒书的长效互动平台。2009年，深圳图书馆正式对外成立了深圳晒书会，将其作为深圳唯一的以主题晒书、书友沙龙、市民换书为主体的活动平台。该平台长期面向深圳市民征集晒书信息，致力于成为深圳民间阅读资源的交流、交换中心，同时该平台拟组织主题晒书会、书友沙龙等活动，方便对同一主题感兴趣的晒书客之间交流图书与思想。

（南京大学信息管理学院 王碧蓉）

共读一本书活动的创意与创新

共读是一个班级、一个家庭、一所学校、一个社区、一个国家乃至于整个人类通过阅读继承共同的文化遗产，拥有共同的语言和密码，从而能够共同生活的最重要的途径之一。

一、图书馆和阅读推广组织在共读一本书活动中的角色

在国外，共读成为很多国家推广国民阅读的形式之一。1998年，美国西雅图公共图书馆发起了一项名为"如果所有的西雅图人都读同一本书"的活动，旨在通过阅读和交流提高公众对文学的热爱。读者在西雅图公共图书馆或当地许多书店都可以免费拿到活动指南。图书馆还会邀请图书作者前来与读者进行交流活动，到访之前，会购置大量的复本，以便读者获取阅读。目前，该活动已更名为西雅图阅读，后来发展成为全美的一城一书活动。新加坡、台北等世界许多国家和城市都效仿其举办覆盖全民的共读活动。此外，美国大学也开展共同阅读活动，参与大学每年选出一本书，学生在暑期阅读该书，秋季围绕该书开展一系列讲座、讨论等主题活动。美国迈阿密大学、阿巴拉契亚州立大学、杜克大学、东伊利诺伊大学等高校均参与过，该活动随着开展高校的不同，活动形式也多样化。

除了全民、全校的共读外，还有一种形式是亲子共读。亲子共读与儿童阅读不同，在亲子共读中，家长是经营者，通过营造气氛和设计亲子活动，可以促进亲子感情，教导社会化行为，传承经验与交流，增强语言能力，培养独立思考能力，加强情绪的疏导，建立文化价值观等。亲子共读有以下三个特点。第一，亲子共读为计划性阅读，父母须考虑孩子的认知能力、阅读能力、年龄等特点，探索孩子阅读兴趣并了解出版资讯及社会资源，选择适合读物。在环境创设、氛围营造和活动的设计上，都须用心规划，以协助孩子阅读与思考。第二，亲子共读是互动式阅读，父母须鼓励孩子表达自己的想法与看法，也鼓励他提出问题，最重要的是要与孩子一起讨论，交换心得。第三，亲子共读是深度阅读，父母与孩子共同阅读的过程，可培养孩子的思考能力、表达能力、发问与倾听的能力等。

事实上，很多家长在共读书籍的选择、共读的环境、共读的方式等方面，都缺乏经验。儿童图书馆或者公共图书馆的少儿部在提供亲子阅读服务方面具有馆藏丰富、分类清晰、阅读氛围良好、阅读环境适宜、馆员指导优质等优势，对于更好地开展共读活动有重要的作用，不仅能为家长与孩子的亲子阅读提供指导，也能为家长与孩子提供阅读交流平台。

二、共读一本书活动的创意与创新

在全校共读方面，我国部分高校有一些尝试：2009年8月，中央民族大学外国语学院发起同读一本书的活动。2013年，湖南省高等学校图书情报工作委员会发

起了一校一书——经典、精读、经世活动,要求全省普通高校图书馆组织实施落实。 北京师范大学图书馆自2010年开始举办师生共读一本书活动。 2013年,南京邮电大学图书馆推出全校学生共读一套书和一种刊,一套书是上海外语教育出版社出版的《大不列颠百科全书》,一种刊是图书馆馆刊《书林驿》。 活动期间,南京邮电大学图书馆和上海外语教育出版社合作,开通共读微博,全校学生针对指定的一套书和一本刊开展微书评征文评比,引导学生放眼中西文化,提高人文修养,努力扭转大学生只读教科书和教辅书的现状。

在亲子共读方面,图书馆可定期举行亲子读书会,将若干家长和孩子组织到一起,家长和孩子可以互相评价,互相勉励,共同进步。 通过现场观察、体验及互动,促使少儿增长知识并提高判断力;由带领人指导家长及孩子共同阅读简洁趣味的童书,增进家长引导孩子阅读的能力及孩子的思考能力;带领人还可带领成员进行亲子共读讨论,开启孩子的智力,提高孩子的口头表达能力。

亲子读书会还可邀请作家、学者与小读者和家长共同交流亲子阅读的开展方法,分析小读者在阅读各类书籍中可能遇到的问题,以及家长处理的方法等。 家长通过各种讲座可意识到自己在培养孩子阅读习惯中的作用,了解要如何才能帮助孩子更好地汲取书籍中的知识。 此外,家长之间、孩子之间还可以通过亲子读书会,广泛交流各自家庭中亲子阅读的经验、做法以及优秀读物。

除了亲子共读,图书馆亦可将共读对象拓展到中小学生。 鼓励学生们进行合作性阅读,通过明确阅读分工和交流阅读心得来达到阅读的共同目标。 学生共同读一本书的好处就在于可以随时随地采用多种方式进行行之有效的交流,在交流中不断提高自己的阅读感悟。 指导学生将自己的阅读感受及时地记录下来也显得尤为重要,在共读的同时,通过随时翻看同伴的读书笔记,也可达到互补交流的目的。

还可定期组织一些共读经典好书的活动,提高普通读者阅读的积极性。 石家庄市于2014—2015年开展的"共读一本经典,博览500万字"的年度阅读计划,就是通过精读国学经典《论语》,泛读课外优秀书籍,以中小学生阅读带动家庭阅读、全民阅读的开展。

(南京邮电大学图书馆蔡思明 南京大学信息管理学院王碧蓉)

图书推介活动的创意与创新

图书推介指的是由政府机构、出版社、图书馆、书店等发起的，旨在推广优秀读物，普及阅读知识的阅读推广类活动，主要形式有专题图书推荐、新书推荐、年度好书评选、名家讲座、读书征文、图书漂流、建立图书馆分馆等。

一、首届徐州职工读书月活动

2010年5月23日至6月中旬，江苏省徐州市开展了首届徐州职工读书月活动。活动由市文明办、市总工会、市科协、市文化广电新闻出版局联合主办，主题是"共享阅读快乐，共建美好徐州"，在为期一个月的时间内开展了七项活动。一是好书推荐，精选50本企业职工阅读书目，在《徐州职工》和徐州工会网站公布，并在全市职工书屋开设推荐图书专架，供职工群众阅读。二是"书香传递，阅读互动"行动，在企业、社区、图书馆、职工书屋等公共场所，建立漂流书架，交换一本好书，共享阅读快乐。三是图书馆延伸进企业，建立城市中心图书馆分馆。利用公共文化资源，在有条件的企业、工业园区建立城市中心图书馆分馆，让更多的基层职工群众共享社会文化资源。此外，还开展了"读书好"征文和"阅读改变生活"职工读书心得演讲会、中华经典诗文书法展、读书论坛系列讲座等活动。

二、国家图书馆每月向高级干部推荐新书，用于立法与决策

2010年8月12日，国家图书馆举办国家图书馆立法决策服务成就展，通过许多鲜为人知的档案资料，向社会呈现了国图在促进立法与决策科学性、民主性方面的努力。国家图书馆立法决策服务是为中央和国家领导机关立法与决策提供文献信息支持、保障的工作。国图开展立法决策服务有60多年的历史，其中一项为新书推荐。此举开始于2003年，国图每月编印《新书推荐》，推荐给国家领导人，推荐的书目是由国家图书馆从每月出版的上万种图书中精挑细选出的中文图书，大约有50种，其中还有3种作为重点推荐，至今已推荐了近5 000种中文图书。新书推荐只是国图为国家提供的立法决策服务中最普通的一种。为全面提升国家图书馆立法决策服务能力与水平，国图还于2010年6月11日组建了国家图书馆国情咨询顾问委员会和国家图书馆国情咨询专家委员会。顾问委员会聘请了长期在党政军领导机关工作，具有较高政策理论素养的领导同志，围绕国家大政方针和法律

法规制定过程中的重点问题、热点问题提出立法决策服务咨询建议。专家委员会聘请的是国内著名专家学者,以自然科学和人文社会科学领域的研究成果为基础,为国家立法和方针政策制定提供可靠的科学依据。

三、江阴市图书馆开设新书速递吧

为满足读者对新书的需求,缩短新书上架时滞,江阴市图书馆创新服务模式,与江阴市新华书店合作,开设新书速递吧,于2014年4月23日世界读书日当天拉开了为读者服务的序幕。以前图书馆购进新书,要经过一定的采编流程才能上架外借,这样一来市民见到新书最长要3周左右时间。新书速递吧推出后,所有儿童读物以及成人读物与新华书店同步上架,缩短了新书上架时间,读者在第一时间能够阅读到最热门的、最能反映当前热点的新书。新书速递吧的服务以读者为本,急读者之所需,既方便了读者购书,又方便了读者第一时间借阅最新的书籍。

四、川图榜发布旅游类图书榜单

2015年10月8日,四川全民阅读图书馆联盟发布四川省公共图书馆数字阅读榜,根据四川省16个市州公共图书馆借阅系统的统计,截至2015年9月底,旅游类图书前20位为:《西藏秘境:走向中国的最西部》《四川红色旅游》《甘孜自助游手册》《横断山画廊与宝藏》《二道桥温泉》《人一生要去的50个地方》《德格县旅游景区景点》《海螺沟》《解密道孚》《风马界:青藏高原的古风世界》《中国最美的100个地方》《十年徒步中国》《一生必去的30个地方》《走遍中国》《国家地理》《中国最美的28个迷人小镇》《背包十年》《行走俄罗斯》《拉萨攻略——拉萨最值得推荐的100个地方》《西藏行知书》。

(杭州图书馆聂凌睿)

阅读经典活动的创意与创新

经典是经过时间挑选后留存的作品,是打败了时间的文字,经得起不同时代、不同人群从不同的角度去解读的精品,每个人都能够从经典中收获自己的阅读体验。意大利作家卡尔维诺对经典有这样的解释:"经典是一些产生某种特殊影响的书,它们要么自己以特殊的方式给我们的想象力打下印记,要么乔装成个人或集体的无意识隐藏在深层记忆中。"博尔赫斯也在《论经典》中写道:"经典是一个民族或几个民族长期以来决定阅读的书籍，是世世代代的人出于不同的理由，以先期的热情和神秘的忠诚阅读的书。"经典一般具有以下特点：（1）是经过了历史选择的、最有价值的书；（2）具有权威性或者典范性；（3）经久不衰。

一、图书馆和阅读推广组织在阅读经典活动中的角色

随着全民阅读活动的深入开展，图书馆界阅读推广活动逐步向纵深推进，近些年对经典阅读推广的关注渐渐成为图书馆界阅读推广的新亮点。

经典阅读活动是一种具体的对象活动，它与图书馆之间形成了一种主体互动的格局。经典阅读是连接大众与图书馆的纽带，与图书馆有着不可分割的天然联系。公共图书馆具有"不分年龄、种族、性别、宗教信仰、国籍、语言或社会地位，向所有人提供服务"的无门槛性和人人享有平等利用权利的平等性，对很多读者而言，是进行阅读的首选场所。其丰富的文献资源、专业的管理人员和雅致的阅读空间是开展经典阅读活动最有力的资源，也是其成为引导经典阅读活动主力军的有利条件。引领经典阅读是图书馆的责任，同时也是图书馆宣传自己、提高社会认知度、实现自身价值的显著标志。

图书馆开展经典阅读活动，既活化了馆藏经典文献，使馆藏经典文献得到充分利用，同时也使公共图书馆的价值在经典文献传播的过程中得到充分体现，提升公共图书馆在公众中的认同度，推动图书馆事业更快发展。

二、阅读经典活动的创意与创新

经典往往被冠以艰涩难懂的定义，使读者望而却步。图书馆在推广中就需要采用一些读者喜闻乐见的、能够主动参与的方式方法，首先减少其对于经典的畏惧感。

如各地举办的经典诵读活动，通过诵读，将文字与声音结合，更能让读者从文本中得到文化的熏陶。由教育部、国家语委、中央文明办等共同举办的"中华诵"经典诵读活动至今已形成了经典诵读大赛、传统节日晚会、中小学生夏令营、经典诵读进校园晚会、大中小学生规范汉字书写大赛、古辞新韵创作大赛等多项活动同步展开的模式，受到民众的好评。深圳市图书馆邀请我国著名播音艺术家和演员朗诵中外经典诗文，名作的思想内涵、语言的艺术魅力、舞台的精美效果，让深圳市民沉醉不已。

除了《三字经》《百家姓》《千字文》及经典古诗词等的诵读，图书馆还可结合

当地的特色推广，并由此形成自己的特色品牌系列，实现经典诵读活动的可持续发展。湖北十堰市图书馆诗文诵读活动中，组织过以"颂读红色经典，传承民族精神"为主题的大型广场诗文诵读活动，活动分为红色经典诗词、故事表演选段两个部分。

此外，图书馆可以专门开辟经典阅读区（角）或经典阅读书架。南京大学悦读经典计划，从2015年开始实施，专门邀请了一批在人文、社科、自然科学领域有很高学术造诣的校内资深教授组成专家委员会，遴选出60本经典书目。大一新生一开学每人便领到一套两本《南大读本》，学校将经典阅读算入学分，并推出相关课程，图书馆也专门设立经典阅读书架方便读者借阅。

网络为推广经典阅读提供了丰富的辅助资源，以其便捷的查找方式、多样的资源类型帮助读者阅读。结合年轻一代读者的阅读特征，在豆瓣读书、微博、微信等新平台发布书目推介，更能吸引其注意。图书馆可以通过公众号，开展微书评比赛，或创建交流平台，鼓励读者交流和分享，如建立一个关于经典阅读的论坛，开设书评、推介、经典周边等多个板块，派专门人员负责维护，读者可以随时发布相关信息，交流阅读成果。

（南京大学信息管理学院 王碧蓉）

图书馆与社会合作阅读推广活动

图书馆社会合作，主要指图书馆与社会各界，包括政府、媒体、出版社、其他图书馆、学校等机构为开展阅读推广活动或达到其他目的而联合起来的行为。不同背景下，图书馆与社会的合作因出发点及目的的不同，划分方式也有所不同。一般来说，图书馆与社会合作分为三个方面：资源的合作、管理的合作和服务的合作。资源的合作即资源利用馆际化，业务发展集成化，经费使用达成共享与共赢。管理的合作即在图书馆业务和管理活动等合作项目上进行计划、组织、协调、指挥和控制。服务合作即开展文献传递、信息检索、课题查新及有偿服务等方面的合作。

一、图书馆与社会合作阅读推广活动的意义

图书馆与社会合作管理是优化图书馆业务工作和组织管理，提高信息服务的效率，实现社会效益，使图书馆服务最大化地满足读者需要的重要举措。

图书馆与社会合作开展阅读活动有以下几个方面意义。一是营造阅读气氛，对读者进行阅读引导。随着网络的兴起和多媒体的发展，人类正逐渐远离书籍和文学作品。图书馆与社会合作开展阅读活动，有利于形成多读书、读好书的良好舆论氛围和社会风尚，有利于培养全体公民崇尚阅读、自觉阅读的良好习惯。二是借阅读活动宣传图书馆的馆藏，促成信息资源共建共享。信息的最大意义在于被用户使用，阅读是实现文献价值的最终手段。在日新月异的信息时代，开展阅读推广活动，有利于知识被有效、快捷地传播利用，有利于人们更及时地获取信息。三是馆社合作开展形式多样的阅读活动，促进了图书馆与社会各界的交流，图书馆不再是闭塞的知识储藏库，它丰富了市民的文化生活。

在与媒体、企业等社会机构合作的过程中，图书馆也可学习到一些更新的、更有效的推广方式，使图书馆更加与时俱进。同时图书馆还能节省很大一部分经费，实现双方合作共赢。

二、图书馆与社会合作阅读推广活动的创意与创新

在世界读书日、读书节（月、周）等时间段，图书馆可以选择和社会机构进行合作，共同组织讲座、咨询、竞赛、科普等阅读推广活动。如与地方普法办、科协、社科联等合作，举办有针对性的阅读讲座、心理咨询、法律咨询、读书竞赛、绘画比赛、演讲比赛、科普等活动。苏州图书馆聘请十几位专家学者组建了专家团，并成立由90个企业参加的企业家俱乐部，为其提供个性化服务，在服务、人才、资金等方面形成良性循环。

或者结合地方馆藏特色及地域特色开展独具风格的阅读活动。如湖南图书馆2008年以纪念长沙文夕大火70周年为契机，与社会力量联合举办寻找城市记忆读者活动。新疆石河子市图书馆与军垦博物馆合作定期举办军垦文化图片展、军垦读书演讲比赛、军垦文化绘画展。

图书馆也可合作组织一些公益性活动。如杭州图书馆募集社会资金建立了图书馆事业基金会，为本地区图书馆事业服务，如支持贫困地区图书馆建设、奖励基层图书馆工作者、开展阅读推广活动等。海南省图书馆与香港大学志行会开展志愿者交流合作，在贫困山区开展支教活动，2010年7月，他们联合海南银河动力文化传媒有限公司举办了公益性音乐会，这些活动都取得了成功。

部分图书馆的内部刊物也是和社会机构合作的,如江阴市图书馆主办的《读读书》,先后与龙源期刊网、读览天下、博看网等五家数字杂志发行平台展开合作,使杂志面向了更大的读者群,引领更多人走进图书馆。

媒体是阅读推广活动的桥梁,在阅读推广过程中起着重要的作用。媒体对于活动内容的宣传,可引导社会舆论的导向,加大阅读重要性的宣传力度,提高全社会关注力;还可以给赞助活动的企业树立良好的社会形象,使阅读推广活动得到社会其他组织的认同和支持,进一步实现良性发展。

(南京大学信息管理学院王碧蓉)

体现地域文化的创意阅读推广活动

地域传统文化是以各种地区性的历史文化遗产、历史事件和历史人物、风景名胜、风俗习惯、土特产品为对象的文化,具有一定的地方性、特色性、影响性、价值性。地域优秀传统文化凝聚着本地先民自强不息的精神追求和历久弥新的精神财富,是发展当地先进文化的深厚基础,是建设人们精神家园的重要支撑。

一、体现地域文化的创意阅读推广活动的价值

图书馆是地域传统文化的保存者和传播者,在地域传统文化阅读推广上有着义不容辞的责任,在传承、发扬地域传统文化上起着主导作用。

图书馆是收集、整理和保存文献资源并为读者所用的专门机构,其文献的拥有量和丰富性为别的任何系统所无法比拟。依靠文献厚积优势,开发建设地域文化,则是各地区图书馆的强项。因此,图书馆对地域文化的开发和利用,在一定范围和某种程度上具有潜在的垄断性和强大的生命力,具有别的系统无法与之匹敌的竞争力。

在互联网的冲击下,图书馆要继续生存和发展,形成自身的特色是非常关键的一点。而图书馆特色化中很重要的一点就是,突出地域文化色彩。公共图书馆只有不断发掘和搜集能够体现本地区特色的地域文化,建设地域文化,才能奠定自身的特殊地位,从而在一定的范围内形成优势,并在此基础上建立起高水平、独具特色的藏书体系,才能在信息高速公路上体现自身价值,在网络环境中取得优势。

公共图书馆应以本地传统文化的地域差异为依据,充分利用政策、馆藏、人

力、技术等多种优势,通过地域传统文化阅读推广对人们进行价值引导,让优秀地域传统文化能够薪火相传。

二、体现地域文化的创意阅读推广活动的创意与创新

图书馆一方面可以充分利用地方史志、谱牒资料、民风民俗类图书等现有资源,举办图书、图片展,开展当地特色文化与特色资源讲座;另一方面可以从发展特色藏书系统、设立特色图书室、整合馆藏资源、建立专家档案、与地方支柱企业联姻、开发品牌产品、建立特色数据库、培养专业人才等方面入手,依托地域文化建设,挖掘内在潜力和优势,拓展图书馆服务的领域和层次,以文化品牌树立图书馆形象。

如上海图书馆建立了上海图典、上海文典等地方特色数据库,推出了《石头谱写的文明——近代上海石印》《传统年画的绝响——小校场年画》等大型经典文献纪录片。河南、湖北、陕西等省图书馆推出了河南地方戏、荆楚民俗、陕西帝王陵等非物质文化遗产专题网站、数据库。绍兴图书馆举办了兰亭书法节、绍兴黄酒等活动,建立了鲁迅、柯灵等绍兴籍名人专题文献资料库。广州、苏州、佛山等公共图书馆也都建立了本地的名人数据库。还有一些公共图书馆编写了乡土教材,将地域文化的传承工作和教育紧密地结合在一起。

另外,可广泛搜集口述资料,并通过真人图书馆方式进行展示和推广。讲述者和听众可利用提问、解答环节的互动,了解、认同、融入地域传统文化。高校图书馆可利用所在高校的研究当地文化的教师、学者、学生资源,公共图书馆则可召集社会上谙熟当地文化的志愿者,重点可以是各行业的离退休老年人,然后通过图书馆建立"Human Book"档案,确定每位"Human Book"地方文化服务的特色、时间等,并定期举办活动进行推广。

(南京大学信息管理学院 王碧蓉)

读书月、读书节活动的创意与创新

当下,倡导阅读、营造浓厚的书香氛围逐渐成为更多城市管理者的共识,多样的阅读推广活动也在各个地区蓬勃开展。以政府为主导,图书馆为主要阵地举办的读书月、读书节活动也深受读者欢迎。在这方面领风气之先的有深圳读书月、

苏州阅读节、东莞读书节等,这些活动一年一度开展,每年都有新亮点。而公共图书馆作为一个城市文化的心脏,以其专业性、权威性和丰富的文献资源优势,成为倡导和实践全民阅读活动,营造城市阅读氛围的中坚力量。

一、图书馆举办读书月、读书节活动的现状

开展阅读推广活动是图书馆联系社会的结合点,公共图书馆开展阅读推广活动旨在通过内容丰富、形式多样的活动,吸引广大民众参与其中,促进阅读社会的发展。图书馆举办读书月、读书节,是以丰富的节日形式开展社会教育,传递科学情报,开发智力资源,而这些正是图书馆社会职能的表现。图书馆的价值存在于社会阅读之中,图书馆的全部工作都在服务于社会阅读,社会阅读反过来促进图书馆的发展,图书馆服务又显示其社会价值,二者形影相随,相得益彰,不可分离。

总的来看,各地图书馆的读书月、读书节活动种类丰富,对于阅读推广产生了非常显著的正面效应。图书馆一般都会选择展览(图书展销、馆藏图片展览、馆藏精品文献展览)、讲座(馆藏文献资源利用讲座、新书推介讲座、文化名人讲座)、征文、文献推荐、阅读体验等活动形式,但随着举办时间变长,范围变广,同质化趋势也越来越明显了。

每年都是类似内容的活动,对于读者来说,产生的吸引力就会越来越小,不可避免地感到疲劳,提不起参与读书节的兴趣,所以创意和创新成为图书馆在举办读书月、读书节活动时,进一步思考的方向。

二、图书馆举办读书月、读书节活动的创意与创新

以读者的阅读需求为本是读书月(节)系列活动的关键所在。图书馆在设计、策划活动时应充分考虑读者的需求,并在此基础上做好阅读引导工作。每次活动都须设立一个鲜明又具体的主题,明确的主题可以快速抓住读者,加深读者的印象。活动的内容要详尽,方案要缜密。活动方案要立足于图书馆实际,及时了解读者的需求,切实地通过活动的开展,发挥图书馆促进阅读的职能。读书节活动可以用固定的名称、不同的主题,也可以用不同的名称反映不同的主题。

图书馆应逐渐形成自己的读书月(节)品牌,建立阅读推广长效机制,还要走出去,更多地和社会机构合作。要不断推陈出新,在传统读书月(节)活动的基础上,增加移动图书馆体验、微信公众号体验、微博互动、立体阅读、真人图书馆、微观世界等顺应时代发展需要的新活动,使新老活动并存与发展,才能让阅读推广

收效更佳。

深圳市读书月经过多年发展，已经设立深圳读书论坛、藏书与阅读推荐书目、年度十大好书、领导荐书、诗歌人间、中小学生现场作文大赛、书香家庭、赠书献爱心、绘本剧大赛、青工阳光阅读、手机阅读季、海洋文化论坛、温馨阅读夜等许多知名活动品牌。

读书月（节）也可以有针对性地面向特定读者，如青少年、农民等。如江苏省从2008年起举办的农民读书节，以培育新型农民、满足农民阅读需求为出发点和落脚点，以农家书屋等公共阅读服务场所为主要阵地，广泛开展内容丰富、形式多样、农民喜闻乐见的阅读活动。要引导农民多读书，读好书，激发阅读热情，培育阅读习惯，提高农民综合阅读率和人均图书阅读量。

总之，图书馆在开展读书月（节）活动时，要做到：关注基层、关心农民、郊区人民阅读；关注青工，尤其是一些大城市，应注重关注新生代青工的身心健康发展；关注新阅读，尤其注重网络阅读、手机阅读、电子阅读等新阅读的发展趋势；关注交流，尤其注重中外阅读文化交流和国际阅读文化交流。

（南京大学信息管理学院王碧蓉）

阅读推广活动进社区的创意与创新

社区是聚居在一定地域范围内的人们所组成的社会生活共同体，社区居民有着类似的文化和密切的交往，是开展小范围的、有针对性的阅读推广的很好对象。随着现代生活压力的增加和网络的不断发展，加上图书馆辐射范围的限制，很多读者无法享受到图书馆提供的各种服务，所以，使阅读推广活动进社区一方面可扩大图书馆的服务范围，另一方面也为读者提供了便利，对于建设书香社会有重要的意义。

一、图书馆阅读推广活动进社区的现状

由于全民阅读工作的不断推进，一些地区希望通过建立社区图书馆、社区书屋等场所来进一步促进阅读推广，但在此过程中，出现了很多问题。

首先，基础设施不完善。一些社区图书馆读者人数日益增加，但馆舍面积却基本没有变化，馆藏文献更新慢，图书馆服务与读者需求的矛盾日益显现，读者的

阅读需求无法得到满足，图书馆自身的发展也受到束缚。

其次，购书经费短缺。社区图书馆建设作为一项公益事业，需要政府、社会不断投入资金。但是，社区图书馆数量多，规模小，容易被忽视，财政经费往往得不到保证，购书经费普遍投入不足；另一方面，社区图书馆等、靠、要的思想比较严重，没有积极争取社会各界的资助，自身又缺乏造血功能，导致图书馆的阅读创新工作长期处于困境。

最后，读者活动开展困难。一些社区图书馆因为缺少经费、专业馆员，所以服务一直处于落后的状态，严重制约了其作为阅读阵地功能的发挥。管理人员往往缺少举办活动的积极性和自觉性，也缺乏策划、组织、开展读者活动的能力。

二、图书馆阅读推广活动进社区的创意与创新

社区图书馆在开展阅读推广活动时，要注意联合省、市级图书馆，利用其丰富的图书文献资源，学习其开展活动的方式，也要注意联合图书出版单位和公益组织进入社区开展阅读推广活动。

在一些没有专门建设社区图书馆的地区，可以借鉴星期天流动图书馆的推广方式，利用星期天和休假日对社区居民进行定期流动图书服务。在西方国家，星期天图书馆主要服务于城市文明难以惠及的区域，特别关照贫困青少年和失去教育机会的人。星期天流动图书馆可配备专人和专车将书籍运送到各个服务区，在该地设立图书管理室，负责图书的借还工作，无条件的地区可在车上完成借还书工作，一周巡回服务一次。在书籍选择上，可以因地制宜，以科普、青少年读物、政策法规、健康娱乐的读物为主，并配备一定的音像图书。流动图书馆不仅方便了读者，拓宽了读者面，还保证了服务周期，使图书馆的运作方式更加灵活。

或者根据社区居民的阅读偏好，有针对性地设计一些独具特色的主题推广活动。弘文馆是宁波市江东区明楼街道在社区全面推广经典文化普及教育工作的一个创新模式。2004年1月，有数百人参加了"诵华夏经典，造人文江东"经典文化专场表演，演出了《三字经》配乐表演诵、"梦游天姥吟留别"等节目。2004年7月5日，朝晖社区创办了全国首家社区儿童中华文化经典诵读班——弘文馆，以人民文学出版社出版的《儿童中国文化导读》经典诵读工程专用教材为读本，以"先学做人，再学做事"的传统国学启蒙，促进青少年的思想道德建设教育和中华传统美德教育，旨在使儿童能"知书明礼"，使家长能"携子共进"，使社会能"和谐互助"。开馆以来,许多孩子已能熟读、背诵整篇经典美文。此外,弘文馆在区委、区政府及社会各界的支持下,陆续推出了中华经典诵读苑专场演出、"诵华夏经典,创学习型社区"、经典文化全民普及工程及宁波鄞西经典文化之旅等各项活动。

开展长期的图书漂流活动也是社区阅读推广的好办法。图书馆可在不同社区建立固定的图书流通点,定期更新流通图书,鼓励社区居民拿出自己的藏书交流;也可在社区举办读书会,鼓励居民分享自己阅读的好书。读书会是促进读书、分享心得、拓宽视野、启发人生的有效组织,需要有心人长期坚持,源源不断地积累知识的能量和智慧的力量。

(南京大学信息管理学院 王碧蓉)

信息共享空间

信息共享空间(Information Commons,简称IC)始于20世纪90年代,是随着信息技术的普及和应用,在知识自由和开放存取理念的倡导下构建的一种协作式学习环境。信息共享空间需要经过特别设计,同时确保开放存取的一站式服务设施和写作学习环境,并整合使用方便的互联网络、功能完善的计算机软件设施以及内容丰富的知识库资源(包括印刷型、数字化和多媒体等各种形式),在技能熟练的图书馆参考咨询员、计算机专家、多媒体工作者和指导教师的共同支持下,培育读者信息素养,促进读者的学习、交流、协作和研究。[①] 后由信息共享空间衍生出学习共享空间、研究共享空间、学生共享空间等,公共图书馆也多有加入,如上海图书馆2013年开放的"创·新"空间以"激活创意、知识交流"为主旨,以馆藏文献、数字技术、创新工具为支撑,通过讲座、沙龙、多媒体教学、作品成型、成品展现等方式将图书馆提供的平面化信息立体化,感性化,多元化,真正服务于产学研。

一、信息共享空间的设计理念

随着信息共享空间的进一步发展,信息共享空间的知识交流和学习中心功能逐

[①] 任树怀,等.信息共享空间实现机制与策略研究[M].上海:上海人民出版社,2003:15.

步稳固。信息共享空间秉持自由开放和阅读获取知识的理念，室内环境舒适轻松，有可以随意移动的桌椅，并将校园文化或地方文化融入设计和构建，展示学校发展历史和地方文化特色。同时设置阅读专区，陈列经典阅读、轻阅读、英文阅读、新书展览等不同类型的阅读内容，引导和吸引读者阅读。信息共享空间还可以举行各种阅读活动，如展览、交流活动等。信息共享空间不只是促进学习的共享空间，还是图书馆文化展示的重要窗口，是阅读推广的重要阵地。

二、信息共享空间的阅读空间及其功能设计

信息共享空间由实体空间、硬件设备、实体及虚拟资源构成，在图书馆员的支持下为用户提供各种服务。实体空间按照不同的功能设置，可划分为多个功能区域，如参考咨询区、学习交流区、安静学习区、阅读区、小组讨论室、文化展示区等，每个功能区都配备所需的计算机设备、网络、桌椅家具、实体或数字化资源以及其他服务设施。其中，阅读区域是信息共享空间必不可少的构成要素。

信息共享空间的阅读区域可分为主题阅读区和休闲阅读区。这部分图书与期刊的选择、分编及上架陈列，可由图书馆资源建设部门与阅览部门合作完成。不同阅读区域陈列不同类型的书刊，以满足读者需求。陈列的书刊有些可以外借，有些则仅限于共享空间内阅读。同时，图书馆还可利用信息共享空间开放的场地以新书、主题书、热点书等为主题，开展各种阅读活动，十分便利。

主题阅读区汇集最新图书和精选的外文小说，实质是新书、好书推荐，吸引读者阅读，其特点是"新"。可采用壁架排书，设置多个版块的主题阅读区域，如馆员荐书、经典阅读、主题书展等。书展及好书推荐本身就具有阅读推广功能，将此地作为阅读推广的常设阵地，不仅可以保证活动的常态化，还可以吸引更多读者参与，培养读者良好的阅读习惯。同时院校图书馆可以联合学校阅读协会、各院系等，公共图书馆可联系兄弟单位、企事业单位等进行更加丰富的阅读推广活动，如共读一本书、好书推荐、读者见面会等。

休闲阅读区可提供种类多样的书籍，满足读者的阅读需求，其特点是"全"，包括商业趋势、休闲游憩、心灵健康、奇幻小说及侦探小说、中外文学、漫画等各种主题的书籍，此外还可包括时事财经、艺文、生活、娱乐及旅游等期刊。

三、信息共享空间的阅读推广活动

信息共享空间是校园阅读推广活动的新阵地，既为阅读活动提供了固定的场所，又可吸引人流量和关注度，其中的硬件设施和软件资源都可成为活动的助力。在信息共享空间进行阅读推广活动可从以下三个方面入手。

1. 主题阅读推广

图书馆可以充分利用阅读区的图书资源，以主题书展、主题书目推荐、讲座、共读等方式开展主题阅读推广活动，引导用户阅读。可每月设定一个主题，开展相关的线上和线下阅读活动，并举办讲座，推荐相关的书刊或网络资源，以扩大活动效益和影响力。此外，应设置互动性较强且吸引人的线下活动，如有奖推荐、有奖竞猜等有奖回赠活动，吸引读者参与。如台湾中兴大学兴阅坊知识吧采用壁架排书，设有多个板块的主题阅读区域，分为抢眼好书、主题阅读、西文轻阅读和大学生必读四个模块。书架新书两周更新一次，新书展每月更换一次。

2. 书籍推荐专栏

通过设置书籍推荐专栏，按周、月或年等进行更新，如馆员荐书专栏、名家荐书专栏、国内外高校必读书目专栏、新书目推荐专栏、得奖图书专栏等，向用户推荐优秀读物，形成常规的阅读推荐活动，潜移默化地带动阅读。还可以邀请作者，举办读者见面会，或邀请名家推荐阅读，分享阅读故事等。

3. 常设阅读区域

常设阅读区域旨在培养读者的阅读习惯与兴趣。区域内是纯粹的阅读空间，提供种类多样的书籍，满足读者多样的阅读需求，其特点是"全"。仍如中兴大学兴阅坊，其悦读区提供软性阅读空间，培养学生的阅读习惯与兴趣，提供商业趋势、休闲游憩、心灵健康、奇幻小说及侦探小说、中外文学、漫画（由刘凤芯教授及动漫社捐赠的优良漫画）等各种主题的书籍，此外还包括涵盖时事、财经、艺文、生活、娱乐及旅游等期刊42种。该区的休闲图书是每月从知识吧撤换下来的新书。

（南京大学信息管理学院张婷）

·延伸阅读·

"新中选好,好中选优"的全民阅读推广书目
——关于"2014—2017阅读年度排行榜"的目录学解读

徐　雁　王　萍

当今社会,参与评选好书、推出好书榜单的机构和媒体越来越多,各种好书榜单纷繁缭乱,单独一份好书榜单可能会因好书评选标准和评选流程的差异而导致客观性、公正性等方面有失偏颇。早在2013年初,中国图书馆学会阅读推广委员会下属的阅读与心理健康分委员会就开始着手对各大媒体发布的好书榜进行全面收集,并得到《好书中的好书:2012年好书榜精选书目》39种[①]。此后每年年初,该机构都延续着这项工作,统计整理出一份更具客观性和公正性的好书榜单。

与此同时,由南京大学信息管理学院教授兼中国阅读学研究会会长、中国图书馆学会阅读推广委员会副主任的徐雁先生及其研究生弟子组成的推荐书目研发团队,借助目录学专业方法,所遴选提出的"2014—2015阅读年度排行榜"和"2016—2017阅读年度排行榜",也为全民阅读推广提供了一份值得关注的优良读物资源。

---

① 关于宣传推广"好书中的好书:2012年好书榜精选书目"的通知[EB/OL].[2016-04-16]. http://www.lib-read.org/newsshow.jsp? id=665.

一、阅读年度的由来及"2014—2017 阅读年度排行榜"的形成

根据多年从事阅读推广实践的经验,徐雁先生在《从来开卷有益多》一文中创意性地提出了"阅读年度"的概念,"以上一年度的'世界读书日'(4 月 23 日)到下一年度的'世界读书日'为起讫时间"①。 之所以这样定义,是因为每年年终岁尾,图书出版界、大众媒体都会对即将过去的一年中所出版的图书开展盘点、评优等活动,并推出多样化的好书榜单。 将阅读年度定义为上一年度的世界读书日到下一年度的世界读书日之间,不仅仍是十二个月的时间跨度,而且有利于充分吸收、利用各大好书榜单的评优成果,以世界读书日为时间契机和阅读推广平台,将上一年度的优秀图书继续用于新一年的阅读推广实践。

近年来,回归经典、重温经典的阅读热潮方兴未艾,经典阅读的理念和实践愈来愈受到人们的重视,这当然可喜可贺。 但同时也应注意,在我们的阅读规划中,经典名著阅读与优秀新书阅读应达到一个平衡,不可偏废其一。 徐雁先生提倡"新中选好,好中选优""三本选一,每月一书""名著与经典并重,传记与游记结合""阅读名人传,汲取正能量""读万卷书,行万里路"等阅读理念,并在这些理念的指导下,与其研究生弟子组成推荐书目研发团队,力求在每个阅读年度伊始,通过收集、统计、分析主要好书榜单,遴选出一份包含 36 本精选好书的年度阅读推广好书榜,以便广大读者参考并制订出自己在新一阅读年度的新书阅读计划。 本文即整合徐雁先生及其研究生弟子遴选出的"2014—2015 阅读年度排行榜"和"2016—2017 阅读年度排行榜",编为"2014—2017 阅读年度排行榜",以期为全民阅读推广提供一份值得关注的优良读物推荐书目。

二、"2014—2017 阅读年度排行榜"好书目录

我们在新旧"阅读年度"交接的当口,整理出这份具有广泛阅读推广价值的好书单,既是为了迎接 2016 年的"4·23"世界读书日,对于社会各界开展阅读推广

---

① 徐雁.最是书香能致远 从来开卷有益多[J].新世纪图书馆,2014(4):5-7,11.

工作和指导广大读者的阅读选择,也是一件非常有意义的事。

1.《2014—2015阅读年度推广好书榜(36种)》

徐雁教授在"分众导读""分类导读"和"分级导读"等科学阅读推广理念的指导下,以南京大学选修"阅读文化学""图书评论与写作"等课程的本科生、研究生为调研主体,并征求了江苏、浙江一些图书馆馆员等专业人士的意见,在此基础上进行图书遴选,最终精选出36本好书编成《2014—2015阅读年度推广好书榜(36种)》,其中包括来自11份好书榜单的30本图书,以及来自图书、出版或教育界专业人士特别推荐的6本图书,具体书目情况见表1。

表1:《2014—2015阅读年度推广好书榜(36种)》

序号	书名	作者/译者	出版社	出版年	书榜来源
1	《看见》	柴静	广西师范大学出版社	2013	2013年度《中外书摘》十大好书
2	《追风筝的人》	[美]卡勒德·胡赛尼	上海人民出版社	2013	当当网2013年度畅销书排行榜
3	《百年孤独》	[哥伦比亚]加西亚·马尔克斯	南海出版公司	2011	文轩网
4	《大数据时代》	[英]维克托·迈尔-舍恩伯格	浙江人民出版社	2013	开卷2013年度畅销榜
5	《平如美棠:我俩的故事》	饶平如	广西师范大学出版社	2013	《新京报》2013年度好书
6	《邓小平时代》	[美]傅高义	三联书店	2013	《作家文摘》2013年度十大影响力图书
7	《莫言作品精选》	莫言	长江文艺出版社	2013	2013年度"大众喜爱的50种图书"
8	《陈寅恪的最后20年》	陆键东	三联书店	2013	2013年度新浪好书榜
9	《目送》	龙应台	三联书店	2009	开卷2013年度畅销榜
10	《古拉格:一部历史》	[美]安妮·阿普尔鲍姆卡、勒德·胡赛尼	新星出版社	2013	2013年深圳读书月年度十大好书

延伸阅读

续　表

序号	书名	作者/译者	出版社	出版年	书榜来源
11	《文学回忆录》	木心讲述（陈丹青笔录）	广西师范大学出版社	2013	《中华读书报》2013年度100佳图书
12	《天才在左疯子在右：国内第一本精神病人访谈手记》	高铭	武汉大学出版社	2010	当当网2013年度畅销书排行榜
13	《费正清中国回忆录》	［美］费正清	中信出版社	2013	《作家文摘》2013年度十大影响力图书
14	《麦田里的守望者》	［美］J.D.塞林格	译林出版社	2010	文轩网
15	《从你的全世界路过：让所有人心动的故事》	张嘉佳	湖南文艺出版社	2013	开卷2013年度畅销榜
16	《窗边的小豆豆》	［日］黑柳彻子	南海出版公司	2011	开卷2013年度畅销榜
17	《没有色彩的多崎作和他的巡礼之年》	［日］村上春树	南海出版公司	2013	2013年度"大众喜爱的50种图书"
18	《博弈与社会》	张维迎	北京大学出版社	2013	雷颐（中国社科院近代史所研究员）
19	《观念的水位》	刘瑜	浙江大学出版社	2013	2013凤凰网年度好书及年度提名好书
20	《字里行间书房：一生的读书计划》	［美］克里夫顿·费迪曼、约翰·S.梅杰	译林出版社	2013	当当网2013年度畅销书排行榜
21	《废都》	贾平凹	译林出版社	2013	当当网2013年度畅销书排行榜
22	《钱锺书生平十二讲》	钱之俊	上海社会科学院出版社	2013	李红岩（中国社会科学杂志社研究员）
23	《繁花》	金宇澄	上海文艺出版社	2013	2013年深圳读书月年度十大好书
24	《出梁庄记》	梁鸿	花城出版社	2013	2013凤凰网年度好书及年度提名好书

续　表

序号	书名	作者/译者	出版社	出版年	书榜来源
25	《带灯》	贾平凹	人民文学出版社	2013	2013凤凰网年度好书及年度提名好书
26	《第7天》	余华	新星出版社	2013	开卷2013年度畅销榜
27	《谁的青春不迷茫》	刘同	中信出版社	2012	文轩网
28	《陈年旧事》	叶兆言	中信出版社	2013	何怀宏（北京大学哲学系教授）
29	《深夜食堂》	［日］安倍夜郎	湖南文艺出版社	2013	2013年度新浪好书榜
30	《黄雀记》	苏童	作家出版社	2013	白烨（中国当代文学研究会常务副会长）
31	《重启改革议程——中国经济改革二十讲》	吴敬琏、马国川	三联书店	2013	雷颐（中国社科院近代史所研究员）
32	"王鼎钧回忆录四部曲"（《昨天的云》等四部）	王鼎钧	三联书店	2013	2013凤凰网年度好书及年度提名好书
33	《日夜书》	韩少功	上海文艺出版社	2013	白烨（中国当代文学研究会常务副会长）
34	《朱镕基上海讲话实录》		人民出版社	2013	开卷2013年度畅销榜
35	《艾丽丝·门罗作品集》	［加］艾丽丝·门罗	译林出版社	2013	2013年度新浪好书榜
36	《偷影子的人》	［法］马克·李维	湖南文艺出版社	2012	2013年度"大众喜爱的50种图书"

2.《2016—2017阅读年度推广好书榜（36种）》

中国图书馆学会阅读推广委员会下属的阅读与心理健康分委员会整合28家报刊、网站、出版社等机构推出的年度好书榜，选出了69种好书。我们以此为基础，并进一步参考《作家文摘》2015年度十大非虚构好书和最受读者欢迎图书榜，国家新闻出版广电总局全民阅读活动组织协调办公室推出的2015年度"大众喜爱的 50 种图书"书单，以及江苏省全民阅读办近期开展的 2016 年 12 本好书评审候选图书 60 种，此外还细致考量了豆瓣读书栏目中的读者对这些好书的评分、阅读人数以及具有代表性的点评（所参考的网页数据为 2016 年 3 月 30 日的统计信息），最终遴选出 36 种 2015 年度最受好评的优秀图书，编为《2016—2017 阅读年度推广好书榜（36 种）》，见表 2。

表 2:《2016－2017 阅读年度推广好书榜(36 种)》

序号	书名	作者/译者	出版社	出版年	票数	豆瓣评分（阅读人数）
1	《群山之巅》	迟子建	人民文学出版社	2015	11	7.6(975)
2	《秩序的沦陷:抗战初期的江南五城》	[加]卜正民/潘敏	商务印书馆	2015	9	7.9(110)
3	《晚明大变局》	樊树志	中华书局	2015	9	7.6(98)
4	《抗日战争》	王树增	人民文学出版社	2015	9	8.8(95);8.7(34)
5	《悲伤与理智》	[美]约瑟夫·布罗茨基/刘文飞	上海译文出版社	2015	7	8.8(735)
6	《岛上书店》	[美]加布瑞埃拉·泽文/孙仲旭、李玉瑶	江苏凤凰文艺出版社	2015	6	7.8(22784)
7	《草木缘情:中国古典文学中的植物世界》	潘富俊	商务印书馆	2015	6	7.3(72)
8	《何为良好生活:行之于途而应于心》	陈嘉映	上海文艺出版社	2015	6	8.6(211)
9	《匠人》	申赋渔	民主与建设出版社	2015	6	8.4(379)
10	《午夜之子》	[英]萨曼·鲁西迪/刘凯芳	北京燕山出版社	2015	5	8.5(425)
11	《我的凉山兄弟:毒品、艾滋与流动青年》	刘绍华	中央编译出版社	2015	5	8.6(396)
12	《火印》	曹文轩	天天出版社	2015	5	7.1(30)
13	《人性中的善良天使:暴力为什么会减少》	[美]斯蒂芬·平克/安雯	中信出版社	2015	4	8.7(256)

续 表

序号	书名	作者/译者	出版社	出版年	票数	豆瓣评分（阅读人数）
14	《零年：1945 现代世界诞生的时刻》	[荷]伊恩·布鲁玛/倪韬	广西师范大学出版社	2015	4	8.6(398)
15	《丁玲传》	李向东、王增如	中国大百科全书出版社	2015	4	8.3(29)
16	《世界秩序》	[美]亨利·基辛格/胡利平	中信出版社	2015	4	8.5(388)
17	《说中国：一个不断变化的复杂共同体》	许倬云	广西师范大学出版社	2015	4	8.4(385)
18	《追风筝的人》	[美]卡勒德·胡赛尼/李继宏、康慨	上海人民出版社	2014	3	8.8(2006)
19	《平凡的世界》	路遥	北京十月文艺出版社	2013	3	9.2(8638)
20	《从0到1：开启商业与未来的秘密》	[美]彼得·蒂尔、布莱克·马斯特斯/高玉芳	中信出版社	2015	3	7.6(9301)
21	《杂草的故事》	[英]理查德·梅比/陈曦	译林出版社	2015	3	8.6(144)
22	《耶路撒冷三千年》	[英]西蒙·蒙蒂菲奥里/张倩红、马丹静	民主与建设出版社	2015	3	8.0(1879)
23	《几乎没有记忆：莉迪亚·戴维斯小说集》	[美]莉迪亚·戴维斯/吴永熹	重庆大学出版社	2015	3	7.9(599)
24	《楚亡：从项羽到韩信》	李开元	三联书店	2015	3	7.8(241)
25	《那些古怪又让人忧心的问题 what if》	[美]兰道尔·门罗/朱君玺	北京联合出版公司	2015	2	8.2(1126)
26	《目送》	龙应台	广西师范大学出版社	2014	2	8.7(66371)
27	《解忧杂货店》	[日]东野圭吾/李盈春	南海出版公司	2014	2	8.6(97870)
28	《烛烬》	[匈牙利]马洛伊·山多尔/余泽民	译林出版社	2015	2	8.8(353)

续 表

序号	书名	作者/译者	出版社	出版年	票数	豆瓣评分（阅读人数）
29	《薄薄的故乡》	王小帅	重庆大学出版社	2015	2	8.3(196)
30	《幽僻处可有人行？事件·文学·电影阅读经验》	张志扬	上海人民出版社	2015	2	8.7(60)
31	《一生里的某一刻》	张春	人民文学出版社	2015	2	8.3(865)
32	《何有此生：一个日本遗孤的回忆》	[日]中岛幼八	三联书店	2015	2	8.1(47)
33	《窗边的小豆豆》	[日]黑柳彻子/赵玉皎	南海出版公司	2011	2	9(4985)
34	《路遥传：重新开启平凡的世界》	厚夫	人民文学出版社	2015	2	8.4(44)
35	《狼图腾》	姜戎	长江文艺出版社	2014	3	7.5(298)
36	《京都古书店风景》	苏枕书	中华书局	2015	2	8.7(287)

三、"2014—2017 阅读年度排行榜"的五个基本特点

具体分析选出来的72种好书的书目，可以总结出以下五个特点。

第一，从出版时间上来看，这72种书中，除了三联书店2009年出版的《目送》和《麦田里的守望者》，以及武汉大学出版社2010年出版的《天才在左疯子在右：国内第一本精神病人访谈手记》，其他69种都属于"在版新书"范畴，即皆为2011—2015年间出版的图书，其中2015年出版的新书有30种，所占比重较大。除了这三本书之外，南海出版公司的《百年孤独》《窗边的小豆豆》，北京十月文艺出版社的《平凡的世界》，长江文艺出版社的《狼图腾》等经久不衰的再版好书也值得广大读者重视。 格外需要指出的是，《目送》和《追风筝的人》在两个榜单上都榜上有名，虽然两次上榜的不是同一个版本，但由此可窥得这两书风评口碑优异，而且经受得住时间的检验。

第二，从著者的国籍分布来看，这72种书中，由中国著者创作的占44种，由外国著者创作的占28种，可见年度好书仍以中国著者的作品为主体。具体分析来看，《2014—2015阅读年度推广好书榜（36种）》中，由中国著者创作的占24种，比外国著者创作的种数（12种）多一倍。而《2016—2017阅读年度推广好书榜（36种）》中，由中国著者创作的占20种，只稍多于由外国著者创作的种数（16种），可见2015年是一个引进版好书云集的年度。这28种引进版好书中，有12种来自美国，6种来自日本，4种来自英国，2种来自加拿大，其余4种分别来自荷兰、匈牙利、哥伦比亚和法国。从这个数量级次上可以看出美英等官方语言为英语的文化软实力大国仍是世界上的图书版权输出大国。而日本作为我国的邻国，因为地缘、文化接近等方面的优势，也在我国引进版好书中占得比较重要的一席之位。

第三，从出版社分布来看，这72种好书一共来自29家出版社，其中好书上榜最多的是生活·读书·新知三联书店（7种），其次是中信出版社和译林出版社（6种），再次是人民文学出版社、南海出版公司和广西师范大学出版社（5种），接下来为上海人民出版社和湖南文艺出版社（3种），而商务印书馆、民主与建设出版社、重庆大学出版社、中华书局、新星出版社各上榜2种，浙江人民出版社、武汉大学出版社、北京大学出版社、浙江大学出版社、上海社会科学院出版社、花城出版社、作家出版社、长江文艺出版社、北京十月文艺出版社、北京燕山出版社、上海译文出版社、中央编译出版社、江苏凤凰文艺出版社、中国大百科全书出版社、北京联合出版公司、天天出版社则各上榜1本好书。我们知道，出版广受读者欢迎的好书，是衡量出版社水准的重要因素，也是出版社的追求。因此，是否有图书上榜以及上榜数量，也能为出版界树立龙头品牌和读者选书提供参考。

第四，从图书内容来看，《2014—2015阅读年度推广好书榜（36种）》中，小说类和传记、回忆录类居多，小说有《追风筝的人》《百年孤独》《莫言作品精选》《麦田里的守望者》《从你的全世界路过：让所有人心动的故事》《没有色彩的多崎作和他的巡礼之年》《废都》《第7天》《繁花》《带灯》《黄雀记》《日夜书》《艾丽丝·门罗作品集》《偷影子的人》等，传记、回忆录类有《窗边的小豆豆》《平如美棠：我俩的故事》《钱锺书生平十二讲》《陈寅恪的最后20年》《费正清中国回忆录》《朱镕基上海讲话实录》等。而《2016—2017阅读年度推广好书榜（36种）》中，历史、政治、传记回忆录、文化史、社会伦理等方面的非虚构类图书占绝大多数,如《秩序的沦陷:抗战初期的江南五城》《晚明大变局》《抗日战争》《说中国:一个不断变化的复杂共同体》《耶路撒冷三千年》《楚亡:从项羽到韩信》《零年:1945 现代世界诞生的时刻》《世界秩序》《人性中的善良天使:暴力为什么会减少》《从 0 到 1:开启商业与未来的秘密》《匠人》《何为良好生活:行之于途而应于心》等。这反映出当今社会,中国人放眼全球,更加关注历史、政治和社会现状,并对这些问题进行探究和反思,思考人类社会发展的前途。这些书对于引导当今中国社会的良好发展也有很大的现实意义。

第五,从这 72 种书的选取来源看,一共参考了 32 份好书榜单,30 余位图书、出版或教育界专业人士以及豆瓣评价信息。这 32 份榜单均由当今影响力比较大的公众媒体发布,是具有较高可信度的图书榜单,其评选主体类型大致可分为六类,分别是:(1)传统媒体(纸质报刊)与网络媒体联合类,如《中国出版传媒商报》与腾讯网联合发布的"2015 腾讯·商报华文好书",《中国出版传媒商报》与新华网联合发布的"2015 年度中国影响力图书",《出版人》杂志与北京开卷信息技术有限公司联合推出的"2015 中国书业年度图书";(2)出版社总结发布类,如中国出版集团发布的"中版好书"2015 年度榜,商务印书馆发布的 2015 年度十大好书,人民文学出版社发布的 2015 年度"双十佳"好书,北京时代华文书局推出的 2015 年度好书,中信出版社推出的 2015 年度好书,以及中华书局、三联书店、社科文献出版社、中国社会科学出版社分别盘点自家年度出版好书形成的榜单;(3)报刊发布类,如《都市时报》《中华读书报》《光明日报》《华西都市报》《北京晨报》《中外书摘》《新京报》《南方都市报》《亚洲周刊》《中国新闻出版广电报》《作家文摘》分别推出的 2015 年度好书榜;(4)网络媒体类,主要包括凤凰网和新浪网推出的 2015 年度好书榜;(5)网络书店类,主要是当当网推出的年度好书榜,亚马逊中国开列的年度畅销榜,以及文轩网推出的好书榜;(6)专门评选机构类,如深圳读书月组委会与深圳报业集团联合发布的深圳读书月 2015 年度十大好书,上海市新闻出版局"中国最美的书"评委会发布的"2015 年度中国最美的书"榜单,以及江苏省全民阅读办近期开展的 2016 年 12 本好书评审候选图书书单。

另外,值得一提的是,这两份书单在选书过程中都秉持着"名著与经典并重,传记与游记结合"的理念,格外重视选取那些历经时间考验的名著经典和优秀人物传记。名著经典是历经时间淬炼的真金,因此书单中《百年孤独》《窗边的小豆豆》《平凡的世界》《麦田里的守望者》《追风筝的人》等经典好书值得我们格外重视;而阅读名人传记,有利于我们从伟大人物的人生经历和真实详细的历史经验中汲取我们所需的正能量,因此《平如美棠:我俩的故事》《钱锺书生平十二讲》《陈寅恪的最后20年》《费正清中国回忆录》《路遥传》《丁玲传》等优秀的传记回忆录作品也值得我们展卷细读。

四、一份以"全民阅读"为主题的延伸阅读书目

近年来,全民阅读受到社会各界的普遍重视,考虑到阅读推广分类、细化的现实需求,为了进一步拓展广大读者的阅读选择,我们专列出一份以"全民阅读"为主题的延伸阅读书目(见表3),并且进行提要式推介,供广大读者参考。期盼广大读者能够从中探寻到走进阅读这一繁花似锦殿堂的门径。

表3:以"全民阅读"为主题的延伸阅读书目

丛书名及子书目	作者	出版社	出版年
《全民阅读推广手册》	徐雁主编	海天出版社	2011
《全民阅读参考读本》	徐雁、陈亮主编	海天出版社	2011
"全民阅读书香文丛"之《书卷温情》《书声迢递》《书斋夜读》《书林信步》《书来话多》《书窗内外》	万宇;钱婉约;祝兆平;林伟光;徐雁;赵普光	上海科学技术文献出版社	2014
"全民阅读书香文丛"之《山思海韵》《约会书本》《纸短话长》《师堂丛录》《墨香书影》《故纸求真》	于志斌;阿滢;凌鼎年;时永乐;林公武;吴心海	上海科学技术文献出版社	2015
"全民阅读书香文丛"之《躲进书里》《书城掇拾》《燕语书林》《水枝书话》《风吹书叶》《学林旧闻》	赵丽宏;黄镇伟;钱军;孙永庆;周维强	上海科学技术文献出版社	2016

续　表

丛书名及子书目	作者	出版社	出版年
"校园书香阅读文库"之《读书有方》《游目骋怀》《开卷絮语》《书来话长》《墨淡书香》《读经阅典》《槛外读书》《书林佳趣录》《书林掇拾录》《暑期实习记》《修学旅行记》《转学多事随札》	赵普光;张怀涛;甘其勋;徐雁;马红亚;崔波、曹炳霞;薛冰;童翠萍;蔡思明;王萍;王碧蓉;李海燕	郑州大学出版社	2015

1. 《全民阅读推广手册》《全民阅读参考读本》与《全民阅读知识导航》

由徐雁先生领衔主编的《全民阅读推广手册》(海天出版社 2011 年 11 月版) 和由徐雁、南京艺术学院图书馆陈亮先生合作主编的《全民阅读参考读本》(海天出版社 2011 年 11 月版),是两本全面总结、提炼中外全民阅读的方方面面、古今日常读书的里里外外的姊妹篇。 这两种书旨在营造全民阅读的社会环境与书香家庭的阅读氛围,不仅可为图书馆等机构开展全民阅读活动提供理论与方法指导,也有利于指导家庭乃至个人的阅读活动。

其中,精装版的《全民阅读推广手册》是一本指导全民阅读实践的工具书,共 77 万字,分为 9 个篇章,内容囊括了少儿阅读、中外阅读活动、城市书店、图书馆、阅读机构、阅读智慧、书籍小识、各类书目、读书类报刊与电视广播节目、数字化阅读等多方面的知识,由中国阅读学研究会名誉会长曾祥芹教授和中国图书馆学会阅读推广委员会主任、深圳图书馆吴晞馆长分别作序荐读。

而平装版的《全民阅读参考读本》则是一本面向大众的文化普及性读物,适合个人自修与日常家庭阅读。 全书 22 万字,分为《读书人物》《阅读方法》《书林博览》《推荐书目》《少儿导读》《书店地图》《大众书媒》《数字阅读》8 个篇章,由时任国家新闻出版总署副署长邬书林和中国图书馆学会副理事长、北京大学信息管理系王余光教授分别作序荐读。

《全民阅读知识导航》即本书,由徐雁先生和金陵图书馆李海燕主编,分为《亲子阅读与儿童导读》《中小学阅读指导》《高校图书馆阅读推广》《公共图书馆阅读推广》《阅读推广的文化创意与活动创新》五篇,是一本分众、分类更加细化的全民阅读知识推广与实践指导书籍。

2. "全民阅读书香文丛"

"全民阅读书香文丛"由徐雁先生、湖北三新文化传媒有限公司董事长宋旅黄和《图书馆杂志》王宗义先生合作主编,该丛书由上海科学技术文献出版社出版,分别在2014年、2015年和2016年各出版了一辑(6种),现在已经共计出版18种图书。 其中,2014年首辑出版的有万宇的《书卷温情》、钱婉约的《书声迢递》、祝兆平的《书斋夜读》、林伟光的《书林信步》、徐雁的《书来话多》和赵普光的《书窗内外》6本; 2015年出版的有于志斌的《山思海韵》、阿滢的《约会书本》、凌鼎年的《纸短话长》、时永乐的《师堂丛录》、林公武的《墨香书影》和吴心海的《故纸求真》6本;2016年出版的则有赵丽宏的《躲进书里》、黄镇伟的《书城掇拾》、孙永庆的《燕语书林》、吴振华的《水枝书话》、钱军的《风吹书叶》和周维强的《学林旧闻》6本。

在本丛书中,有13本书名中含有"书"字,其他几本书虽未以"书"为名,也都与书的主题有关。 诚如其名,这是一套以"书"为主打题材,向读者推介优良的新书旧著,意在传承和弘扬书卷文化的丛书。 除了优良的新书旧著的推荐之外,读书、爱书、藏书、淘书等的逸事趣闻、思考感悟……诸位爱书人在书中向我们娓娓道来,可谓知识性、人文性、可读性俱佳,是读者阅读选择和馆配图书的优良之选。

3. "校园书香阅读文库"

"校园书香阅读文库"由徐雁先生、中国图书馆学会大学生阅读专业委员会主任崔波先生和南京师范大学副教授赵普光先生合作主编,该丛书由郑州大学出版社于2015年9月出版,包括12种,分别是赵普光的《读书有方》、张怀涛的《游目骋怀》、甘其勋的《开卷絮语》、徐雁的《书来话长》、马红亚的《墨淡书香》、崔波与曹炳霞合著的《读经阅典》、薛冰的《槛外读书》、童翠萍的《书林佳趣录》、蔡思明的《书林掇拾录》、王萍的《暑期实习记》、王碧蓉的《修学旅行记》和李海燕的《转学多事随札》。

本丛书的作者和编者,都是长期生活在于校园内外的作家、学人、教师或图书馆馆员,有的还是全国知名的读书人、藏书家和阅读推广人,因此命名为"校园书香阅读文库",其初衷也是引领校园中的芸芸学子走进阅读的缤纷世界,领略阅读的巨大魅力,孕育飘满书香的校园。 值得一提的是,其中的《暑期实习记》《修学旅行记》和《转学多事随札》讲述了南京大学信息管理学院图书馆学十几届"徐门学子"读书、游学、实习的经历，书中生动具体、贴近大学生校园生活和成长经历的真实故事，对于在校大学生尤具启发意义。

4."阅读推广人系列教材"

"阅读推广人系列教材"是由北京大学信息管理系教授、博士生导师王余光先生和中国图书馆学会秘书长、管理学博士、副研究馆员霍瑞娟合作主编的一套丛书。这套丛书由北京朝华出版社于2015年12月出版，包括李东来的《数字阅读推广》，李西宁、张岩的《经典阅读推广》，王波的《时尚阅读推广》，吴晞的《阅读推广基础理论》，李俊国、汪茜的《儿童阅读推广》和邱冠华、金德政的《阅读推广基础工作》6种。

这套丛书的编者都是图书馆馆长、研究馆员等专业人士，体现了图书馆领域的专家和一线工作者们专业的职业素养、丰富的从业经验、敏锐的行业眼光以及前沿的职业视角，书中包含丰富具体的案例，对于培育专业的阅读推广人，提升图书馆员的阅读推广理论水平和实践操作具有重大的指导意义。

让书单发挥应有的作用，真正促进全民阅读，是编制书单的初衷之所在。否则，众多好书评选主体在前期所付出的筛选、评优、统计、分析等辛劳等于付诸东流。笔者整合并分析解读这份"2014—2017阅读年度排行榜"，意在期待这份书单能够为广大热爱阅读的同人提供有益而高效的阅读指导，期待图书馆、出版社、书店等机构积极拓展围绕书单的阅读推广活动，如图书馆及时购入在榜好书，线上线下相结合推广书单，围绕书单开展展览、讲座、作家读者见面会、沙龙、读书会等多样化的阅读推广活动，书店在店内张贴好书榜，等等。通过这些围绕书单的阅读推广活动，引导广大读者制订出自己的年度新书阅读计划，在阅读的盛筵中收获更丰盛的自我。

编后记

尽管中国国务院总理李克强先生在《政府工作报告》中连续三年强调要倡导"全民阅读",但作为图书馆界业内人士和职业性的阅读推广工作者,我们普遍慨叹自己能够坚持阅读已然不易,而教人阅读尤其是诲人读书则是难上之难;日常做数场阅推活动容易,但要让人们真正地深入书本去展卷阅读则是难上之难……难怪徐雁(秋禾)师在本书前言中,要借用"富不爱看贫不暇,世间惟有读书难"(袁枚《蠹鱼叹》)之句,来抒发其多年来"知其不可为而为之"的心境了。

但出于对全民阅读价值观的认同,尤其是对于"学习型家庭"、书香校园、文雅社区乃至"书香社会"构建的祈盼,在南京大学出版社社长金鑫荣编审提议下,秋禾师还是于去冬邀约我及周燕妮、蔡思明、张思瑶等师妹一起聚首讨论,决定编一部定位在"全民阅读知识导航"这一主题上的读物。我们期待本书在问世后,既能够成为阅读推广人的辅修书籍,又能够成为个人自修的知识读本。

"书爱众香薰,知识最乐群",是秋禾师从事阅读文化研究和推广的重要理念之一。作为编者,我们期待每一个人都从现在开始,从自己开始,步上阅读之旅。因为"书中见往事,历历知福祸"(白居易《闲坐看书贻诸少年》),只有阅读,尤其是读那些经历了时间和空间洗礼的中外佳作经典、古今好书名著,才能真正享受到博览群书、开卷有益的精神乐趣,真正领会到诗书养气、福慧兼修的人生方略。

让编者感到幸运的是,业界专家和众多师友以及徐门弟子大力助益本书编写工作,使本书在阅读推广的理论和实践方面,能够更有内涵和分量。但基于篇幅和成本上的考虑,编者接受了出版方的提议,遗憾地割爱了书稿中原已纳入的海内外阅读推广和数字文献资源推广两个单元。最后还要特别感谢曹娟、张婷、马德静、王萍等师妹,是她们承担了本书稿的初步统筹和文字校改工作。

李海燕

2016年3月20日于金陵图书馆

图书在版编目(CIP)数据

全民阅读知识导航 / 徐雁,李海燕主编.—南京：南京大学出版社,2016.6
ISBN 978-7-305-16874-1

Ⅰ.①全… Ⅱ.①徐…②李… Ⅲ.①阅读辅导—研究 Ⅳ.①G252.17

中国版本图书馆 CIP 数据核字(2016)第 098636 号

出版发行	南京大学出版社
社　　址	南京市汉口路22号　　邮　编　210093
出 版 人	金鑫荣
书　　名	全民阅读知识导航
主　　编	徐　雁　李海燕
责任编辑	陈蕴敏　　　编辑热线　025-83686308
照　　排	南京紫藤制版印务中心
印　　刷	江苏凤凰通达印刷有限公司
开　　本	710×1 000　1/16　印张 16.75　字数 275 千
版　　次	2016 年 6 月第 1 版　2016 年 6 月第 1 次印刷
ISBN	978-7-305-16874-1
定　　价	48.00 元
网　　址	http://www.njupco.com
官方微博	http://weibo.com/njupco
官方微信	njupress
销售热线	025-83594756

* 版权所有,侵权必究
* 凡购买南大版图书,如有印装质量问题,请与所购图书销售部门联系调换